未成年人性侵害
现状分析与对策研究

王宁霞 黄海燕 董 欢 著

九州出版社
JIUZHOUPRESS

图书在版编目（CIP）数据

未成年人性侵害现状分析与对策研究 / 王宁霞，黄海燕，董欢著 . -- 北京 : 九州出版社，2019.9

ISBN 978-7-5108-8358-3

Ⅰ . ①未… Ⅱ . ①王… ②黄… ③董… Ⅲ . ①性犯罪 – 未成年人保护法 – 研究 – 中国 Ⅳ . ① D924.344

中国版本图书馆 CIP 数据核字（2019）第 220789 号

未成年人性侵害现状分析与对策研究

作　者	王宁霞　黄海燕　董　欢　著
出版发行	九州出版社
地　址	北京市西城区阜外大街甲 35 号（100037）
发行电话	（010）68992190/3/5/6
网　址	www.jiuzhoupress.com
电子信箱	jiuzhou@jiuzhoupress.com
印　刷	北京亚吉飞数码科技有限公司
开　本	787 毫米 × 1092 毫米　16 开
印　张	16
字　数	287 千字
版　次	2020 年 3 月第 1 版
印　次	2020 年 3 月第 1 次印刷
书　号	ISBN 978-7-5108-8358-3
定　价	76.00 元

前　言

近年来,全国各地发生了一系列性侵幼女、校园性侵、猥亵儿童的犯罪案件,广西一留守女童遭 16 人性侵、安徽潜山校长性侵幼女案、海南校长带女童开房案等一起又一起未成年人性侵害事件遭到媒体曝光,让人触目惊心,引起全社会的强烈关注。

由于未成年人身心发育尚不成熟,缺乏自我保护意识和能力,容易受到犯罪侵害,特别是遭受性侵害,这给未成年人身心健康造成了严重伤害,在社会上造成了极为恶劣的影响。

当前,针对儿童的性侵害仍是全球普遍面临的问题。性侵害有多种形式:骚扰、触摸、强奸等。根据大部分受害者的经历,性侵往往发生在家庭内部,在学校、工作场所或社区里也时有发生。互联网和移动终端的普及也令儿童愈加暴露于网络性侵害与性剥削的风险中,如儿童色情产品、儿童色情直播以及针对儿童的网络性引诱等。

未成年人遭受性侵害的问题日益凸显,在社会、学校甚至家庭中未成年人的性侵害愈演愈烈,性侵害未成年人犯罪仍处于多发态势。最高人民法院公布的数据显示,以猥亵儿童罪为例,2012 年至 2014 年,全国法院审结此类犯罪案件共计 7145 件,其中,2012 年 2017 件,2013 年 2300 件,2014 年 2828 件,呈逐年上升趋势。据中华社会救助基金会青少年儿童安全基金女童保护项目发布的一份最新报告显示,2016 年被媒体曝光的性侵青少年儿童恶性案件高达 433 起,平均每天曝光 1.21 起。

从目前大量报道的案例看,大多数遭受性侵犯的未成年人是女孩,但也有一小部分是男童,同时以农村留守女童的性安全问题最为严重。

越来越多的研究结果表明,少年时期遭受的性侵害会给儿童的生理、心理和社交造成极为严重的负面影响。这既包括短期影响,也包括持续终生的长期影响;既阻碍儿童的大脑发育,也危害他们的健康和福祉。它不仅会造成耻辱感与歧视、意外早孕,也会使一系列健康风险升高。这些负面后果不仅给每一个受害者带来深远影响,也将使社会背负沉重的经济和法治负担。在东亚及太平洋地区开展的相关研究显示,针对儿童的性暴力仅在健康及健康风险行为后果这一个维度就造成了约 399 亿美元（2013 年汇率）的损失。即便如此，针对儿童的性侵害尚未被认定为一项公共卫生议题，并且对这一问题的预防与干预也未能获得充分的资金支持。

目前，应对性侵儿童问题的最大挑战之一是这一话题的敏感性和隐蔽性。出于种种原因——耻辱感、恐惧、缺乏对公权力的信任、社会对此的忽视以及公众认知缺乏等，都导致儿童及其家庭未能进行充分有效的报告。有一些国家尚未设立专门的儿童保护服务体系，而这一体系将是预防、识别针对儿童的性侵害，以及为受害者提供支持的重要基础。此外，仍有许多形式的性侵害与性剥削，尤其是针对男童的性侵害，未能引起政府及儿童保护服务机构的重视。

针对儿童的性侵害逐步得到了越来越多的舆论与社会关注，各国政府也在政策以及实践层面积极采取了行动。在过去几年中，包括联合国儿童基金会在内的一些机构制定了一系列循证策略。这些策略以《儿童权利公约》中提出的各项保护措施，以及可持续发展目标中与消除针对儿童暴力相关的核心目标为基础，致力于消除暴力特别是对儿童的性侵害。

2013 年 10 月，我国最高人民法院、最高人民检察院、公安部、司法部联合出台《关于依法惩治性侵害未成年人犯罪的意见》，细化从重处罚量刑情节，修订量刑指导意见，提高强奸罪等罪名的基准刑；举办司法实务培训班，加强审判业务指导。同时，积极延伸审判职能，不断探索预防犯罪与救助、保护未成年人的新举措，先后于 2014 年 10 月、2015 年 1 月在山东省青岛市、四川省眉山市两级法院启动预防惩治性侵害未成年人犯罪联动机制，会同教育、民政、宣传、妇联等相关部门齐心协力，共同营造多方参与的未成年人保护工作，意在为未成年被害人提供最大限度的司法关怀与呵护，为保护未成年人权益架起一道不容触碰、逾越的高压线。

儿童性侵害是儿童被侵害事件中儿童受伤害最为严重的事件，不仅儿童受到的伤害十分严重，而且带来的恶性影响往往长久而深远。本书对未成年人性侵害的现状、特点、未成年人性侵害的状况和研究现状、未成年人遭受性侵害的危机干预、未成年人性侵害的法律探讨、未成年人性侵害应对的司法保护制度及免受性侵害的防范措施等方面进行了探讨，希望能够让社会、家长、教师以及更多的大众关注到儿童青少年性侵害这一严重的社会问题，加强预防性侵害的知识教育，提高未成年人安全防范及自我保护的意识和能力，从源头上遏制性侵害未成年人违法犯罪发生。

为了维护儿童的尊严，保护儿童健康茁壮地发展与成长，我们需要采取措施,积极预防、应对并解决针对儿童的性侵害,确保每一位儿童都不会遭遇这一可怕的经历,确保每一位儿童都能够远离持续终生的伤害、恐惧、痛苦与绝望。同时,为了维护法律秩序与伦理道德,各相关职责部门、单位与家庭须承担各自必要的责任,弥补漏洞,共同构建切实保护未成年人的安全体系。

目　录

第一章　未成年人性侵害的概述

第一节　儿童性侵害的定义

一、未成年人法律意义

"未成年人"是一个法律概念,它界限明确且是由法律直接规定。各国法律对成年年龄的规定不同。我国的法定成年年龄为18周岁,因此在我国,未成年人就是指18周岁以下的公民。根据《中华人民共和国未成年人保护法》第2条规定:"本法所称未成年人指不满18周岁的公民。"可见,从刚出生的婴儿到18周岁以内的任何一个年龄层的公民,不论其性别、民族、家庭出身、文化程度如何,都属于未成年人的范围。

二、未成年人性侵害定义的界定

儿童性侵害现象在人类古文明史及神话传说中都有记载与描述,但作为科学研究的课题则是从19世纪末开始的。当时,Freud(1896)发现他的许多病人在儿童时期受到过成人或年长同胞的性骚扰和伤害。他认为用精神分析的方法能够追溯到成年病人那些被压抑的童年创伤性性经历。[①]

20世纪40至50年代,尽管有一些关于成年人童年性侵害发生率的调查研究,但这一问题并未受到人们的重视。直到1962年,Kempe发表了他的经典之作《受虐儿童综合征》之后,人们才开始关注儿童性侵害对受害者的影响。

20世纪70年代,有关性受虐儿童的个案报告和乱伦家庭的描述开

[①]　徐汉明,刘安求.儿童期性虐待对受害者心理的远期影响[J].国外医学,2002,(6):38.

始频繁地出现在文献中。这段时间内发表的论文虽然大多是个案和印象性的，但它们扩展了我们对乱伦现象及乱伦家庭类型的精神动力学和精神病理学的认识。同时，临床医生也记录了受虐儿童描述的各种症状和体征。

20世纪80年代以后，有关这方面的研究不仅在数量上明显增加，而且在研究方法上有很大进步，加深了人们对儿童性侵害这一现象的认识和理解。

由于社会文化、信仰以及法律制度等种种原因，不同国家、不同地区和不同的学者对儿童性侵害的含义具有不同的认识和界定。

Finkelhor（1979）[①] 将与儿童发生的任何性活动，不论儿童是否同意，都视之为性虐待。他认为，不论被侵犯儿童是否明白这种接触的性含义，所有发生于成人与儿童之间的性接触都属于性侵害，且一般是伴有暴力或暴力威胁的。

目前，国外仍然没有一个可被广泛认可的儿童性侵害的定义，这阻碍了对儿童性侵害问题的研究。目前，对儿童性侵害定义的争论集中在哪些行为属于性侵害行为以及儿童的年龄界限上。最广泛的儿童性侵害的行为可分为性侵入、性接触，或是没有接触的性。性侵入（如试图与儿童性交和强行与儿童性交、试图与儿童肛交和强行与儿童肛交等）、性接触（如在儿童身上故意磨擦其性器官、迫使儿童用口接触侵害者的性器官等）、没有接触的性（如利用儿童进行色情表演、在儿童面前手淫等）。儿童的年龄界限则有16以下，17岁以下及18岁以下。性侵害的类型可分为家庭内的性侵害与家庭外的性侵害两种。前者为俗称的乱伦（incest），是指发生在家庭成员间的性侵害事件，包括直系血亲如祖父母、父母、寄养父母或继父母等的乱伦，以及旁系血亲如叔伯或兄弟姊妹的乱伦事件；而家庭外的性侵害则指侵害者为非家庭成员，如陌生人、邻居、朋友或师长等。Haugaard（2000）[②] 认为，有三方面原因阻碍了发展统一的、具体的儿童性侵害的定义。（1）儿童性侵害这个术语被使用在不同的领域中，而不同的领域有不同的目标。例如，临床实践的目标主要是帮助受害儿童及其家庭，因此它的定义比较宽泛、模糊；而司法的主要目标是惩戒侵害者，因此其定义要具体、明确。（2）构成儿童性侵害行为的大部分特征是在一个连续体上，而决定什么是性侵害，什么不是性侵害，这是主观的。例如，没有人会认为一个父亲给他2岁的女儿洗澡是性侵害行为。

---

① David Finkelhor，石泽锋，陈晶琦. 美国儿童性虐待的减少：我们可以从中学到什么？[J]. 中国性科学，2008，17（7）：42-45.
② 李成齐. 性侵害受害儿童的心理病理学研究[J]. 中国特殊教育，2007，（2）：61.

但是,如果这个父亲给他14岁的女儿洗澡,那么大多数人都会认为这是一种性侵害行为。一个父亲在女儿多大时必须停止给她洗澡以避免性侵害的发生,那么为什么不是在此年龄之前或之后呢?（3）是否是性侵害行为和当时的情况是有关系的。例如,一个父亲每天晚上都要给他的女儿进行大腿按摩和只在女儿参加完足球比赛后才进行大腿按摩,那么大多数人会认为前者是性侵害行为,而后者不是。很多学者对"定义的困境"提出了自己的解决办法。Bolen（2001）[①]认为,收集那些有不自愿性经历的人对儿童性侵害的定义,然后由一个研究小组最后确定儿童性侵害的定义。Fergusson和Mullen（1999）主张把儿童性侵害的定义分解成子集,用以描述各种不同类型的不自愿的性经历。因此,现在要讨论的是这种经历对个人造成了怎样的影响（短期和长期的后果）,而不是争论这种经历是否是性侵害。Haugaard（2000）提出了许多用以减少宽泛定义模糊性的策略,包括制定较严格的定义、允许在不同的背景中变化定义,以及保持宽泛的定义,但是要确定子集。1998年,Rind和他的同事在美国《心理学报》（由美国心理学会主办的权威专业期刊）上发表了一篇文章。这篇文章采用元分析方法,回顾了59个大学生样本（被试数超过15000人）的研究,对儿童性侵害的本质进行探讨。最后Rind等（1998）主张使用科学的"价值中立的术语",即用成人—儿童性行为（adultchild sex）来说明儿童自愿参与,并有积极影响的性经历;用儿童性侵害（child sexual abuse）来说明不自愿的,有负面影响的性经历。而且他们认为"儿童"这个术语应该专指青春前期的儿童,因为青少年有更多的自主性来选择或拒绝性行为。他们的文章一发表,就遭到了媒体人士、国会议员的谴责。心理学专业人士也发表文章进行反驳,反对使用成人—儿童性行为这一术语。最后美国心理学会（APA）的负责人也发表声明,表示该协会不认同作者的观点,并重申APA的立场,即儿童不能同意与成人发生性行为,而且强调成人和儿童之间的性行为永远不能被认为是无害的或可接受的。这些争议和矛盾都说明对儿童性侵害的科学定义还有很长的路要走。

　　中国人民公安大学教授王大伟认为,儿童性侵犯是指对儿童进行性剥削或与儿童进行性行为,从而导致儿童的健康或幸福受伤害或受损害[②]。儿童性侵犯问题心理研究者龙迪女士认为,儿童性侵犯是指为满足侵犯者性欲或其他目的,而通过暴力、欺哄、物质引诱等方式,引导儿童

---

① Bolen. Child sexual abuse: Its scope and our failure[J]. *Journal of the American Medical Association*, 2001, 290（6）: 541-550.

② 朱沅沅.性侵害男性未成年人的法律思考[J].青年探索, 2014,（3）: 17.

进行性接触,包括身体与非身体接触的行为[1]。我国徐汉明等人的研究将儿童性侵害分为两个层次:其一,接触性的性活动,包括抚摸、亲吻和生殖器接触及性交等;其二,非接触性的性活动,如露阴、窥阴、观看色情影视片、目睹成人性交行为等[2]。将儿童性侵害的严重程度分为三个等级:其一,重度性侵害,包括各种暴力的或非暴力的生殖器或肛门性交,以及对生殖器和肛门的口交,无论是试图如此还是业已成功;其二,中度性侵害,包括各种暴力或非暴力的手段对生殖器的触摸,或裸体接触乳房等,无论是试图如此还是业已成功;其三,轻度性侵害,包括暴力或非暴力的带性色彩的亲吻、抚摸大腿、臀部,或隔衣抚摸乳房和生殖器等,以及非接触性的性活动[3]。这样的界定可能更具有操作性,更有利于临床分析。

三、性侵害的基本概念与形式

在学术界上,相关专家学者提出性侵害是指侵害者以传教、权力、暴力、金钱或甜言蜜语,引诱胁迫他人与其发生性关系,并在性方面造成对受害人伤害的行为。此类性关系的活动包括:猥亵、乱伦、强暴、性交易、卖淫等。社会上很多人容易将性侵害与性骚扰相混合。但一般认为,性骚扰是一方通过语言或形体有关性内容的侵犯或暗示,从而给另一方造成心理上的反感、压抑和恐慌;而性侵害则主要是指在性方面造成的对受害人的伤害,这是两者之间的区别。

性侵犯又称性虐待。性侵犯包括非身体接触的性侵犯和身体接触的性侵犯。非身体接触性侵犯可包括侵犯者只是向儿童暴露自己的生殖器、在儿童面前手淫或对儿童进行性挑逗。身体接触性侵犯包括侵犯者触摸或抚弄儿童身体敏感部位(如女孩的乳房或外阴部,男孩的外生殖器)、迫使儿童对其进行性挑逗和性挑逗式地触摸其身体、在儿童身上故意磨擦其性器官、试图与儿童性交和强行与儿童性交(包括口交、阴道性交和肛交)。试图与儿童性交和强行与儿童性交属于最严重的性侵犯,是强奸。儿童性侵犯受害者不仅限于女童,男孩也可被性骚扰和性侵犯,严重的被强奸。

性侵害有很多种形式,其中主要有暴力型性侵害、胁迫型性侵害、社交型性侵害、诱惑型性侵害、滋扰型性侵害以及以传教为名的诱奸。在中

---

[1] 张雪梅.对儿童性侵犯的有关探讨[J].妇女研究论丛,2005,(1):75.
[2] 李丽,谢光荣.儿童性虐待认定及其存在的问题[J].中国特殊教育,2012,(5):20.
[3] 黄妙红.儿童期性侵犯受害者不同创伤反应的应对策略[D].北京:中国青年政治学院硕士学位论文,2011.

国,未成年人性侵的形式则主要是暴力型、胁迫型以及诱惑型性侵害。暴力型性侵害,是指施害者使用暴力或野蛮的手段对受侵害者实施侵害,如携带凶器威胁、劫持受侵害者,或以暴力威胁加之言语恐吓,从而对受侵害者实施强奸、轮奸或调戏、猥亵等。胁迫型性侵害,是指利用自己的权势、地位、职务之便,对受害人加以利诱或威胁,从而强迫受害人与其发生非暴力型的性行为。而诱惑型性侵害,是指利用受害人追求享乐、贪图钱财或小便宜的心理,诱惑受害人而使其受到的性侵害。

第二节　未成年人遭受性侵害案件的特点

据统计,近年来的性侵儿童的案件主要分成两部分,一部分是强奸幼女案,另一部分是猥亵儿童案,其中强奸幼女案占 80% 以上。同时这些案件中,被告人的年龄在 20 岁到 45 岁之间的约占 70%,未成年人占 25% 左右,受害人遭受性侵时,年龄在 10 岁以下的占 50% 以上。经法院审理后做出有罪判决率几乎达到 100%。结合具体情况,这类案件主要有以下特点。

（1）由于幼女辨别能力差,对社会的认识不够成熟,缺乏自我保护的意识,儿童又天真无邪,缺乏警惕性,同时,家长和学校又由于种种原因的影响,没有尽到正确引导孩子、加强孩子自我防范保护教育的义务,这就为犯罪分子能够采取给零食、给钱财以及言语诱惑等方式侵犯幼女提供了可能。

（2）社会经济在发展,外出务工人员越来越多,由于种种不便,家长在外出务工的同时往往把孩子留在原籍地,这就造成了留守儿童的安全和教育如何解决的问题。据统计,留守儿童是性侵儿童案件犯罪分子首选的"目标",并且在此类案件中,留守儿童被性侵的比例占到一半以上。

（3）未成年人在性侵害时容易采取暴力手段,究其原因,这些未成年人多有接触黄色影音视频或不健康的杂志刊物。受这些影音和刊物的影响,在未成年人性侵案件中,未成年性侵者大多数均是采取暴力的手段对被害人实施奸淫。

（4）在近段时间媒体的报道中可以看出:小学教师奸淫、猥亵儿童的案件时有发生,并且农村小学教师明显多于城市里的小学教师,由于教师职业的特殊性,这类案件的性质极其恶劣。又由于学校的特殊性,一名犯罪分子所侵害的对象可能是多人,并且具有长期性,学校的女生非常容易成为其性侵和猥亵的对象。例如,在最近的报道中就看到,在某小学教师猥亵学生的案例中,侵犯人利用其教师的特殊性和有利条件,放学后假借辅导功课、批改作业、谈话谈心等名义,猥亵学生的身体,并威胁学生不允许告诉家长。这种方式是这类案件行为人惯用的伎俩,并且对被侵犯学生的身心健康带来了极大的摧残,使学生和家庭受到了极大的伤害。

(5)在性侵儿童的犯罪案件中,强奸幼女案最突出,占到了 80% 以上,并且呈现逐年增长的趋势。

(6)在分析性侵儿童的案件时,我们发现侵犯人是熟人的居多。这部分人利用其是被侵害对象身边的熟人的"优势条件",对儿童相对较熟悉,在一定程度上掌握儿童的生活习惯,有的甚至还照顾儿童的饮食起居,有的是儿童从小一起长大的玩伴,有的甚至提供能够吸引儿童的物质财富等,对被害人实施侵犯。

(7)此类案件发生的时间多为放学后或中午午休的时候。

(8)性侵儿童的案件中犯罪主体大多数是文化素质偏低的农民,法律意识比较淡薄,或者说法律在他们的心目中没有占据重要位置。

第三节　性侵害对儿童受害者的危害

儿童遭受性侵害后,对儿童本身和家庭都造成了难以恢复的伤害。大量研究表明,在儿童时期遭受过性侵害的儿童,成年后再次遭到性侵害的概率比常人高。遭受过性侵的儿童或青少年,在成长的过程中难以和他人建立信任或亲密的人际关系,尤其害怕与异性接触,害怕与他人有身体上的碰触,这在某种程度上影响了其成年后与异性交往的能力。

在儿童的心理上同样会产生难以恢复的创伤,儿童在心理上会产生恐惧,与人交往的过程中,会有强烈的不安全感,对人难以产生信任的感觉,害怕再次受到侵犯和伤害,并且还可能会不同程度地产生心理阴影,如罪恶感等、羞耻感,与别人接触交往时感觉自己很丢脸,没有资格和别人平等相处或没有资格过正常人的生活等。这些心理阴影一旦形成,想消除这些阴影非一朝一夕可做到。心理伤害不同于身体伤害,一旦伤害难以恢复,儿童会长时间处于忧郁、沮丧的状态中,缺乏自信,时常自怜自艾,觉得自己是这个世界上最不幸、最可怜的人。调查研究表明,这些受伤害的人群,发生心理障碍和精神问题的风险明显高于没有这种经历的人群。被侵害者所受的伤害还不止这些,最严重的是,这部分受害人群由于心理极度自卑,又鲜与人沟通,可能会萌生轻生的念头等。

相关研究表明,对于遭受侵害时的年龄,一般认为性侵害对年龄越小的儿童,造成的伤害越大;对于遭受侵害的持续时间,一般认为性侵害的持续时间越长,对儿童的伤害越大;对于遭受侵害的类型,侵害的类型可分为性侵入、性接触,或是没有接触的性,一般认为性侵入对儿童的伤害最大;对于与侵害者的关系,一般认为受害儿童与侵害者的关系越亲密,造成的伤害越大;对于遭受侵害的次数,一般认为,遭受的侵害次数越多,对儿童的伤害越大;对于遭受侵害的强度,一般认为性侵害发生时,使用的强迫或暴力手段的强度越大,对儿童造成的伤害越大。

第四节　未成年人遭受性侵害案件的成因分析

一、从被性侵的未成年受害者来看,因生理心理发育不成熟、辨别是非和自我保护能力差,容易成为性犯罪的侵害对象

由于生理心理发育不成熟,大多数被害人思想单纯幼稚,难以辨别他人行为的真实意图,性知识缺乏,自我保护意识较差,未能意识到跟随非亲密关系的异性进入到单独空间系步入险境,没有掌握必要的防身方法。部分未成年人则因自身某些生活不良习气,如贪玩、虚荣、随意交友、贪小便宜、贪吃等,被人利用而成为性侵害的对象。另外,未成年人辨别是非和自我保护能力差,在受到不法侵害时通常不知或不敢反抗,易成为性侵害的对象。

二、监护人疏于对未成年人的保护

父母是孩子的第一人生导师,在人生的启蒙阶段,父母应给予孩子正确的人生导向并及时纠正孩子的"航道"。但由于大多数家庭囿于经济困境,年轻父母,特别是农村的年轻父母往往选择放下年幼的孩子,双双外出务工,致使我国农村产生大量的空巢家庭和留守儿童,孩子的教育和保护便顺理成章地落到文化不高甚至无文化的老一代人的身上。而老一代人缺乏时代观点和先进的教育理念,要么对孩子采用毫无保留的宠溺,一味满足孩子的要求;要么则相对漠视,任由其自己学会生存规则;要么采取棍棒教育,以偏概全,对孩子的错误观念不能及时纠正。加之我国农村主要是以亲属关系为纽带建立的聚居点,纯朴的邻里关系及浓浓的亲

属关系,使乡亲邻里间保持着最朴素的信任关系,缺乏必要防范意识,理所应当地认为在家的周围是安全的,殊不知这些"朴素"的关系里危机四伏。另外,有些父母虽然在身边,但是由于家长每日困于家务和农活之间分身乏术,没有更多的精力对年幼孩子予以管教,且农村地区也缺乏必要的幼儿教育机构及设施,无法暂时容留孩子,大多家长仍放任孩子四处玩耍,采用"放养"的政策。而正是由于家长毫无防备的意识以及采用"放养"政策,居心叵测的犯罪分子才有了可乘之机。

对于学校而言,特别是对于学龄儿童及小学生,学校往往更注重的是孩子的学习和在校的纪律,至于孩子出了校门后的行为,则采取放任、事不关己的态度。而多数家长则认为回家路途有同学陪伴,没有必要引起重视,放学回家路途成为保护孩子的真空地带。

三、对未成年人的性教育严重缺失

我国曾经过漫长的封建社会,受封建思想和封建传统的制约,中国父母往往"谈性色变",加之部分父母自身文化不高,更不知性教育所谓何物,而即使文化程度较高的父母,由于忙于事业,同样疏于对子女的教育,当孩子问到此方面的问题,往往因为"难以启齿"而搪塞敷衍。在中国的学校,由于教育环境也长期受封建思想影响,认为大张旗鼓在课堂讲授性知识,有违社会常理,老师更羞于讲授。虽然近年来,社会对此的关注度不断上升,要求加强学校性教育的呼声也越来越高,但在实际操作过程中,如何将性安全和性知识纳入课堂教育,仍困扰着诸多教育者。正是由于性教育的严重缺位,孩子无法从正常途径学到必要的社会知识和生理常识,导致孩子自我保护意识和自我保护能力较差,甚至很多孩子根本分不清什么是性侵害,什么是异性间的亲密行为,更甚者当孩子遇到性侵害时,并不知道这是犯罪行为,还主动为犯罪人"保守秘密",导致事后收集证据难,控告难。

四、文化生活贫乏、法制观念淡薄

从统计数据可以看出,农村已成为未成年人受侵害的重灾区。由于整个社会的剧烈变化,农村已改变了曾经"日出而作,日落而息"的生活方式,虽温饱问题已经基本得以解决,但文化生活则远远滞后于经济的发展,赌博、喝酒成为在农村的主要休闲方式,由于没有健康、正确的文化消遣,导致一些人极容易摆脱道德的束缚,走上犯罪道路。而在不良文化和社会不良风气的引导下，由于经济困窘，无法到色情场所消费，年幼无知、自我保护能力弱的幼女则更易成为犯罪分子的首选对象。加之农村劳动力的输出，驻留人口呈现老少两极化趋势，使犯罪分子的心理恐惧和震慑削弱，对幼女实施犯罪有恃无恐。

五、刑罚震慑力度不强

对未成年人实施性犯罪，动机极其卑劣，手段极其残忍，给未成年人的终身造成不可磨灭的身心伤害，也给社会正常秩序造成了极其严重的危害，是一种主观恶性极其严重、社会危害性极大的犯罪，应当从严惩治。按照最高人民法院关于强奸罪的量刑指导意见，"强奸妇女一人的，可以在三年至五年有期徒刑幅度内确定量刑起点；奸淫幼女一人的，可以在四年至七年有期徒刑幅度内确定量刑起点。""强奸妇女、奸淫幼女情节恶劣的；强奸妇女、奸淫幼女三人的，可以在十年至十三年有期徒刑幅度内确定量刑起点"，可以看出最高人民法院坚决从严惩处奸淫幼女行为的决心，较之以前的量刑起点有了较大幅度的提高，且将奸淫幼女行为与一般强奸妇女行为予以区别从严惩处。四川省高级人民法院《〈关于常见犯罪的量刑指导意见〉实施细则》[①] 中规定，如果强奸妇女一人，在三年至五年有期徒刑幅度内确定量刑起点。而奸淫幼女一人，在五年至七年有期徒刑幅度内确定量刑起点。如果对同一幼女实施奸淫多次，增加基准刑的 50% 以下。同时规定，强奸未成年人，有以下五种情形之一的，可以增加基准刑的 40% 以下，但同时具有两种以上情形的，累计不得超过基准刑的 100%。这五种情形包括：对未成年人负有特殊职责的人员、与未成年人有共同家庭生活关系的人员、国家工作人员或者冒充国家工作人员实施强奸犯罪的；进入未成年人住所、学生集体宿舍实施强奸犯罪的；采取暴力、胁迫、麻醉等强制手段实施奸淫幼女犯罪的；对不满 12 周岁的女童、农村留守女童、严重残疾或者精神智力发育迟滞的未成年人实施强奸犯罪的；其他可以从重处罚的情形。可以看出，四川省针对未成年人，尤其是农村留守女童以及不满 12 周岁女童的司法保护正在进一步加强。但是，不管是最高人民法院的量刑指导意见还是四川省高级人民法院的《〈关于常见犯罪的量刑指导意见〉实施细则》，在十年以上的加重情节时，强奸妇女行为和奸淫幼女行为则没有得到明显的差别评价，不能较好体现刑罚的严厉性。

我国刑法第 237 条第 2 款规定了猥亵儿童罪，本罪是指以刺激或满

---

① 四川省《〈关于常见犯罪的量刑指导意见〉实施细则》，2017 年 7 月 20 日。

足性欲为目的,用性交以外的方法对儿童实施的淫秽行为。行为主体为已满16周岁的人,包括男性和女性,主要情形包括男性对男童、女童猥亵,女性对男童、女童猥亵,其中猥亵女童不包括性交行为,否则构成强奸罪,猥亵男童包括性交。成立该罪不要求强制手段,不要求儿童反抗,即使儿童自愿,行为人也构成本罪。量刑方面参照强制猥亵罪,从重处罚。该罪名对于保护男童提供了新的出发点,但是要做到全面、平等的保护还是需要立法进一步发展。

六、从侵害者方面来看,普遍文化程度低,生理和心理上存在偏差,法制观念淡薄

性侵未成年人的侵害者,普遍文化水平低,大部分为小学、初中文化,生活在农村的农民或不务正业的闲散人员,有初中在校学生,亦有道德败坏的学校老师。

从生理、心理上来看,在性侵未成年人的侵害者中各年龄段均有涉及。未成年人侵害者由于正处于身体发育的青春期,生理条件开始向成人靠拢,有了懵懂的性冲动和性幻想。而与之相对应的心理方面,对于善恶的区分能力普遍不强,缺乏自控能力,随着性能力的逐渐成熟,接触异性的意识和实现性欲的冲动强烈,易形成强奸等暴力犯罪。而18—25周岁的青年在此类犯罪中占近半数,此年龄段的青年人生理上性发育已成熟,在社会的不良影响下,易于产生性冲动,同时,在心理方面对自己行为的动机目的和造成的后果缺乏深思熟虑或者不管不顾。老年人由于生理上性功能尚未退减,在夫妻生活得不到满足的情况下,由于心理上认为用诱骗就能对幼童下手,犯罪成本较低,存在侥幸心理或"老了能把我怎样"的心理。

从法制观念方面来看,犯罪分子法制观念淡薄、道德意识败坏。性侵未成年人的犯罪分子文化程度普遍不高,大多为初中以下,法制观念极其淡薄。加之受不良影视作品及刊物腐蚀的影响,部分犯罪分子道德意识败坏,心理严重不健康。有些犯罪人明知道这是犯罪行为,却存在被害人也许会因为害怕或羞耻或者无知而不会报案等侥幸心理。有些犯罪人因为受害人是自愿的,明知受害人未满14周岁仍与其发生性关系,根本不知道这是犯罪行为。

第五节　最高法院发布性侵害未成年人犯罪典型案例

一、案例 1

李吉顺强奸、猥亵儿童案

（一）基本案情

2011 年上半年至 2012 年 6 月 4 日，被告人李吉顺在甘肃省武山县某村小学任教期间，利用在校学生年幼无知、胆小害羞的弱点，先后将被害人王某甲、潘某甲、康甲、康某乙、康丙、杨甲、杨某乙、王某乙、康某丁、刘某甲、杨丙、康某戊、杨丁、李某甲、康某己、刘某乙、杨戊、康某庚、魏某甲、李某乙、李某丙骗至宿舍、教室、村外树林等处奸淫、猥亵，将被害人杨己、潘某乙、杨庚、杨某辛、杨某壬骗至宿舍、教室等处猥亵。李吉顺还多次对同一名被害人或同时对多名被害人实施了奸淫、猥亵。上述 26 名被害人均系 4 至 11 周岁的幼女。

（二）裁判结果

甘肃省天水市人民检察院以被告人李吉顺犯强奸罪、猥亵儿童罪提起公诉。天水市中级人民法院经审理认为，李吉顺利用教师身份，在教室及其宿舍等处长期对 20 余名未满 14 周岁的幼女多次实施奸淫、猥亵，其行为已构成强奸罪、猥亵儿童罪，应依法予以并罚。李吉顺犯罪情节极其恶劣，社会危害极大，应予严惩。依照《中华人民共和国刑法》第 236 条，第 237 条第一款、第三款，第 57 条第一款，第 69 条的规定，对李吉顺以强奸罪判处死刑，剥夺政治权利终身；以猥亵儿童罪判处有期徒刑五年，数罪并罚，决定执行死刑，剥夺政治权利终身。

宣判后，被告人李吉顺提出上诉。甘肃省高级人民法院经依法开庭审理，裁定驳回上诉，维持原判，并依法报请最高人民法院核准。最高人民法院经复核认为，李吉顺利用教师特殊身份，对 20 余名不满 12 周岁的幼女多次实施奸淫、猥亵，犯罪性质和情节极其恶劣，社会危害极大，罪行极其严重，依法核准李吉顺死刑。罪犯李吉顺已被执行死刑。

（三）典型意义

本案被告人李吉顺作为人民教师，对案件中的被害人负有教育、保护的特殊职责，但其却利用教师身份，多次强奸、猥亵多名幼女，其犯罪行为更为隐蔽，致使被害人更加难以抗拒和揭露其犯罪；本案被害人年龄介于4至11周岁之间，均为就读于小学或学前班的学生，李吉顺利用被害人年幼、无知、胆小的弱点，采取哄骗的手段在校园内外实施犯罪，严重摧残幼女的身心健康，社会影响极为恶劣；在被侵害的幼女中，有多名农村留守儿童，作为弱势人群，更易受犯罪侵害，李吉顺针对她们实施犯罪，后果更加严重；李吉顺在一年多时间内，多次强奸、猥亵幼女，人数多达26名，犯罪情节特别恶劣。《关于依法惩治性侵害未成年人犯罪的意见》第25条规定："针对未成年人实施强奸、猥亵犯罪的，应当从重处罚，具有下列情形之一的，更要依法从严惩处：（1）对未成年人负有特殊职责的人员、实施强奸、猥亵犯罪的；（4）对不满十二周岁的儿童、农村留守儿童、严重残疾或者精神智力发育迟滞的未成年人，实施强奸、猥亵犯罪的；（5）猥亵多名未成年人，或者多次实施强奸、猥亵犯罪的。"李吉顺作为对未成年人负有特殊职责的人员，针对多名不满12周岁的儿童、农村留守儿童多次实施强奸、猥亵犯罪，符合《性侵意见》第25条中第（1）、（4）、（5）项的情形，应依法从重处罚。人民法院对李吉顺依法判处死刑。

二、案例2

董琦强奸案

（一）基本案情

2013年5月23日零时许，被告人董琦与郭某某（另案处理）翻墙进入河北省泊头市某中学西校区，跳窗进入女生宿舍。董琦采用掐脖子、扇耳光、言语威胁等暴力、胁迫手段，先后脱去被害人张某某、赵某某、田某某、王某甲、胡某某、王某乙等6名女生的衣服，强行实施奸淫，其中，除对王某甲强奸未遂外，对其他5名被害人强奸既遂。6名被害人中，王某甲刚满14周岁，其他五名被害人均未满14周岁。[①]

---

① 惩治性侵害未成年人犯罪典型案例。

（二）裁判结果

河北省沧州市人民检察院以被告人董琦犯强奸罪提起公诉。沧州市中级人民法院经审理认为，董琦奸淫多名幼女，以及违背妇女意志，采用暴力、胁迫手段强行奸淫被害人王某甲的行为已构成强奸罪。公诉机关指控的罪名成立。被害人张某某、赵某某、田某某、胡某某、王某乙均不满14周岁，董琦连续对上述5名幼女实施奸淫，应从重处罚。但董琦对被害人王某甲强奸未遂，可比照既遂犯从轻处罚。依照《中华人民共和国刑法》第236条第一款、第二款、第三款第二项，第23条，第57条第一款的规定，对被告人董琦以强奸罪判处死刑，缓期二年执行，剥夺政治权利终身。

（三）典型意义

本案是针对在校女生实施的强奸犯罪，案发地点特殊，发生在学校女生宿舍内。被告人董琦采取翻墙、爬窗等手段进入女生宿舍后，连续作案，对六名未成年少女实施奸淫，犯罪情节特别恶劣，后果十分严重，严重影响学生的人身安全。依照刑法规定，强奸妇女、奸淫幼女多人的，判处十年以上有期徒刑、无期徒刑或者死刑。《关于依法惩治性侵害未成年人犯罪的意见》第25条规定，针对未成年人实施强奸、猥亵犯罪的，应当从重处罚。进入未成年人住所、学生集体宿舍实施强奸、猥亵犯罪的，更应该依法从严惩处。综合考虑本案犯罪性质、情节及后果，沧州市中级人民法院对董琦判处死刑，缓期二年执行，剥夺政治权利终身。

值得注意的是，案发当晚，本案被害人所在宿舍有十几名女生，没有一人在犯罪过程中进行呼救或反抗。其间，值班老师查房时，也没有学生向老师呼救，导致未能及时发现、阻止被告人的犯罪行为。究其原因，与被害人均尚年幼、自我保护意识十分薄弱有一定关系。由此警示未成年人的家长和学校应该加大对未成年人自我保护意识的教育力度，加强学校安全设施、安全监管措施的建设，避免类似悲剧的发生。

三、案例 3

魏连志猥亵儿童案

（一）基本案情

自 2009 年年初，被告人魏连志在北京市丰台区某公园的小树林、暂住处等地，多次以给付零用钱等手段，采取抚摸、让被害人吸吮其生殖器等方式对王某某（男，13 岁）进行猥亵。至 2013 年 12 月，魏连志在其暂住处、丰台区某小池塘旁边等地，采取上述方式对被害人张某（男，11 岁）、谢某某（男，12 岁）、尹某某（男，11 岁）、何某（男，11 岁）、邹某（男，13 岁）、袁某某（男，12 岁）等另外 6 名男童多次进行猥亵。

（二）裁判结果

北京市丰台区人民检察院以被告人魏连志犯猥亵儿童罪提起公诉。丰台区人民法院经审理认为，魏连志多次猥亵多名儿童，损害了儿童的身心健康，其行为已构成猥亵儿童罪，应依法从重处罚。公诉机关指控的罪名成立。虽然魏连志能如实供述犯罪事实，但其长时间多次猥亵多名儿童，其中多人不满 12 周岁，严重损害了儿童的身心健康，应依法从严惩处，鉴于其犯罪情节和社会危害，对其不予从轻处罚。依照《中华人民共和国刑法》第 237 条第一款、第三款，第 61 条的规定，以猥亵儿童罪判处魏连志有期徒刑五年。

（三）典型意义

本案是一起发生在社区的猥亵男童的典型案件。对于猥亵儿童犯罪，依照刑法规定，一般应当在五年以下有期徒刑或者拘役的法定刑幅度内从重处罚。为细化从重从严处罚的情形，体现对未成年人特殊保护的刑事政策，《关于依法惩治性侵害未成年人犯罪的意见》规定，针对不满 12 周岁儿童实施猥亵的，猥亵多名未成年人，或者多次实施猥亵犯罪的，应当在从重处罚的基础上更加体现从严。本案中，被告人魏连志在长达 5 年的时间里，采取用小恩小惠进行引诱、哄骗等手段，对 7 名男童多次实施猥亵，其中 3 名被害人不满 12 周岁，严重侵害了儿童的身心健康，故法院依法从严惩处，在法定刑幅度内对其顶格判处有期徒刑五年。

在本案审理过程中，被告人魏连志及其辩护人提出，魏连志因个人特殊的生活经历,对成人有戒备心理,系恋童癖患者,其因心理疾病才实施猥亵。法院考虑到魏连志在犯罪后确有认罪、悔罪表现,为了帮助其打开心结,避免更多的儿童受到伤害,在庭审后专门邀请心理专家对其进行了心理疏导。在心理专家的耐心帮助下,魏连志开始正视自身的问题,表示服刑期间将按照心理专家教授的方法,进行心理矫治调适。

本案的发生,除了被告人方面的原因外,被害人属于未成年人,防范意识差,家长对孩子的安全教育严重缺乏也是一个很重要的原因。为了提醒广大家长做好孩子的安全保护教育,预防和减少此类案件的发生,本案承办法官向广大家长发送了《致家长的一封信》,结合猥亵儿童案件的特点,有针对性地向家长提出了建议,并且由多家媒体对本案及由此展开的一系列延伸活动进行了报道,取得了较好的普法宣传效果。

四、案例 4

李沛新猥亵儿童案

（一）基本案情

自 2011 年 8 月起,被告人李沛新乘其妻张某某外出之机,多次在其位于广东省广州市花都区的住宅中,使用威胁、诱骗等手段,采取手摸乳房、阴部等方式,对继女何某某（被害人,时年 10 岁）进行猥亵。2013 年 5 月 17 日,公安人员在李沛新家中将其抓获。

（二）裁判结果

广东省广州市花都区人民检察院以猥亵儿童罪对被告人李沛新提起公诉。花都区人民法院经审理认为,李沛新采取威胁、诱骗手段,多次猥亵儿童,其行为已构成猥亵儿童罪,依法应当对其适用五年以下有期徒刑或者拘役的量刑幅度予以处罚。结合李沛新犯罪的具体情节、危害后果以及认罪态度,依照《中华人民共和国刑法》第 237 条第一款、第三款之规定,对李沛新以猥亵儿童罪判处有期徒刑三年。

（三）典型意义

本案是一起继父猥亵未成年继女的典型案件。未成年人处于生理发育和心理发展的特殊时期,辨别是非和自我保护能力差,在受到不法侵害时通常不知或不敢反抗,易成为性侵害的对象。特别是与未成年人有共同家庭生活关系的人员,因具有接触未成年人的便利条件,且在物质、生活条件等方面相对未成年人处于优势地位甚至支配关系,实施性侵害犯罪更为隐蔽,持续时间通常更长,未成年被害人更难以抗拒和向有关部门揭露,社会危害更大。因此,根据《关于依法惩治性侵害未成年人犯罪的意见》第 25 条规定,与未成年人有共同家庭生活关系的人员实施强奸、猥亵犯罪的,要依法从严惩处。本案中,被告人李沛新与何某某的母亲张某某登记结婚,与何某某形成共同家庭生活关系,其不仅不履行应尽的保护职责,还对年仅 10 岁的继女实施猥亵,为法律所不容,亦严重违背人伦道德。鉴于李沛新归案后能主动认罪、悔罪,法院依法判处其有期徒刑三年。

五、案例 5

刘箴芳等介绍卖淫案

（一）基本案情

2012 年暑假期间至 2013 年 4 月底,被告人刘箴芳、杜义权、叶某、徐某某、刘某、秦某某、王某、陆某等八人,单独或交叉结伙,通过电话与嫖娼人约定之后,先后多次将周某、朱某、徐某、王某甲、沈某、陈某、陆某乙、黄某、庄某、李某、卢某等十一人（除卢某外,其他被介绍人均未成年,周某、朱某未满 14 周岁）带至浙江省安吉县递铺镇、梅溪镇的多家酒店、宾馆或嫖娼人的住处等场所,介绍卖淫,从中牟取非法利益。其中,刘箴芳介绍卖淫 8 次,叶某介绍卖淫 10 次,徐某某介绍卖淫 8 次,刘某介绍卖淫 8 次,杜义权介绍卖淫 4 次,秦某某介绍卖淫 2 次,陆某介绍卖淫 1 次,王某介绍卖淫 1 次。

（二）裁判结果

浙江省安吉县人民检察院以被告人刘箴芳、杜义权、叶某、徐某某、刘某、秦某某、王某、陆某犯介绍卖淫罪提起公诉。安吉县人民法院经审理认为,八名被告人的行为均已构成介绍卖淫罪,其中刘箴芳、杜义权、叶某、徐某某、刘某多次介绍他人卖淫,且介绍未成年人卖淫,情节严重。鉴于杜义权有介绍卖淫的犯罪前科,酌情从重处罚;叶某、徐某某、刘某、秦某某、王某、陆某系未成年人,依法从轻或减轻处罚;刘箴芳、杜义权、叶某、徐某某、刘某、秦某某、王某、陆某均自愿认罪,酌情从轻处罚。依照《中华人民共和国刑法》第359条第一款,第25条第一款,第17条第一款、第三款,第72条第一款、第三款,第73条,第52条,第53条之规定,以介绍卖淫罪对刘箴芳、杜义权分别判处有期徒刑六年,并处罚金人民币一万元;对叶某判处有期徒刑三年,缓刑四年,并处罚金人民币八千元;对徐某某、刘某分别判处有期徒刑三年,缓刑三年六个月,并处罚金人民币八千元;对秦某某判处拘役六个月,缓刑十个月,并处罚金人民币五千元;对王某、陆某分别判处拘役三个月,缓刑六个月,并处罚金人民币三千元。

（三）典型意义

本案是一起介绍在校学生卖淫的典型案件,在当地造成了一定的社会影响。八名被告人中,除刘箴芳、杜义权已成年外,其他6名被告人均系未成年人。所介绍的11名卖淫者多为未成年在校女生,部分被介绍卖淫者属于未满14周岁的幼女。对于被介绍卖淫者的年龄,各被告人是知道或者应当知道的。依照刑法规定,介绍卖淫情节严重的,处五年以上有期徒刑,并处罚金。介绍未成年人卖淫,更易腐蚀其心灵,损害其身心发育,社会危害相对更大,构成犯罪的,根据《关于依法惩治性侵害未成年人犯罪的意见》第26条规定应当从重处罚。安吉县人民法院对刘箴芳、杜义权、叶某、徐某某、刘某五名具有多次介绍他人卖淫、介绍未成年人卖淫等犯罪情节的被告人,认定为"介绍卖淫情节严重",并对其中两名已经成年且犯罪情节最为严重的刘箴芳、杜义权,分别判处有期徒刑六年,并处罚金人民币一万元,较好地体现了从严惩处性侵害未成年人犯罪的刑事政策。因本案涉及6名未成年被告人犯罪,在审理过程中,安吉县人民法院充分考虑了以下方面:一是依法通知法律援助中心为未成年被告人指定辩护人,并且通知法定代理人到庭,听取意见,开庭时不公开审理,以保护未成年人的合法权益;二是量刑时,注意贯彻惩罚与教育相结合的原则,对六名未成年被告人依法宣告缓刑,并在宣判的同时对其进行批评教育,依法告知缓刑考验期内应遵守的规定,以利于被告人改过自新。

第二章 未成年人遭受性侵害案件数据分析报告

第一节 中华社会救助基金会儿童安全基金女童保护项目 2014 年儿童防性侵教育及性侵儿童案件统计报告

一、2014 年性侵儿童数据[①]

（一）2014 年性侵儿童事件平均 0.73 天曝光 1 起

根据"女童保护"项目统计，2014 年以来，性侵儿童的恶性案件在全国各地呈持续高发状态，媒体曝光数量急剧攀升。2014 年 1 月 1 日至 12 月 31 日，被媒体曝光的案件高达 503 起，平均 0.73 天就曝光 1 起，是 2013 年同比的 4.06 倍。

女童保护项目自 2013 年 1 月 1 日起统计相关曝光数据，2013 年 1 月 1 日至 12 月 31 日被媒体曝光的案件 125 起，平均 2.92 天曝光一起。2013 年 5 月 23 日至 2014 年 5 月 22 日被媒体曝光的性侵儿童案件增至 192 起，加速到平均 1.90 天就曝光一起。

2014 年，首次被曝光案件数量反超全年天数，意味着儿童防性侵的现状依然严峻，也说明了社会各界和舆论对儿童安全的关注度有了大幅度上升。

需要注意的是，上述统计仅基于公开报道案件，因此并不等同于 2014 年性侵儿童案件总量比 2013 年有大幅度增加。社会与学界的共识

---

① 《2014 年儿童防性侵教育及性侵儿童案件统计报告》，2015.3.2。

是,由于诸多主客观因素造成性侵儿童案件难以被公开报道和统计,因此被公开的案例可能仅为实际发生案件的冰山一角。

(二)性侵案件受害者最大群体为小学生,小学生安全教育缺失较为严重,农村地区仍是监护薄弱之地

总结 2014 全年媒体曝光的性侵儿童案件特点,受害人群呈现低龄化趋势,尤其以 7 岁到 14 岁的小学生居多。

女童保护项目统计,726 名受害者中,0 ~ 14 岁的女童 709 名,男童 17 名。被公开报道年龄的受害者中,0 ~ 6 岁的有 107 人,7 ~ 10 岁的有 294 人,11 ~ 14 岁的有 308 人,后两者合计占总量的 84.91%(公开报道未公布受害者年龄的未统计在内)。这一比例较 2013 年同期(81.15%)上升 3.76%。

其中值得重视的是,11 ~ 14 岁的小学高年级学生受害人数不仅不低于小学低年级,反而略微超出,一方面说明这个年龄段的孩子更容易成为犯罪嫌疑人侵害的目标,另一方面显示出目前我国义务教育小学阶段的儿童安全教育缺失较为严重,小学生的自我保护基本知识、防范意识和能力并未随年龄同步增长,使得这一年龄段的未成年人成为最易受侵害的弱势群体。在案例中,有的未成年人因接受犯罪嫌疑人给予的金钱、物品而不加防范,有的未成年人初次受害后依然未意识到问题的严重性或慑于施害者的恐吓及威逼利诱,产生不敢声张的畏惧心理,未及时告知成年监护人,以致多次受害。有些受害儿童下体出现明显创伤时才被其监护人发现,后果已难以挽回。

女童保护项目统计,在公开报道的案例中,农村未成年人有 171 人,进城务工人员子女有 42 人,城镇未成年人有 409 人。女童保护项目认为,这并不代表城镇未成年人被性侵案件比农村更为高发,而是充分说明城镇地区未成年人家庭、学校及社会对其的监护密度显著高于农村地区,城镇地区大众媒体的覆盖面、活跃程度均显著超过农村地区,因此相关侵害情形更容易被监护人发现、被司法部门立案,也存在更大的可能性被公开曝光。

女童保护项目志愿者在深入山区、乡村地区学校讲课及和相关领域专家广泛座谈的过程中了解到,在我国全面城镇化浪潮的影响下,农村地区留守儿童群体巨大,由于家庭主要成员长年外出打工导致的家庭监护缺失的情况广泛存在,学校及社区的自我保护教育及基础生理教育与城市存在较大差距,甚至存在空白。有的山区学生快上初中还不知道什么是月经,更不了解如何防性侵、遇到侵害如何应对或如何报案。上述大背

景和社区警力及第三方社工的缺位,均导致相关案件更为隐蔽、更难被发现及立案。

（三）性侵儿童案的"熟人犯罪"超过八成

女童保护项目统计,在 2014 年公开报道的性侵儿童案例中,熟人犯罪有 442 起(公开报道未提及双方关系的未统计在内),熟人性侵儿童案占 87.87%。这些熟人包括教师、邻居、亲戚、同村人等。在案件发生前就与未成年人彼此认识的施害者,更容易接近受害者,再凭借其体力上的优势和特殊身份,或者凭借其地位,使得侵害容易得手。

熟人作案比例如此之高,说明在防性侵安全教育中,一定要特别重视针对熟人性侵的防范措施。女童保护项目的儿童防性侵教案中,设置了儿童防范陌生人和熟人性侵的不同应对措施。

统计结果显示,从施害者职业分布来看,无业、退休者等社会人员有 138 人,教师有 68 人,官员 4 人(公开报道未公布施害者职业的未统计在内)。

在提及相关情况的公开报道案例中,一人对多名未成年人实施性侵害的案例达 78 起,占 15.51%;一人多次对未成年人实施性侵害的累犯案件为 135 起,占 26.84%。

值得注意的是,女童保护项目统计发现,2014 年公开案例中,在监护缺位的前提下,施害者临时起意的性侵儿童案为 272 起,占 54.08%。这类案件中,受害人都是在孤身一人、监护人缺位、毫无自我保护意识的情况下,给了施害者可乘之机。

在女童保护项目的问卷调研中,有北京市相关司法工作人员统计近年来的性侵儿童案件成因显示,绝大多数都是因监护缺失导致的施害者临时起意,而非有计划的蓄意犯罪。有南方省份的相关司法工作人员分析近年来性侵儿童案件成因认为,从家长监护方面看,家长多重视儿童的学习成绩,对性知识多采用回避和隐晦的态度,在防性侵教育方面的亲子交流普遍欠缺;从校方防范上看,教育主管部门的精力集中于教学质量,性教育则以卫生教育为主,缺乏相应的防性侵等安全知识教育。

（四）性侵儿童案件对社会造成较大影响

女童保护项目 2014 年对北京、山东、浙江、江苏、吉林、湖北、贵州、云南、广东、黑龙江、广西、安徽、福建、甘肃、四川、重庆、河北、辽宁、山西、河南等 21 个省市城乡地区的 3482 名学生、337 名家长、394 名教师进行了防性侵情况的问卷调查,发现 2014 年以来,性侵儿童案件对小学阶段的教师、家长带来巨大影响。

女童保护项目访问的 337 名小学家长中,68.7% 很关注 2014 年以来媒体频繁曝光的儿童遭遇性侵害案件,30.4% 听说过,仅有 0.9% 表示不太了解。在女童保护项目访问的 394 名小学教师中,74.7% 很关注,25.1% 听说过,仅有 0.3% 的教师表示不太了解。74.9% 受访教师表示会注意周围有人可能对儿童实施性侵害,14.4% 受访教师身边发生过儿童遭遇性侵害。

这样的性侵儿童案件高发态势,引发全社会的愤怒声讨,也说明儿童防性侵保护面临严峻挑战。

二、2014 年我国儿童防性侵教育现状

（一）调查显示全国多地儿童普遍缺乏科学的防性侵知识

女童保护项目调查显示,目前我国义务教育小学阶段的防性侵教育存在普遍缺失的问题。

2014 年,女童保护项目对 1346 名男生、2136 名女生进行的调查显示,仅有 20.0% 的孩子知道什么是"性教育",48.3% 的孩子不知道何为性教育,31.7% 的孩子选择"似懂非懂（知道一点点）"。受访孩子的父母职业依次为:26.1% 是在外打工者,24.8% 是个体户或商人,13.0% 为农民,6.0% 为公务员,4.8% 为教师,其他占 25.3%。

当面对"如果遇到有人不经你和家人允许,要摸你或脱你衣服,你知道该如何求助和自救吗"的问题时,有 14.6% 的孩子选择了"不知道";在选择"会"的 85.4% 的人中,有占总数 55.4% 的孩子选择了"大声呼喊"。但实际上,"女童保护"防性侵教案及国内外防性侵专家都强调,性侵犯罪可能发生的地域有公众场合和密闭偏僻场所两类,如果儿童在后一种情况下一直大声呼喊,可能会导致犯罪者起意杀害孩子。由于缺乏系统、科学的授课,儿童这种对防性侵知识粗浅的一知半解,可能在特定情况下危及自身安全,造成恶性后果。

（二）调查显示全国各地儿童防性侵教育普遍缺失

在女童保护项目访问的 394 名教师中,49.7% 从没有对学生开展过性教育,开展过一次的占 12.6%,两次的占 12.6%,三次或三次以上的占 25.0%。

在 337 名受访家长中,对孩子进行过性教育的未超过半数,占 48.6%,没有的达 51.4%,32.5% 的家长从未向孩子讲过预防性侵害的知识。他们不对孩子进行性教育的原因由高到低依次是"认为孩子还小"(85.8%),"想教育但不知如何开口"(8.6%),"认为学校会教育"(2.5%),"怕教坏孩子"(2.5%),"害羞"(0.5%)。46.5% 的受访家长表示对孩子身边的成年异性角色"不太了解",3.1% 表示不了解。

(三)绝大多数师生家长对"防性侵教育进校园"的期望强烈

女童保护项目的调查显示,97.6% 的家长支持学校对孩子进行性教育;81.3% 支持公益组织在学校对孩子们开展"性教育"相关讲座;高达 99.7% 的教师认为,有必要将"防性侵教育"强制纳入九年义务教育课程体系,这一比例比去年同期上升了约 12%。

在性教育的渠道选择上,49.9% 的孩子希望通过"学校或老师"接受性教育,26.8% 希望通过家长,14.6% 希望通过画册、书籍等资料,4.4% 希望通过伙伴,4.4% 希望通过网络。这一结果与去年同期基本持平。

对于没有开展过防性侵教育的原因,64.3% 受访教师选择"不知道怎么讲",32.5% 选择"学校没有这样的课程",选择其他原因(包括"个人不好意思""家长会抵触""上级没有要求""当地接受不了""没想过")的均仅为 0.6%。

但当问到"如果现在给您'性教育'或'预防性侵害知识'的教材,您能给学生讲授吗?"99.7% 的教师选择"能",这一比例比去年同期上升了约 8%,仅有 0.3% 选择"不能"。

上述统计结果表明,儿童安全教育在地方的止步不前,并非因为地方政府或教育系统工作人员抵制、不赞同儿童安全教育,而正是因为缺少自上而下的权威教案和标准,使得地方试图推进教育部、全国妇联、公安部、团中央等部委的文件落实时却无从着手。

第二节　中华社会救助基金会儿童安全基金女童保护项目 2016 年儿童防性侵教育及性侵儿童案件统计报告

一、2016 年性侵儿童案件数据

（一）年平均每天曝光性侵儿童案 1.21 起，同比增长近三成

"女童保护"统计，2016 年全年媒体公开报道的性侵儿童（14 岁以下）案件 433 起，受害人 778 人（表述为多人受害但没写具体人数的，按 3 人计算），平均每天曝光 1.21 起；2015 年这一数据是 340 起，每天曝光 0.95 起；2014 年全年数据为 503 起，每天曝光 1.38 起；2013 年全年数据为 125 起，平均 2.92 天曝光 1 起。如图 2-1 所示。

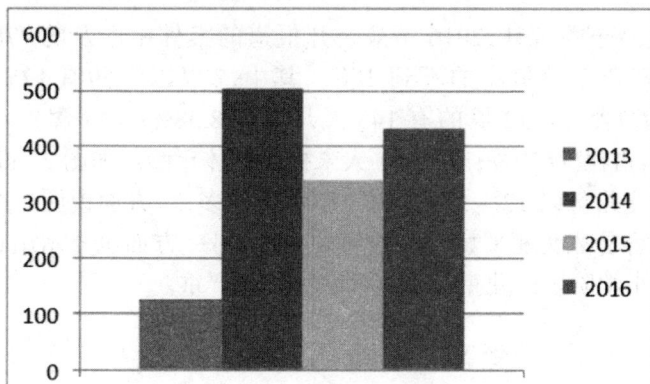

图 2-1　案例数量

从数据上来看，近 3 年公开报道的儿童被性侵案件均大幅高于 2013 年，体现了儿童被性侵现状的形势严峻，也反映出社会和媒体对这一现状的关注度提升。同时，由于案件特殊性、社会认知、传播规律等因素影响，仅有极少量的案件被曝光，社会各方对这一严峻形势关注度仍不够。

（二）遭遇性侵的女童人数超九成，性侵男童案件同样需重视

据"女童保护"统计，2016 年公开报道的性侵儿童案件的 778 人中，女童遭遇性侵人数为 719 人，占 92.42%；男童遭遇性侵人数为 59 人，占

比 7.58%（图 2-2）。男童被性侵现状同样不可忽视，也更具有隐蔽性；同时相关法律也存在缺失情况。在性侵性别中，施害人绝大多数为男性。

这也提醒社会各界，在做预防性侵害教育时，面向的对象不能只是女童，家长也不能因孩子是男孩就认为"高枕无忧"。"女童保护"的儿童防性侵课程一直坚持男女同堂，这也是原因之一。

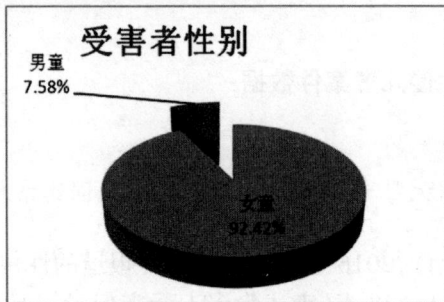

图 2-2　受害者性别

（三）7 ~ 14 岁受害者居多，农村地区曝光案件首次高于城镇

"女童保护"统计，2016 年被公开报道的案件中涉及的 778 名受害者中，受害者年龄最小的不到 2 岁。其中，7 岁以下的有 125 人，占比 16.07%；7（含）~ 12 岁的有 143 人，占比 18.38%；12（含）~ 14 岁的有 449 人，占比 57.71%；另有 61 人未提及具体年龄。如图 2-3 所示。

被性侵儿童以 12 ~ 14 岁的中小学生居多，一方面说明这个年龄段的孩子更容易成为犯罪嫌疑人侵害的目标，另一方面也显示出目前我国义务教育小学阶段的儿童安全教育缺失较为严重。

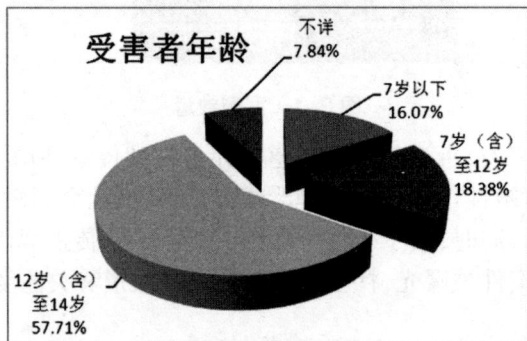

图 2-3　受害者年龄

性侵儿童案件发生的地区方面，"女童保护"统计显示，在公开报道的案件中，受害者为农村（乡镇及以下）儿童的有 329 起，占比 75.98%；

受害者为城市（含县城）的为 100 起，占比 23.09%。据"女童保护"连续 4 年的统计，这是公开报道的案件中农村地区首次高于城市地区。这说明，农村性侵儿童案件在 2016 年较以往受到了更多关注。如图 2-4 所示。

"女童保护"志愿者在深入山区、乡村地区学校讲课及和相关领域专家广泛座谈的过程中了解到，农村地区留守儿童群体巨大，由于家庭监护缺失的情况广泛存在，学校及社区的自我保护教育及基础生理教育与城市存在较大差距，很多孩子不了解如何分辨性侵害、不知如何应对。

事件发生地区

城市（含县城）23.09%
不详 0.92%
乡镇及以下地区（含乡村）75.98%

图 2-4　事件发生地区

（四）熟人作案近七成，易于接触儿童的从业者作案占比高

"女童保护"统计，在 2016 年公开报道的 433 起性侵儿童案件中，熟人作案的有 300 起，占总案件的 69.28%；陌生人作案的为 127 起，占比 29.33%。如图 2-5 所示。其中，有明确表述的熟人关系的 300 起案件中，占比从高到低依次为师生（含辅导班等）27.33%、邻里 24.33%、亲戚（含父母朋友）12%、家庭成员 10%。犯罪嫌疑人利用熟人身份，更容易接近受害者并取得受害者信任，再加上自身力量及身份地位等优势，使得性侵案件更易发生。

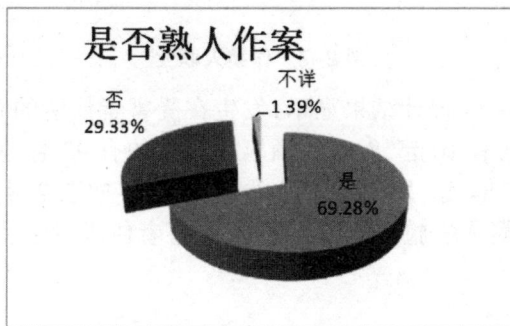

是否熟人作案

否 29.33%
不详 1.39%
是 69.28%

图 2-5　熟人作案比例

　　熟人作案比例近七成,说明在对儿童进行防性侵安全教育时,一定要特别重视针对熟人性侵的防范措施。家长、学校及社会各方面需要不断提升防范意识,不给熟人作案留机会。如图2-6所示。

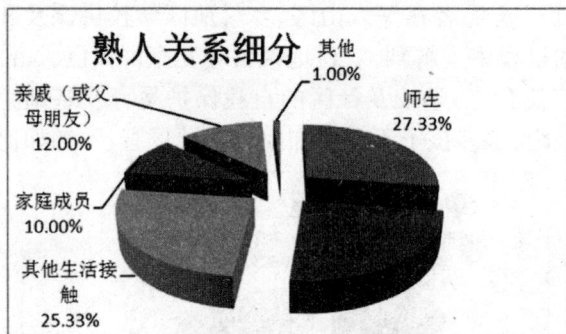

图2-6　熟人关系细分

　　"女童保护"统计,2016年公开报道的433起性侵儿童案件中的作案者职业,个体户占23.56%,公务员和事业单位人员(含教师)占20.09%,农民(农民工)占17.09%,企业单位人员占4.62%,另有34.64%职业不详。如图2-7所示。其中,易于接触儿童职业的从业者作案占比高,包含教师、校车司机、学校厨师、幼儿园工作人员、保安、舞蹈团成员等,全年有98起,占总数的22.12%。

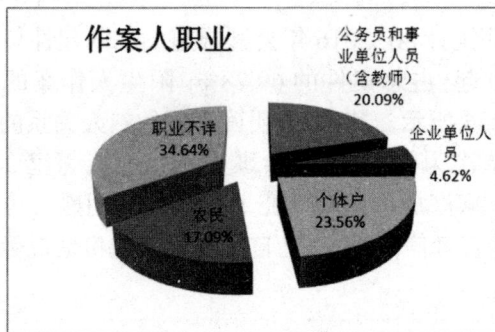

图2-7　作案人职业

　　据"女童保护"统计结果显示,发生在受害者住所的有126起,发生在作案者住所的有10起,发生在酒店或旅馆的有93起,发生在野外(如上学路上)的有84起,发生在学校的有43起。如图2-8所示。值得注意的是,犯罪嫌疑人实施性侵的场所中,受害者住所占比最高。

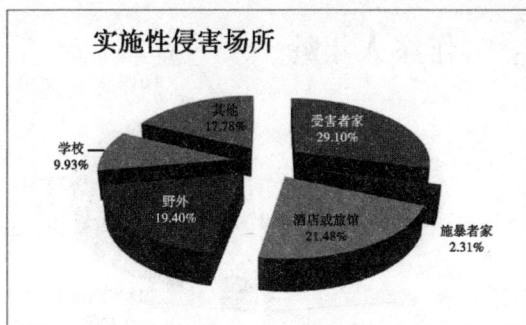

图 2-8　实施性侵害场所

（五）超六成作案者为多次性侵，一人性侵多名儿童占 14%

　　"女童保护"统计发现，2016 年全年媒体公开曝光的 433 起性侵儿童案件中，一人对多名儿童实施性侵害的为 61 起，占 14.09%；有 269 起性侵案件的作案者是多次实施性侵，占比高达 62.12%。这一方面说明了性侵儿童案件的隐蔽性，另一方面也说明了此类案件作案人多次实施性侵害的情况严重。性侵犯罪极为隐蔽，且在没有外界干预的情况下，作案者不会自动终止。"女童保护"建议，家长或其他人一旦发现有人性侵儿童，应及时报警，通过法律手段解决问题；选择"私了"或者沉默，有可能纵容施害人多次犯罪。如图 2-9 所示。

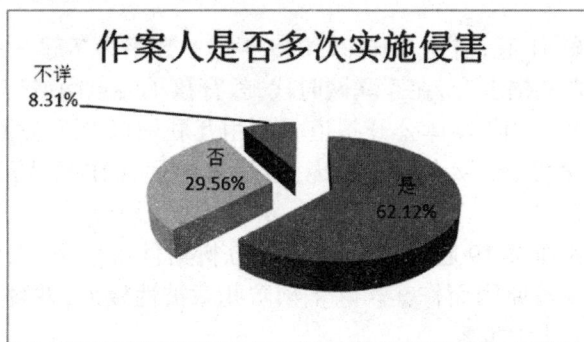

图 2-9　作案人是否多次实施侵害

　　作案者年龄方面，"女童保护"统计显示，作案者以 18 ~ 60 岁的成年人居多，达 164 起；60 岁（含）以上老人有 39 起；14 ~ 18 岁未成年人15 起；14 岁（含）以下的未成年人 4 起；另有 48.73% 的案件作案者年龄不详。如图 2-10 所示。

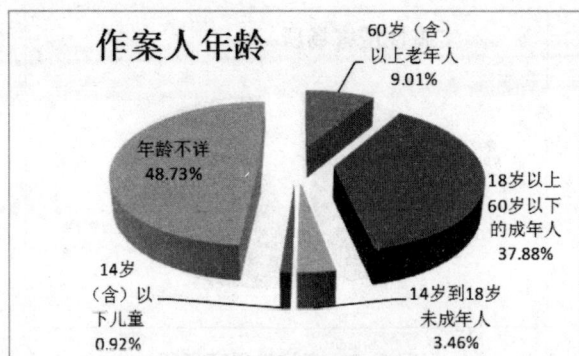

图 2-10　作案人年龄

（六）家庭成员、网友和未成年人实施性侵现象须引起特别重视

在 2016 年全年公开报道的 433 起性侵儿童案件中，"女童保护"特别提示，家庭成员、网友和未成年人性侵案件须引起特别重视。

"女童保护"统计，2016 年 433 起案件中，家庭成员（如父亲、哥哥、继父等）性侵 30 起，占比 6.93%。家庭监护是保护儿童安全最重要的方式，但有些性侵儿童的恶性案件发生在家庭成员之间，往往具有长期性和隐蔽性。家庭成员的性侵案件情况也更为复杂，涉及受害儿童的抚养、亲人伦理等问题，受害人往往更难以维权，亟待法律和政策保障方面的完善。

网友作案 31 起，占比 7.16%，2015 年这一数字为 7 起。2016 年网友作案案例曝光大幅上升，在互联网时代，教育孩子注意网络交友安全显得尤其重要。2016 年，媒体公开报道了利用互联网以"招募童星"等名义性侵幼童的案件，涉及人数非常庞大，呈现出团伙作案、跨区域作案等特点。

未成年人作案 19 起，占比 4.39%。分析案件可发现，未成年人往往因看色情影片等原因而作案。除了预防儿童被性侵外，教育未成年人不能伤害他人也非常重要。

二、2016 年儿童防性侵教育现状

"女童保护"连续 4 年对中国儿童防性侵教育现状进行调查，2016 年儿童防性侵教育现状调查将重点放在家庭教育上，数据来源于全国 31 个省份的纸质问卷和线上问卷调查。调查显示，目前我国 14 岁以下儿童防

性侵教育普遍缺失,学校、家庭防性侵教育都缺位。

（一）近七成家长没有对孩子进行过系统防性侵教育

"女童保护"对全国 31 个省份的 9151 位家长调查问卷显示,68.63% 的家长没有对孩子进行过防性侵教育,31.37% 的家长表示有过。41.37% 的家长在教育孩子的过程中从没有提及过防性侵方面的知识,39.39% 的家长提过 3 次(含)以上,19.23% 的家长提过 3 次以下。

假如孩子遭遇性侵害,50.61% 的家长不能确定是否可以从孩子言行中识别,16.85% 的家长不能识别。29.12% 的家长认为性侵害的危险只可能发生在女童身上,男童没有危险,13.20% 的家长对此不确定。21.44% 的家长认为性侵害离孩子很遥远,30.32% 的家长不确定儿童性侵害是否会发生在身边。如图 2-11 所示。

这一方面反映出家长的防范意识淡薄,另一方面也反映出家长缺乏必要的防范知识,不知道如何教孩子防性侵。

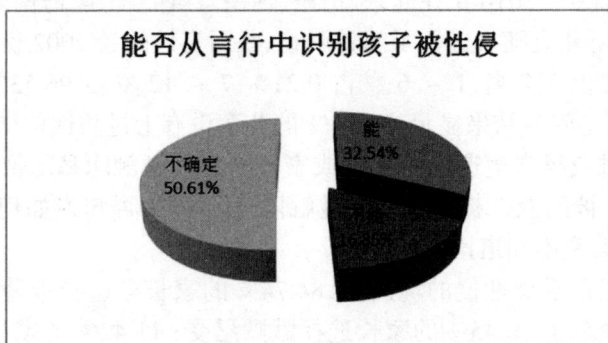

能否从言行中识别孩子被性侵

不确定
50.61%

能
32.54%

图 2-11　能否从言行中识别孩子被性侵

有 55.20% 的家长很关注媒体频繁曝光的性侵儿童案件;39.31% 的家长对此有听说过,只有 5.50% 的家长不太了解。

对于没有在家庭中对孩子进行防性侵教育的原因,37.98% 的家长认为孩子还小;34.30% 的家长想教育但不知该如何进行;12.40% 的家长认为学校会教育;9.82% 的家长怕防性侵教育"教坏孩子";还有 5.51% 的家长因为害羞。如图 2-12 所示。

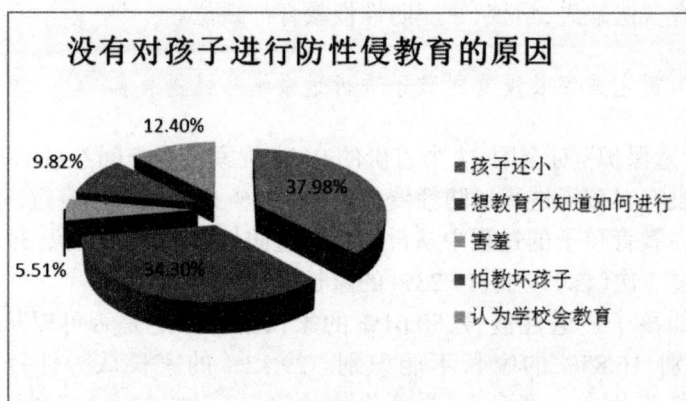

没有对孩子进行防性侵教育的原因

12.40%
9.82%
37.98%
5.51%
34.30%

- 孩子还小
- 想教育不知道如何进行
- 害羞
- 怕教坏孩子
- 认为学校会教育

图2-12　没有对孩子进行防性侵教育的原因

（二）近九成的儿童没有上过防性侵课

"女童保护"2016年在北京、山东、河南、江西、福建、海南等6个省份对14岁以下儿童随机进行了问卷调查,收回有效问卷2002份,其中男生1050名,女生952名,1～6岁占0.21%,7～12岁占96.53%,13～14岁占3.25%。问卷结果显示,86.55%的儿童没有上过防性侵课程;7.17%的儿童有过或经常遭遇未经本人或家长同意被碰触隐私部位,存在被性侵的风险;被问及"未经同意被碰触隐私部位是否知道如何应对"时,30.48%的儿童不知道该如何应对。

在发现孩子被性侵的境况下,84.74%的家长会选择报警;3.39%的家长会选择私了;0.45%的家长选择默默忍受;11.42%的家长选择用其他方式解决。

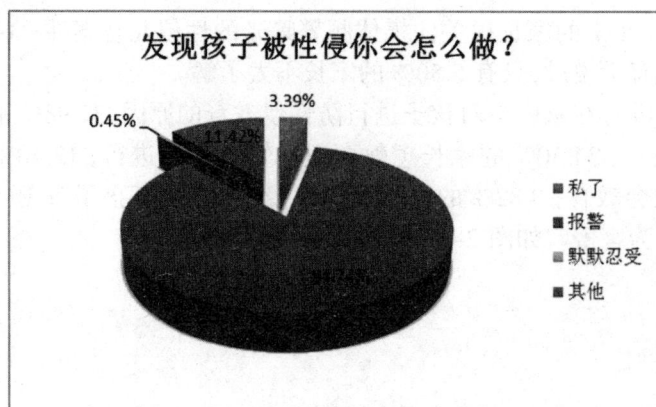

发现孩子被性侵你会怎么做?

0.45%
11.42%
3.39%

- 私了
- 报警
- 默默忍受
- 其他

图2-13　发现孩子被性侵你会怎么做

（三）绝大多数家长希望学校对孩子进行防性侵教育

"女童保护"调查显示,97.25%的家长希望学校对孩子进行防性侵教育,84.70%的家长支持公益组织进校园对孩子进行防性侵教育,这两项数据与往年基本持平。对于不支持公益组织进校园的原因,48.53%的家长担心教育方式不当;33.70%的家长担心影响孩子正常学习;14.76%的人选择了不信任。而"女童保护"对儿童的调查显示,在接受防性侵教育的途径上,36.24%的孩子希望通过学校的相关教育途径来学习;31.94%的孩子希望通过家长来教;20.49%的孩子希望通过书籍、画册、网络等学习;7.84%的孩子希望通过同伴交流来学习;3.50%的孩子希望通过其他途径来学习。如图 2-14 所示。

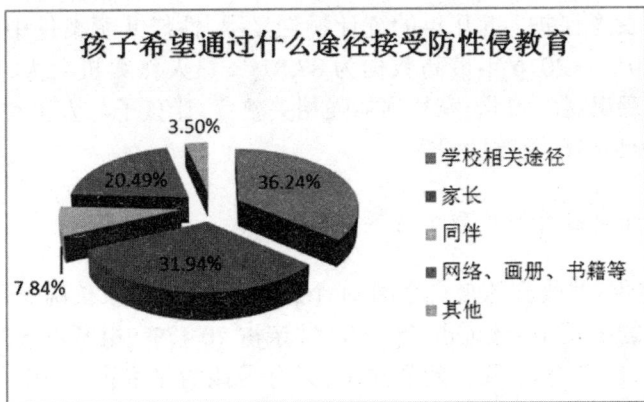

图 2-14　孩子希望通过什么途径接受防性侵教育

（四）家庭监护须加强,儿童对熟人警惕性较弱

"女童保护"调查显示,37.38%的家长有时会把孩子托付给异性熟人（包括成年异性朋友、邻居）照顾,2.20%的家长经常会这样。如图 2-15 所示。56.66%的家长对孩子身边的成年角色不太了解,34.27%的家长了解相关情况。28.08%的家长不会定期检查孩子的内裤和身体私处有无异常,22.64%的家长有时会检查,36.63%的家长给孩子洗内裤或洗澡的时候会注意,经常检查的家长只有 12.64%。数据显示,家庭对孩子除了防性侵教育缺失外,相关的安全监护也很薄弱。

图 2-15　外出时是否会把孩子托付给异性熟人

"女童保护"对儿童的调查显示，如果被熟人触碰感觉到不舒服或不愿意，19.87% 的孩子认为没啥事忍忍就好了，而对陌生人，这一数据是2.78%。"女童保护"近几年的统计报告显示，性侵儿童案件中熟人作案比例高，2013—2016 年最高数据为 87.87%，熟人作案机会大，儿童对熟人的防范意识弱。因此，家长须加强相关教育，让孩子与人正常相处的同时知道如何分辨、预防性侵害。

（五）儿童防性侵教育女性参与度更活跃

"女童保护"收到的来自全国 31 个省份的 9151 份家长调查问卷显示，参与调查的家长中，母亲占 75.38%，父亲占 20.47%，祖辈占 1.24%，其他关系占 2.91%。家长调查问卷显示，只有男孩的家庭占 37.92%；只有女孩的家庭占 48.11%；男女孩都有的家庭占 13.97%。可以看出，关于儿童防性侵，女性参与度更高。实际上，做好儿童防性侵教育，构建好家庭监护防线，需要所有监护人的共同参与和努力。

第三节　2017 年互联网儿童性侵数据分析报告

常州大学学生在网上收集由"中华社会救助基金会儿童安全基金女童保护"项目组近四年来在北京、山东、浙江、江苏、吉林、湖北、贵州、云南、广东、黑龙江、广西、安徽、福建、甘肃、四川、重庆、河北、辽宁、山西、河南等全国 21 个省市城乡地区统计的被媒体曝光出有关于儿童性侵事件数据，并在此基础上对其进行一个系统性的分析。

一、性侵儿童数据

（一）受侵害儿童数量

据"女童保护"项目数据统计可知，2013 年全国被媒体爆出的儿童性侵案件达 125 起，每 2.92 天曝光一起；2014 年被媒体爆出的全国案件共有 340 起，平均 0.73 天曝光一起，是 2013 年同比的 4.06 倍；2015 年全国儿童性侵案件约为 340 起，平均每天曝光 0.95 起；而由"女童保护"最新统计数据可知，2016 年全年媒体公开报道的性侵儿童（14 岁以下）案件共 433 起，受害人 778 人（表述为多人受害但没写具体人数的，按 3 人计算），平均每天曝光 1.21 起，同比增长近三成。由以上数据可以看出，性侵儿童的恶性案件在全国各地呈持续高发状态，儿童安全状况堪忧。虽然从表面数据上看，2015 年相对于 2014 年同比有所下降，但是从 2015 年检察院统计的起诉猥亵儿童案件却高达 7963 件。这些仅是公开曝光的案例，鉴于性侵案件具有极强的隐蔽性的特点，实际发生的案例则可能更多，因此我国未成年人性侵状况依旧严峻。

（二）受侵害儿童的年龄特点

2013 年性侵案件中，受害者为 8 ~ 14 岁的居多，约占比 81.15%。其中 4 ~ 7 岁约 24 名，7 ~ 12 岁约 79 名，分别占 23.3% 和 76.7%。而 2014 年 726 名被公开报道年龄的受性侵害者中，0 ~ 6 岁的有 107 人，7 ~ 10 岁的有 294 人，11 ~ 14 岁的有 308 人，后两者合计占总量的 84.91%（公开报道未公布受害者年龄的未统计在内）。这一比例较 2013 年同期（81.15%）上升 3.76%。2015 年受侵害者儿童最小年龄只有 6 个月，6 个月到 7 岁的受侵害者达到 58 人，7 ~ 12 岁的有 115 人，12 岁到 14 岁的则高达 123 人，虽然比例上比去年同期下降了 14.9%，但受侵害者年龄却呈现越来越低的趋势。而在 2016 年的曝光案件中，12 ~ 14 岁超过半数，占了总比 57.71%，除去年龄不详的 7.84%，7 岁以下的也占了 16.07%。

总结 2013 年到 2016 年受侵害儿童年龄特征，我们不仅可以发现受侵害者呈现低龄化趋势，还可以清晰看出受侵害人群中尤其以 7 到 14 岁的小学生居多。而出现这一状况的原因，一是这一年龄段孩子步入青春期，身体各方面开始成长发育，浑身散发着的青春气息易使其成为施害者侵犯的目标；二是说明目前我国义务教育阶段孩子的性教育存在不足，小学生的自我保护基本知识、防范意识和能力并未随年龄同步增长，使得这一年龄段的未成年人成为最易受侵害的弱势群体。在历年的受侵害案例中，有的受侵害者接受施害者给予的金钱、物品而不加防范，有的受侵害者初次受害后依然未意识到问题的严重性或慑于施害者的恐吓及威逼利诱，产生不敢声张的畏惧心理，未及时告知成年监护人，以致多次受害。有些受害儿童直到下体出现明显创伤时才被其父母发现，但后果已难以挽回；三是受侵害者法律意识淡薄，当被人侵害时并没有想到应该通过法律途径来保护自己，或者并没有意识到这是一个违反法律的行为，而这一结果也直接助长了施害者的犯罪心理意识。

（三）受侵害者性别特点

据 2013 年统计结果显示，被公开报道 8 ~ 14 岁的 293 名受侵害人（被公开报道但未公布年龄的未统计在内）中，男童 6 名，占了 0.2%，女童 287 名，占了 98%。而从 2014 年媒体爆出的案例来看，0 ~ 14 岁的 726 名受侵害者中，男孩 17 名，占了 2.3%，女孩 709 名，占了 97.7%。在 2015 年的统计数据中，340 起性侵害事件中男童有 21 起，总比占了 6%；女童有 319 起，占了 94%。而在 2016 年公开报道的案件中，女童 719 人占了 92.42%，男童 59 人占了 7.58%。从数据中我们可以直观地看到，男童受侵害案件的比例逐年增加，同时这一数据的统计结果也直接打破了历年来人们认为只有女童会遭受性侵害的观念。

总结新浪网中众多网友的观点，出现这一变化的原因一方面可能是在中国传统观念中，男孩子代表着阳刚与独立，在性这一方面处于优势地位；同时，在传统文化中同性之间不能被容忍和接受，同性之间的性侵则往往很容易被人所忽视，因而很多时候当男孩受到性侵时未能得到家长和亲属的关注。另外一方面，随着中国改革开放的深入发展，社会不断现代化的同时对人们各方面的技能需求也不断提高，一方面是思想欲望不断激发，另一方面是社会生存竞争力度与生活压力不断加大，个人欲望与社会压力的交相挤压下，人们为了寻求舒缓，便会将自己内心的阴暗爆发，一些被隐藏在内心深处的想法欲望，如对同性之间恋爱的渴望也不断地被释放，但受长期主流社会价值观的影响，人们并不敢明目张胆地满足这一不被大众所接受的欲望需求，而在这时候，尚未完全成长且自我保护能力不强的男童就成了这一类人最好的发泄对象。究于此，男童被侵害的数量则是随着时间的推移而不断呈上升的趋势。当然这也警示我们，男童的性保护也不容忽视。

（四）受性侵儿童所在地域特点

据女童保护项目组统计,2013 年乡村地区是性侵案件爆发的重灾区。在 2013 年被媒体爆出的 192 起性侵案件中,至少有 106 起发生在乡镇、农村地区,而其中受害者为留守儿童的比例是 55.21%。在 2014 年被媒体曝出的性侵案件里,有 171 起发生在农村未成年人身上,占总比 27.49%,42 起发生在进城务工子女身上,占总比 6.75%,另有 409 起发生在城镇儿童身上,占总比 65.76%。在 2015 年被媒体曝光出的性侵事件中,城市有 221 起,占 65%,乡镇以下地区 77 起,占 23%,此外,还有 41 起则是没有曝出受性侵害儿童所在的地区。而在 2016 年曝光的案件中,受侵害者为农村儿童的有 329 起,占比 75.98%,城市(含县城)儿童的则有 100 起,占 23.09%,据"女童保护"连续 4 年的统计,这是公开报道的案件中,农村地区首次高于城市地区,这说明,农村性侵儿童案件在 2016 年较以往受到了更多的关注。

总体来看,以上数据表明,城镇地区发生的性侵案件远多于农村地区,但女童项目组专家认为,这并不代表城镇儿童被性侵案件比农村更为高发。但之所以发生如此情况,原因在于城市及城镇地区儿童比农村地区儿童受到来自家庭、学校及社会更为密集的监护;此外,城市及城镇地区司法部门的覆盖面积广、司法系统的完善及媒体活跃程度高等因素,使得该地区儿童遭遇性侵的案件更容易被立案及公开曝光。而在中国农村地区,一方面媒体发展比较落后;另一方面,受传统观念影响较深的父母亲一辈也更不愿将子女受到性侵害的事情公之于众,正如全国人大代表、明尚公益基金会秘书长李欣蓉说,"在农村地区,留守儿童现象非常多,家长也没有儿童防性侵方面的相关知识",而这直接导致了农村地区未成年人遭受性侵可能性的加大。

（五）侵害者身份角色

熟人作案是历年来被媒体公开曝出性侵案件的共同特征。2013 年,在被媒体爆出的 125 起性侵事件中,熟人作案就占了 60% ~ 70%;2014 年被媒体公开爆出的 503 起性侵案件中,有 442 起是熟人作案,占了总比的 87.87%,其中的熟人包括教师、邻居、亲戚和同村人等。在 2015 年中,熟人作案亦是超过了七成,在总的性侵事件中占了总比 71%。熟人中,亲戚或父母的朋友占了 4%,老师占了 21%,家庭成员占了 9%,其他生活接触占了 5%,邻居占了 10%,另有 51% 则为其他熟人。此外,还有 27% 和

2%则分别是陌生人和网友作案。而在2016年青少年儿童性侵害案件中，也达到了300起，占总案件的69.28%，而其中从高到低依次为师生（含辅导班等）27.33%、邻里24.33%、亲戚（含父母朋友）12%、家庭成员10%。

由以上分析数据可知，每年的性侵案件中熟人作案占了大多数，根据女童保护项目组专家分析，主要原因可分为以下几点。首先，这些"熟人"是在案件发生前就与未成年人彼此认识的施害者，更容易接近受害者，也更容易取得被侵害者的信任，同时更能降低孩子父母对他的防备心。其次是体力和地位上的优势，这点尤其体现在学校里老师侵害学生的事件上，特别是在中国这个尊师重道的社会里，孩子们的潜意识里会觉得老师说的话便是"圣旨"，在遭受侵害后惧于老师的权威而遵从老师的"吩咐"。最后是熟人施害者更能够牵动受侵害者内心的情绪而使受侵害者在遭遇侵害时更容易选择隐瞒来维持关系，如父亲侵害女儿时，女儿可能为了顾全家庭而选择忍气吞声。每年熟人作案的比例如此之高的情况也警示我们在防性侵安全教育中，一定要特别重视针对熟人性侵的防范措施。

（六）侵害者侵害次数

根据女童保护项目组统计的数据，在2014年被媒体公开报道的性侵事件中，一人性侵多名受害者的有78起，占了15.51%，而一人多次性侵害他人的则有135起，占了26.84%。在2015年性侵事件中，一人性侵多名受害者的有96起，占总比28%，其中，性侵男孩的有9起，占了9%，性侵女孩的有87起，占了91%；此外，一人性侵了10名以上的则是达到了14起，在96起性侵案件中占了15%，在340起案件中占了4%。而在2016年最新的统计中，一人性侵多人的案件61起，占14.09%，有269起性侵案件的施害者是多次实施性侵，占比高达62.12%。

根据以上一人性侵多人或一人多次性侵他人的统计数据中，我们不难发现，性侵案件具有很强的隐蔽性特点。这主要体现在以下几点：首先从受侵害者的角度来说，很大程度上，受侵害者迫于施害者的威胁、恐吓等不同原因，在遭受侵害后不敢跟自己的亲人诉说而选择隐瞒，这类人常常被一些心理学家称为"没有嘴巴的孩子"；其次从施害者角度来说，他们很多是被侵害者所熟悉的人，这在客观上则为他们实施侵害带来了便利的机会，同时在某种程度上给他们再次接近受侵害者实施侵害提供了足够充分的理由；最后在侵害地点上，根据女童保护项目组在对性侵害发生地点的统计上，发生性侵害较多的地点分别为野外、学校、受害者家、施害者家、酒店或旅馆等地方。从以上性侵害事件发生的地点上，我们可以发现施害者往往选择比较隐秘的地方或者是常人难以想到的地方,如在受害者家里或者学校等对受侵害者实施侵害,这更大程度上加大了性侵案件的隐秘性。而在 2015 年与 2016 年发生的性侵案件中,发生在学校的分别占了 20% 和 9.93%,酒店或旅馆分别占了 3% 和 21.48%,施害者家里分别占了 15% 和 2.31%,野外则分别占了 11% 和 19.4%。从以上数据对比我们也可以发现,受媒体对性侵案件曝光以及公众对其关注度逐渐提升的影响,在学校、施害者家等容易受到父母或他人看管的地方发生性侵案件的次数明显减少,而野外和酒店或旅馆等缺乏公众和他人照看的地方则成为施害者作案的频发区,这也告诉我们,在提升孩子自身的安全意识的同时,父母以及社会也需要承担起相应的保护青少年儿童成长的各方面责任。

（七）性侵害案件的惩治

通过对不同省份政府网站上有关于性侵青少年儿童案件处理报告的分析,我们发现,中国在此类案件处理的政策法律上存在很大的空白。针对不同案件,处理结果大同小异,如在占全国性侵件数大多数的教师性侵学生案件中,性侵一名与性侵多名或者性侵一次和性侵多次的案件处理结果居然惊人地相似,基本上判处 3 年或 7 年有期徒刑。而根据 2013 年到 2016 年被媒体爆出的性侵案件处理结果统计可知,中国在处理不同程度的性侵案件时,并没有一部明确的法律可依据,面对性侵案件更多的只是一般形式上的刑拘或提出公诉又或者政府表示会追查到底,最明确的处理结果便是被判处有期徒刑 3 年至 7 年。从这我们可以发现,中国在有关性侵方面的立法之路还任重而道远。

（八）孩子对性教育和性自护知识的知晓程度

2013 年据女童保护项目组对 235 名小学男生,219 名小学女生调查统计发现,不懂何为性教育的小学生竟然过了半数,达到 60.88% 之多;知道什么是性教育的只有 17.58%,而另有 21.54% 的人对性教育似懂非懂。在 2014 年,对 1346 名男生和 2136 名女生的调查中,知道性教育的占了 20%,不知道性教育的占了 48.3%,似懂非懂案件的占了 31.7%。在受访的孩子中,父母职业是外出务工者的占了 26.1%,个体户或商人占了 24.8%,农民占了 13%,公务员占了 6%,教师占了 4.8%,其他职业占了 25.3%;在 2015 年的调查中,4719 名学生竟有六成儿童不懂何为性教育。而 2016 年"女童保护"在对全国 31 个省份的 9151 位家长的调查问卷则显示,68.63% 的家长没有对孩子进行过防性侵教育,31.37% 的家长表示有过,41.37%的家长在教育孩子的过程中从没有提及过防性侵方面的知识,39.39%的家长提过3次(含)以上,19.23%的家长提过3次以下,以上结果显示有近七成家长没有对孩子进行过系统防性侵教育。由以上数据可以分析得知,受中国传统保守文化的影响,中国家庭在性知识教育上并不能发挥其正常的教导作用,孩子的性知识与身体成长发展阶段脱节。

此外,在2015年的问卷中,"你认为身体哪些部位是你的隐私部位,别人不能触碰?"4719名在校小学生中选择胸部部位的占了23%,内裤覆盖部位的占了36%,大腿部位的占了17%,而选择手、脸、嘴巴和头发的分别占了总比的4%、8%、7%和3%。"如果有陌生人摸你,让你感觉不舒服或不愿意时,你会怎么办?""没啥事忍忍就好"占了3%,"很害怕但不敢说"占了9%,"对他说'不要碰我'"占了40%,"大声呼救"占了21%,"当时忍忍,事后告诉家长"占了9%,而"想办法逃脱"则只占了18%。从以上数据可以看出,我国青少年儿童在遭遇性侵时并不能做出正确的选择来保护自己,尤其是那些选择"大声呼救"占了总比21%的青少年儿童。根据女童保护项目组专家分析,在遭遇性侵害时选择大声呼救往往更容易激怒施害者而给自己的生命安全带来损害。同时需要特别指出的是,根据女童保护项目组志愿者深入底层调查得知,有的山区女学生快上初中时竟还不知道什么是月经,更遑论说了解防性侵以及遭遇性侵时该如何应对和报案了。而2016年在北京、山东、河南、江西、福建、海南等6个省份对14岁以下儿童随机进行的问卷调查中,竟有近九成的儿童没有上过防性侵课。

(九)父母、老师对性侵的关注程度以及对孩子的性教育程度

正常情况下,家庭和学校是孩子在成长过程中获取各种知识的主要途径。但2014年女童保护项目组在全国21个省市的调查发现,在337名家长和394名老师中,关注性侵案件发生情况的分别有68.7%和74.7%,听说过一些性侵案件的分别占了30.4%和25.1%,而从没听说过的分别占了0.9%和0.3%。在对孩子的性教育次数中,337名家长里,给孩子讲述过有关性侵知识的只占了48.6%,从未讲述过的竟超过半数,达到51.4%之多;而在被调查的老师中,从未对孩子开展过性教育的占了49.7%,开展过一次或两次占了12.6%,开展过三次及以上的只占了25%。当被问及为何不教育孩子有关性知识的问题时,有85.8%的人选择了"认为孩子太小",8.6%的人想教育但不知如何开口,有2.5%的人认为学校会教育,而有2.5%和0.5%的人分别选择了"怕教坏孩子"和"自己感到害羞"。从以上数据可以直观地看出,在家庭和学校层面上,受中国特定

文化和体制的影响,家庭和学校对青少年儿童性教育的角色缺失,并不能正常发挥出教育孩子有关性知识的作用,致使青少年儿童的性知识获得与身体的成长发育脱节断层。

二、结果分析

通过分析以上几点发现,青少年儿童遭遇性侵主要体现在以下几点。

（一）未成年人性知识教育缺乏,无法识别侵害行为

我国青少年儿童的性知识和性自护能力薄弱,在遭遇别人对自己实行侵害时并没有想到性侵层面,从而没有想到拒绝而遭受哄骗式、诱拐式性侵,或者在日常生活中没有注意到应当采取一些有效措施来保护自己;在遭遇性侵时因为没有接受过系统性的防性侵教育而不能采取有效的应对措施防止性侵害发生;最后在遭遇性侵后则没有及时告诉家长亲属,致使二次三次甚至是三次以上的再次侵害发生。

（二）未成年人自我保护意识薄弱,在面对诱惑时无法做出正确选择

随着人们生育观念的改变以及抚育孩子成本的不断提高,生育一胎成了越来越多家庭的选择,4—2—1（祖辈—父辈—孩子）的家庭结构在当代社会中占的比例也越来越大。在祖辈和父辈的共同爱抚下,孩子成了温室里的花朵,纯粹而娇弱,在面对一些社会诱惑时并不能做出正确的选择。很多在温室里成长的孩子总是天真地认为世界上都是好人,面对一些有不良企图的人的诱拐时总是认为对方是"好意",殊不知自己已经在不知不觉中陷入了那些不良之人所编制的陷阱之中,等明白之时却已经太晚,而在性侵害中,诱奸便是典型。

（三）家庭学校对孩子性知识和性防护教育角色缺失,监护出现空白

很多家长由于工作繁忙,一般很难抽出足够的时间陪伴教育孩子。同时受中国传统文化的影响,父母本身的性防护意识不强,也没有足够的方法技巧去帮助孩子提升自己的性知识和性自护能力,从而导致孩子的身体成长未与性知识的获取相接。此外,父母长期没有时间陪伴孩子,也使得孩子容易独自一人玩耍,从而给施害者创造了侵害条件。

（四）社会保护法律政策以及社会保护责任机制不明确

我国在侵害未成年人法律的惩治措施上不够明确，法律处理结果不能让施害者产生畏惧心理，从而使施害者因邪恶心里作祟伤害青少年儿童。此外，社会大众的责任意识不强，在发觉悲剧即将发生时没有足够强的责任意识去阻止。

（五）社会服务组织角色缺失

社会服务组织的存在在于填补政府和社会一般营利性组织在社会责任上的空白区。近年来，我国社会服务组织虽然也迎来了蓬勃发展期，但不同于国外，我国社会服务组织发展历程短，资历缺乏，在服务分配上并不能很好地与社会需求现状相配合，而这就导致了很多社会公益组织都围抢在一块"蛋糕"上而把其他一些"蛋糕"忽视在一旁，如在贫困问题上。同时，受中国特有的体制影响，中国社会服务组织的发展太过于依赖政府，服务内容上受政府的导向性很大，在服务内容的确立上往往是从政府的眼睛里看到并选择，进而在政府的扶持下开展服务，而对于更需要社会组织服务的社会空白区却往往被忽视，如近年来频频被媒体曝出的性侵儿童的社会问题。

第四节 四川泸州合江法院 2011 年—2013 年受理未成年人遭受性侵害案件的调查数据分析报告

一、2011 年—2013 年，合江法院受理未成年人遭受性侵害案件基本情况

2011 年—2013 年，合江法院共受理强奸、猥亵儿童、强迫卖淫等性侵害案件 47 件，其中被害人系未成年人案件 28 件，占性侵害案件的 59.57%，未成年被害人达 35 名。2011 年，受理性侵害案件 16 件，其中被害人系未成年人的 8 件；2012 年，受理性侵害案件 18 件，其中被害人系未成年人的 14 件；2013 年，受理性侵害案件 13 件，其中被害人系未成年人的 6 件。对性侵害未成年人的罪犯判处三年以下有期徒刑的 19 人，3

年至 10 年有期徒刑 17 人,缓刑 3 人,判处实刑率达 92.3%。

二、未成年人遭受性侵害案件特点

从统计的数据分析,未成年人遭受性侵害案件呈现出被害人低龄化、罪犯文化程度低、罪犯年龄两极分化、犯罪手段隐蔽等特点。

（一）被害人低龄化

2011 年—2013 年这三年,合江法院受理的未成年人遭受性侵害案件中,未成年被害人 35 人,其中 12 周岁以下 18 人,12 周岁至 14 周岁 6 人,14 周岁至 18 周岁 11 人,12 周岁以下幼女受侵害达 51.43%,其中年龄最小者仅 4 岁。由于未满 12 周岁的未成年人认识能力不足、自我保护能力较差,性知识缺乏,容易受诱骗等特点,更容易成为犯罪者侵害的对象。此外,部分留守儿童缺乏家庭关注,农村留守儿童成为遭受性侵害的主要对象。

表 2-1　2011 年—2013 年,受到性侵害的未成年人年龄阶段分布表（单位：人）

年份	被害人人数	年龄阶段		
		12 岁以下	12 岁～14 岁	14 岁～18 岁
2011	12	4	3	5
2012	17	10	2	5
2013	6	4	1	1
合计	35	18	6	11

（二）罪犯文化程度普遍偏低

2011 年—2013 年这三年,在合江法院受理的性侵害未成年人案件的 39 名罪犯中,罪犯系小学文化及文盲的为 23 人,初中文化程度的 10 人,高中及以上文化程度的 6 人,罪犯系小学文化及文盲的占此类案件罪犯的 58.97%。未成年罪犯几乎均为辍学学生,在 7 名未成年罪犯中,初中以下中途辍学 6 人。由于文化水平低,法制观念淡薄,部分罪犯无法认清其犯罪行为的社会危害性。

表2-2　2011年—2013年，性侵害未成年人案件罪犯文化程度（单位：人）

年份	罪犯人数	罪犯文化程度		
		小学及文盲	初中	高中及以上
2011	11	6	4	1
2012	20	12	5	3
2013	8	5	1	2
合计	39	23	10	6

（三）未成年人实施性侵害犯罪呈现上升趋势

近年来，未成年人实施性侵害案件呈现上升趋势，在性侵害未成年案件中亦有体现。2011年—2013年性侵害未成年案件中，18岁以下的罪犯7人，占17.94%；其中，2011年18岁以下的罪犯1人，2012年18岁以下的罪犯3人，2013年18岁以下的罪犯3人，年龄最小者14周岁。由于整个社会对青少年缺乏有效的性教育，加之文化环境的不良引导，性早熟的孩子会更"危险"。

表2-3　2011年—2013年，性侵害未成年人案件罪犯年龄阶段分布（单位：人）

年份	罪犯人数	年龄阶段			
		18岁以下	18～30岁	30～50岁	50岁以上
2011	11	1	9	0	1
2012	20	3	8	4	5
2013	8	3	2	1	2
合计	39	7	19	5	8

（四）老年人性侵害幼女的现象较为突出

在实施性侵害未成年人犯罪中，50岁以上罪犯占有较大比例，其受害人均为年龄较小的幼女。2011年—2013年这三年，性侵害未成年人案件成年罪犯中，18～30岁19人，30～50岁5人，50岁以上的8人。从统计数据可以看出，性侵害未成年人案件的罪犯主要在18～30岁的年龄阶段，50岁以上的罪犯占20.51%，也占了较大比例。50岁以上的罪犯平均年龄60.38岁，所实施的性侵害未成年犯罪中，受害人均为12周岁以下的幼女，平均年龄7.75岁，年龄最小者为4岁；占12岁以下幼女受性侵害案件的44.44%。犯罪分子大都是对熟悉的幼女下手，与受害人之间往往是同村、同社或是邻居、亲戚。空巢老人问题、老年人精神文明建设落后、普法教育对老年人群体的疏忽、不良文化的影响,导致部分老年人特别是农村老年人走向犯罪,而反抗力弱、不谙世事的幼女便成为老年人犯罪的主要对象。

表2-4　2011—2013年,50岁以上性侵害幼女案件情况

项目 年份	案件数	罪犯年龄	被害人年龄
2011	1件	62岁	12岁
2012	5件	53～67岁	6～10岁
2013	2件	58～61岁	4～6岁
合计\平均	8件	60.38岁	平均7.75岁

（五）农村、乡镇成为重灾区

2011年—2013年这三年,发生在农村的性侵害未成年人案件13件,占46.43%;发生在乡镇的性侵害未成年人案件10件,占35.71%;发生在县城的性侵害未成年人案件5件,占17.86%。由于地域偏僻、法制建设滞后等问题,农村、乡镇仍然是性侵害未成年人案件的多发地区,尤其农村较为严重。

表2-5　2011年—2013年,性侵害未成年人案件案发地点情况（单位：件）

年份	案件数	地点		
		农村	乡镇	县城
2011	8	4	2	2
2012	14	7	5	2
2013	6	2	3	1
合计	28	13	10	5

（六）案件类型较为集中

2011年—2013年这三年,性侵害未成年人的案件主要是强奸、猥亵、强迫卖淫等类型,主要类型集中为强奸案件。在受理的28件性侵害未成年人案件中,强奸案件24件,猥亵儿童案件3件,强迫卖淫2件,强奸案件占82.76%。社会危害性较大的强奸案件占性侵害未成年案件的绝大部分,给未成年受害人的身心造成了严重伤害。

表 2-6　2011 年—2013 年，性侵害未成年人案件类型（单位：件）

年份	案件数	案由		
		强奸	猥亵儿童	强迫卖淫
2011	8	7	0	1
2012	14	11	2	1
2013	6	6	1	0
合计	28	24	3	2

注：2013 年，以强奸、猥亵儿童罪并罚案件 1 件。

（七）犯罪手段较为单一

2011 年—2013 年这三年，性侵害未成年人的案件中，罪犯采取哄骗手段达到犯罪目的的占 60.71%，采取暴力、胁迫手段的占 28.57%，采取其他手段的占 10.71%。作案手段大多以哄骗为主，对年龄较小的幼女，犯罪分子则利用孩子贪吃好玩的个性，用食物、玩具或较少的钱财为诱惑，达到实施奸淫的目的。

表 2-7　2011 年—2013 年，性侵害未成年人手段

年份	案件数	手段		
		哄骗	胁迫、暴力	其他
2011	8	4	3	1
2012	14	10	3	1
2013	6	3	2	1
合计	28	17	8	3

（八）及时报案少

由于农村封建思想根深蒂固，抱着"家丑不可外扬"的心理，当家中有女孩遭到性侵害时，往往寄希望于"私了"，与犯罪分子交涉，到不能解决的地步才报案。还有因为父母均在外打工，留守儿童缺乏监护，不能及时发现犯罪，助长了犯罪者的气焰，也给侦查收集证据和审判带来了一定的困难。此外，在本院受理的 39 名罪犯中，具有多次性犯罪前科的达 4 人，遏止性犯罪再犯亦迫在眉睫。

第三章　未成年人性侵害案的特征

　　性侵害未成年人犯罪呈现高发趋势,犯罪行为具有反复性、长期性、非暴力性与受害对象特定化,并且犯罪呈现高暗数以及案件处理具有民间性等特点。据最高人民法院公布数据显示,2013 至 2015 年,全国法院审结猥亵儿童犯罪案件 7610 件,判处 6620 人。其中,2015 年审结 2861 件,与 2013 年 1921 件相比,增加 48.93%[①]。

　　随着未成年人性侵害案件的不断增加,我们必须从多方面对此类案件进行分析,以得出更加全面的信息。在未成年人性侵害案件中当事人就是被害未成年人和犯罪加害人,因此本章我们将对这两方当事人的特征进行全方位的分析。

　　首先在我国民族地区未成年人性侵害犯罪呈现出其独有的特色,具有典型的特征。有学者专门对此方面进行了详细的调查研究。关于该研究,主要是针对云南、贵州、四川等民族地区。

　　（1）犯罪行为具有反复性与长期性。学者魏红近年在云南、贵州、四川省部分民族地区走访调查发现,性侵行为人主要选择 7 ~ 15 岁的未成年人作为侵害对象。若受害人第一次被性侵后,则易于被同一行为人实施长期性的性侵害行为。

　　（2）犯罪行为偏非暴力性。在贵州黔南布依族苗族自治州某县调查发现,该县近五年审理的性侵未成年人犯罪案件中,非暴力性犯罪约占64%,暴力性犯罪约占 36%。在云南、四川类似情形也较为明显,这与受害对象多为农村留守儿童有密切关系,受害人年幼、孤立无助的状态为行为人选择以非暴力性行为实施犯罪提供了较大空间。非暴力性主要表现为,性侵行为人利用对受害者生活轨迹、自我保护意识、自我保护能力等因素的了解,选择在自认为安全的场所,多在村寨、熟人家内、学校等区域,对自我保护意识和能力较弱的未成年人采取以诱骗为主的方式实施犯罪。

[①]　魏红. 从民族习惯法视角论性侵未成年人犯罪预防 [J]. 贵州民族研究,2016,（9）,39-43.

（3）受害对象特定化。近年来,云、贵、川等民族地区发生的性侵未成年人案件中,受害对象主要为留守儿童和在校中小学生,其中在校生中留守儿童所占比重较大。2016年研究发现,没有与父母双方共同居住生活的少数民族儿童规模为844万,在这些人群中,除了小部分是因为父母离异或者去世等原因外,90%以上是受人口流动的影响,其中三分之二是农村留守儿童,估算达到658万人,另有112万是流动儿童。流动的少数民族儿童中仅64.7%与父母共同居住,留守儿童一方面远离父母,缺乏父母关爱,心理自卑感较强,容易形成内向、懦弱的性格,自我保护意识和能力也相对较弱;另一方面多与家中年迈者生活,缺乏能力较强的监护人提供有效保护,因此留守儿童易成为性侵害对象。例如,2014年4月发生在贵州省毕节市七星关区的强奸案中,一名小学教师在教室内猥亵或强奸12名学生,受害者一半为留守儿童。

（4）犯罪呈现高暗数。在性侵未成年人犯罪案件中,性侵行为隐蔽性较强,未成年人受侵害后出于恐惧、羞耻往往不敢告诉家人,案件发现较为困难,导致受害人实际数量远远高于为媒体、官方所公开的数量。据2016年5月四川省内江市检察院发布《关于性侵未成年人犯罪呈高发态势亟待引起重视》调研报告显示,从2013至2016年2月,该市未成年人犯罪呈高发态势,其中强奸和猥亵未成年人刑事案件占较大比例。很多受害人在遭受侵害后都没有报案,或报案时间离案发时间间隔较长,取证困难。该市仅有10%的案件因为受害人主动报案而案发,案发后立即报案的仅占报案总数的28%。

（5）犯罪行为处理有一定的民间性。课题组调查发现,在云、贵、川等省,尤其是在民族习惯法文化影响浓厚的民族村寨,性侵未成年人案件处理至少存在两种形式,一种是刑事处罚附加民族习惯法处罚,具有半官方、半民间性。

一般是当事人双方在接受刑罚处罚后按照民族习惯法传统,约定赔礼道歉并罚款赔偿的方式;另一种是当事人双方按照民族习惯法约定,选择"私了"而不诉诸官方。前者较为常见,后者近年来较少出现的原因在于,性侵害犯罪属于公诉案件,司法机关必须强制性介入,所以当事人双方采用民族习惯法的情形,一般是在接受国家刑事处罚外,作为附加或补充处罚而为民族群众所采用。

通过对典型地区未成年人性侵害犯罪的特征分析,再进行国内该类犯罪的整体性特性分析,这样更具有可靠性。

第一节　被害未成年人年龄特征

根据调查对象的不同,各学者、机构对于我国在被侵害人年龄特征方面也存在不同的具体说法,但是基本上认为被侵害未成年人的年龄阶段集中在 6 ~ 14 周岁之间,这还是基本一致的,并且都认为被害未成年人的年龄呈低龄化趋势。

学者刘慧对我国未成年人性侵害犯罪实证研究中的分析数据发现,女未成年被害者不满 6 周岁的 26 人,6 到 14 周岁 113 人,样本中未列明的 82 人[1]。男未成年被害者不满 6 周岁 1 人,6 至 14 周岁的 45 人。对于猥亵儿童罪,被猥亵的儿童多集中于 6 周岁至 14 周岁(不包括满 14 周岁),即 6 周岁至 14 周岁是猥亵儿童罪被侵害的主要群体,同时被害未成年人中低龄幼童占据相当大的比例。

据武汉中院统计,2014 年 1 月至 2015 年 3 月,武汉两级法院共审结涉及未成年被害人的性侵害案 37 件。武汉市性侵未成年人的案件中,受害人群的年龄层有两极分化。其中,6 岁以下 15 人,低龄幼童被侵害比例高达 34.88%,如此重大比例不容忽视。

据陕西省洋县人民法院统计分析显示,2010 年 1 月到 2012 年 10 月,洋县人民法院共受理未成年人受到性侵害刑事案件 8 起,涉及受害人 10人,8 名受害人中年龄最小的 8 岁,年龄最大的 17 岁,主要也是集中在8 ~ 13 岁如表 3-1 所示。

表 3-1　2010 年 1 月到 2012 年 10 月陕西省洋县人民法院性侵害统计分析

被害人姓名	遭受性侵害时年龄	是否在校学生	平时监护情况	遭受性侵害地点	是否熟人作案	是否主动报案	罪犯情况
王某	8 岁	是	父母监护	罪犯家里	是	是	14 岁,学生
周某	9 岁	是	父亲监护(父母离异)	上学途中	是	是	14 岁,学生

---

[1] 刘慧 . 我国性侵害未成年人犯罪实证研究 [D]. 长春:吉林大学硕士学位论文,2016.

续表

被害人姓名	遭受性侵害时年龄	是否在校学生	平时监护情况	遭受性侵害地点	是否熟人作案	是否主动报案	罪犯情况
何某	12岁	是	父母监护	放学途中	是	是	14岁,辍学
刘某	13岁	是	母亲及继父监护	家里及户外二人干活过程中	是	多次强奸被害人致其怀孕,家人发现后报案	48岁,农民,系被害人继父
庆某	13岁	否	父亲监护(父母离异)	宾馆	否	是	29岁,农民。被害人当天和朋友及朋友的网友玩耍时认识罪犯
李某、薛某(孪生姐妹)	17岁	否	父母监护	宾馆	否	是	五名罪犯均为16～17周岁的青年,其中一人尚在读书
李某某	13岁	否	父母监护	户外山坡上及家里	是	多次强奸被害人致其怀孕,家人发现后报案	30岁,农民,和被害人系同村村民
杨某何某	二人均12岁	是	母亲监护	体育场内树林里	否	是	15岁,辍学
			亲戚监护	放学途中田野里			

在未成年人性侵害的调查中,"女童保护"项目得出的数据显示,11～14岁的小学高年级学生受害人数反而占据较大的比例。这就与前面学者与法院公布的数据存在一定的矛盾之处。但是该项目在未成年人性侵害方面做出了巨大贡献,其深入调查未成年人性侵害案件的真实情况,获得了大量的真实数据。该项目是2013年6月1日由全国各地百名女记者联合京华时报社、人民网、凤凰公益、中国青年报及中青公益频道等媒体单位发起"女童保护"公益项目。被公开报道年龄的受害者中,

0 ~ 6 岁的有 107 人,7 ~ 10 岁的有 294 人,11 ~ 14 岁的有 308 人,后两者合计占总量的 84.91%(公开报道未公布受害者年龄的未统计在内)。这一比例较 2013 年同期(81.15%)上升 3.76%。

在该项目中,项目分析出 11 ~ 14 岁的小学高年级学生受害人数不仅不低于小学低年级,反而略微超出。一方面说明这个年龄段的孩子更容易成为犯罪嫌疑人侵害的目标,因为 11 ~ 14 岁的孩子的生理发育、性逐渐趋于成熟,开始学会打扮自己,较容易吸引犯罪分子的关注从而容易成为被侵害的对象;另一方面也显示出目前我国义务教育小学阶段的儿童安全教育缺失较为严重,小学生的自我保护基本知识、防范意识和能力并未随年龄同步增长,他们受到侵害不敢报警,不敢让他人知晓,甚至因为知识的缺乏有些孩子根本没有意识到自己被侵犯了,这些原因都使得这一年龄段的未成年人成为最易受侵害的弱势群体。在案例中,有的未成年人因接受犯罪嫌疑人给予的金钱、物品而不加防范,有的未成年人初次受害后依然未意识到问题的严重性,或慑于施害者的恐吓及威逼利诱,产生不敢声张的畏惧心理,未及时告知成年监护人,以致多次受害。有些受害儿童下体出现明显创伤时才被其监护人发现,后果已难以挽回。

第二节　被害未成年人性别特征

从被害人性别特点[1]来看,主要还是集中在女童上,但是近年来,男童被侵害率也呈现出逐渐上升的趋势。这可能主要是由于男童性侵害案件的曝光程度和人们对其的关注度都比较低,因而出现这样的结论。从现有的调查来看,还存在较大的分歧。

从对判决样本的统计数据来看,119 份判决中明确列明的受害未成年人数共计 267 名,另有 2 份判决书未列明具体人数,以猥亵多名未成年人进行定罪与量刑。267 名受害者中有女未成年人 221 名,占比为82.77%;男未成年人 46 名,占比 17.23%。从数据看出,猥亵儿童罪中存在男性被害人且女性被害人所占比重极大。

根据"女童保护"项目统计的数据显示,在其调查的新闻公开性侵害案件中的 726 名受害者中,0 ~ 14 岁的女童 709 名,男童 17 名。表明在该类犯罪中被害人为女性的占比还是远远高于男性。

---

[1]　刘慧 . 我国性侵害未成年人犯罪实证研究 [D]. 长春:吉林大学硕士学位论文,2016.

　　根据中国少年儿童文化艺术基金会女童保护基金发布的《2015 年性侵儿童案件统计及儿童防性侵教育调查报告》,2015 年全国媒体公开曝光的儿童遭遇性侵案件达 340 起,其中涉及女童的案件为 319 起,占比94%;涉及男童的案件 21 起,占 6%。

　　然而以下两项研究则得出相反的结论。《中国的儿童性侵:对 27 项研究的元分析》(ChildSexual Abuse in China:A Meta-analysis of27Studies)统计了 2002 至 2012 年间 27 项中国儿童性侵的研究,得出结论:总体上,中国男童遭遇性侵盛行率(prevalence rate)是 13.8%(95% 的可能性在 11.0% 到 16.5% 之间的置信区间),女童遭遇性侵的盛行率是 15.3%(95% 的可能性在 12.6% 到 18.0% 之间的置信区间),相差并不大,如图 3-1 所示。

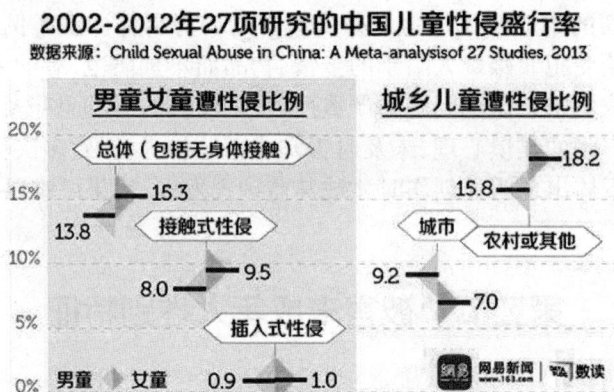

图 3-1　2002 年—2012 年中国儿童性侵盛行率

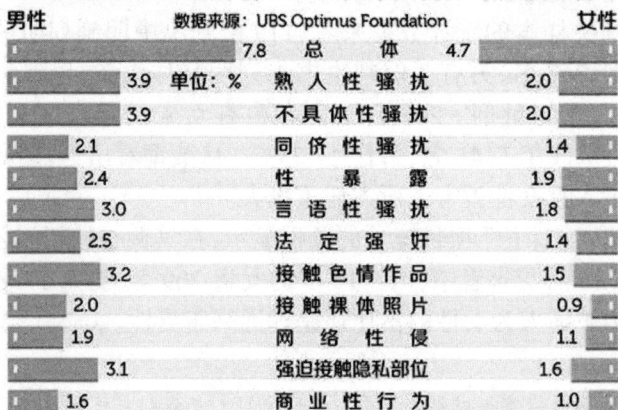

图 3-2　2009.11—2010.07 期间,15 ～ 17 岁中国青少年性侵盛行率

瑞银慈善基金会（UBS Optimus Foundation）发布的《中国儿童与青少年的性侵害》（Sexual victimization of children and adolescents in China）报告，15～17 岁的青少年中，男性遭遇性侵的盛行率甚至高于女性（男性 7.8%，女性 4.7%），如图 3-1 所示。

第三节　被害未成年人地域特征

在我们的一般性认识中，未成年人性侵害案件通常都发生在户外或者隐蔽僻静场所。但是经过对相关案例进行分析，我们发现在被侵害人的住处发生犯罪行为的可能性最大。同时还出现了一个特殊的情况，如在学校。以下笔者将通过从一般到特殊的方式来进行被害未成年人地域特征的论述。

通过对猥亵未成年人的侵害方式的数据进行分析，我们发现在 267 名被害人中，在户外受到性侵害的仅 34 人，包括偏僻路段、绿化带、小公园及公厕等，占总数的 12.73%，有 9 人被害地点位于电梯、楼道口、公司、洗浴中心等类户外区域，占比为 3.37%，有 27 人在教室遭到猥亵，占比为 10.12%，在宾馆遭受侵害的有 3 人，占比 1.12%，有 53 人在自己的住宅或租住房内遭受侵害，占比为 19.85%，有 83 人在加害人的住所或租住房内遭到侵害，占总数的比例为 31.09%，有 29 人多次遭受猥亵，具体未列明被侵害地，占总数的比例为 10.86%，还有另 29 人，因判决书中未列明具体被害地点，未做具体列明占比为 10.86%。而对数据分析发现，被害人在侵害人住处（包括固定居所、暂住处、工棚、宿舍等）被害的可能性是最高的，占被害人总数的 31.09%。

而强奸被害的空间分布，也即为强奸罪发生的地点和场所。有 21 人在加害人家中或其租住房中被害，占比为 28.77%；有 19 人在宾馆被害，比例为 26.03%；有 13 人被害地点是在偏僻的路段、废弃房、公园的草地，比例为 17.81%；8 人在被害人家中或租住房内，占比为 10.96%；5 人在被害人宿舍，占比为 6.85%；4 人被侵害多次并未标记具体的被害地点，占比为 5.48%；2 人在卫生间被害，占比为 2.74%；1 人在楼梯间被害，比例为 1.36%。从数据中可以看出，加害人家中或其租住房和宾馆内成为强奸未成年人的案发的主要场所，占比为 54.8%。强奸未成年人的犯罪，多发生于加害人的家中或租住地。

在对数据的整理当中我们发现，校园及农村地区成为未成年人性侵案件的高发地区,这不得不引发我们深入的思考。

一、校园及其周边成为未成年人遭受性侵害"重灾区"

幼儿园、中小学、高中都是未成年人聚集的地方,多次曝光的校园未成年人遭受性侵害等案件,让人们不得不对校园进行重新审视。在女童保护计划的 340 个样本中,有 10 个这样的案件,这说明校园周边安全治理存在重大隐患。校园性侵害使被害学生受到的伤害和影响巨大,除了身体和精神的双重伤害外,还面临着辍学、转学、厌学等问题。而学校对于教师教育、管理的松散是校园性侵害案件发生的重要原因。学校没有将预防性侵害作为重点工作,法制观念淡薄。例如,在一起案件中,10 岁女孩被小学老师多次猥亵报警后,学校将该老师"保释"出来,不仅没有给其任何处分,反而继续让其走上课堂"为人师表"。在发现老师实施性侵害行为后,甚至有 3 起案件中的学校直接作为中间人努力促成"私了"。

学校安全制度的不健全,也是导致校园性侵害案频发的直接原因。这些性侵害案件发生的场所都为教室、学生宿舍、教师宿舍、学校内废弃的房屋以及广播站,甚至一些猥亵案件还发生在讲台上。学校既没有安排教师值班巡查,也没有给学生宿舍配备必要的防护措施,以致校外人员能够进入学生宿舍实施犯罪。在个别案件中,有的学校面对已经出现的"危险",不但没有亡羊补牢,反而坐视不理。

一些侵害人利用校园周边治安不好在学校门口等待学生,通过哄骗或者拦截等方式将其带走实施强奸或者使受害人提供色情服务。备受关注的贵州习水案件成为此类案件的典型。贵州习水案中,在 2007 年 10 月至 2008 年 7 月间,犯罪嫌疑人先后在县城的 3 所中学和 1 所小学门口附近守候,多次将 10 名中小学生挟持、哄骗到偏僻处,以打毒针、拍裸照、殴打等方式胁迫他们卖淫。实际上,发生在校园周边的案件是一类案件的共性问题。在另一起案例中,20 岁的师范学校学生周某为了赚钱,和另一名犯罪人来到郑州某中学门口,以介绍男朋友、买好衣服、买手机为诱饵,诱骗两名初中女生到酒店实施卖淫。另一起案件中,犯罪人洪某多次守在学校门口,以抓小鸟游戏为由将一女学生多次骗奸。安徽某小学门口的个体商贩,以 3 名小学生赊账购买零食为由,在长达一年多的时间内不仅自己实施强奸行为,还多次介绍其他人与其发生性关系。2014 年备受瞩目的云南女生被性侵案件中,云县社会无业人员许某某(女,21 岁)以胁迫、诱骗等手段先收买几名学生,利用学生把女生约出来唱歌,然后女生被拉出去陪社会人员喝酒,最终将云县民族中学 3 名女学生带给社会人员黄某某和李某某与其发生性行为,这 3 名女学生都是初二、初三年级的走读学生。大量未成年人性侵害的发生都是从放学的路上开始的,不少犯罪分子在学校门口蹲点守候,趁未成年人不注意时便对其进行哄骗,甚至威胁、恐吓,带走进而进行侵害。这些案件的发生都表明校园周边的治安混乱和安全隐患成为在校未成年学生遭受侵害的重要原因。

多数人都认为校园是美丽的、安静的,但是,现在越来越多的性侵害案件也发生在了校园内部,这是让我们痛心的事实。2015 年,宁夏市乡村教师黄振兴,以讲作业为由,在办公室先后性侵 12 名学前班女童,其中导致 10 名女童处女膜破裂,性侵害行为频繁发生或持续至少一年。2014 年韶关市曲江区一名年过花甲的乡镇小学体育教师于 2012 年 9 月 1 日至 2013 年 5 月 13 日期间,其在给学生上体育课时,利用学生在操场排队、课间做游戏、玩耍或下雨天在室内上体育课之机,在该校操场围墙边的树荫下、体育室器材室门口、室内、教学楼下的树荫处以及教室内,多次用手触摸了 20 名该校一年级女学生的阴部或臀部。其中三名经妇科检查,诊断为外阴炎。最终其因猥亵儿童罪,被判处有期徒刑 6 年 6 个月。

2015 年,贵州毕节七星关区田坝镇先进小学校长杨大志,多次以教做作业等理由在教室、办公室等场所对周某、刘某等 6 名学生进行猥亵、强奸。被杨大志性侵的 6 名学生,年龄最小的只有 8 岁,最大的 13 岁。被害学生周某向警方讲述,她第一次被杨某性侵是在读学前班的时候,此后从 2010 年至 2014 年 5 月,她多次被杨某以留下来做作业为由,进行猥亵和奸淫,杨以威胁或给予小恩小惠等方式,不让其对外张扬。最终七星关区田坝镇先进小学校长杨大志因性侵 6 名学生,以强奸罪、猥亵儿童罪判处死刑,剥夺政治权利终身。

以上案例都发生在学校,即犯罪行为是由在校教师实施或者校外人员在校园附近实施。各类报道出现后社会舆论大量增加,民众尤其是家长对于学校的信任一落千丈。根据各种犯罪行为来分析,学校及其周边由于未成年人经常出入,社会治安监管不严、人多且环境复杂,校内作案地点多且隐蔽,受害者容易受到老师威胁,甚至有的儿童不知道老师对其是在实施伤害行为,根本没有意识到自己的权利在受到侵犯,有的同学甚至认为老师这是对其的教育或者上课,是对其的"照顾"行为。这样便使原本纯洁、无忧的校园环境成为"毒瘤"存在之地。在发生该类案件之后,校园内部上下级之间相互包庇,不承认错误,上级教育领导机关对该类事件不管不顾,尽力模糊犯罪情况,这都使得校园成为一个未成年人性侵害泛滥的场所。因此,对于校园及其周边环境的整顿、治理,对于师风师德的严加建设,对于教师人格、品质的测量,都是我们不容忽视的,应该还家长一个安心,还孩子一个干净的世界。

二、留守儿童成为被锁定的"侵害目标"

我国农村留守儿童数量大,范围广,大部分留守儿童得不到有效监护和全面保护,其学习到的性知识贫乏,不能正确认识犯罪行为,在受到侵害后一方面由于侵害者的威胁不敢声张,一方面也没有合适亲人可以告诉,因此成为一部分犯罪分子性侵害的"目标",这通常都会导致未成年人被长时间性侵害而得不到帮助。

"留守儿童"是改革开放以来,社会经济不断发展,城镇化进程加快,农村富余劳动力向城镇转移过程中伴生出的特殊群体。目前,中国留守儿童数量大约6000万,绵阳市农村留守儿童近10万。近年儿童性侵以及家庭、校园暴力等事件频频发生,社会新闻报道突增,人们对留守儿童的关注日渐增加。父母监护的缺失,引发各类问题,如产生厌学、逃学甚至犯罪等,同时,越来越多的留守儿童遭受性侵害案件也浮出水面,已成为不可忽视的社会问题,使政府、学校和家庭面临着新的挑战。

据绵阳市统计数据显示,目前绵阳市农村留守学生9.63万余人,从年龄结构看,6至12岁(含)5.52万人,12至15岁(含15岁)4.11万人,小学阶段留守学生约占半数;从性别看,男性5.24万人,女性近4.4万人。大量留守儿童存在、监管不当等原因直接导致留守儿童遭受性侵害的发生比例增大。据2004年公安部的调查显示,全国未成年人受侵害及自身犯罪的案例大多数在农村,其中大多数又是留守儿童。这两个"大多数"都给我们以巨大的警示。

据武汉中院统计,2014年1月至2015年3月,37件案件的43名受害人,总数的58.13%来自偏远城区,农村地区、低收入群体聚集地成为案件的高发区,家长忙于生计、对孩子疏于管教,使留守儿童成为犯罪分子的主要目标。

从女童保护项目统计的公开报道案例中,受侵害农村未成年人有171人,进城务工人员子女有42人,城镇未成年人有409人。女童保护项目认为,这并不代表城镇未成年人性侵案件比农村更为高发,而是充分说明城镇地区未成年人家庭、学校及社会对其的监护密度显著高于农村地区,城镇地区大众媒体的覆盖面、活跃程度均显著超过农村地区,因此相关侵害情形更容易被监护人发现、被司法部门立案,也存在更大的可能性被公开曝光。

女童保护项目志愿者在深入山区、乡村地区学校讲课及和相关领域专家广泛座谈的过程中了解到,在我国全面城镇化浪潮的影响下,农村地区留守儿童群体巨大,由于家庭主要成员长年外出打工导致家庭监护缺失的情况广泛存在,学校及社区的自我保护教育及基础生理教育与城市存在较大差距,甚至存在空白。有的山区学生快上初中还不知道什么是月经,更不了解如何预防性侵、遇到侵害如何应对或如何报案。上述大背景和社区警力及第三方社工的缺位,均导致相关案件更为隐蔽、更难被发现及立案。

根据 2017 年发布的《女童保护 2016 年性侵儿童案件统计及儿童防性侵教育调查报告》,报告显示 2016 年发生儿童被性侵案件数量 433 起,受害人 778 人,比 2015 年增加 93 起,农村曝光首次高于城镇。

贵州习水县案件的 10 多名受害人中,缺少家长有效监护的未成年人成为主要被侵害目标。受害人康某的父亲在其 5 岁时进城打工,母亲喜欢打麻将,每天往外跑,康某没有人照顾便开始和学校外的孩子混。父亲发现后管教方式又不当,甚至用锁链将其锁起来。另一名受害女生王某在被记者问及最恨谁,她回答的不是侵害人而是其爸爸。在她 4 岁时,父母离婚,她小时候一直住在乡下农村叔叔家里,初中到学校住宿后,爸爸除了给零花钱,从来不管她。同样的情形也在其他性侵害案件中出现。

留守儿童一般在农村跟随年老的爷爷奶奶或者其他委托监护人生活,由于身体、经济等各方面原因,委托监护人不能尽到充分的监护义务,使未成年人缺乏全面的保护和管理。而且在性侵害案件发生后,由于父母不在身边,留守儿童也不愿意或者害怕将遭受侵害的事实告诉委托监护人。

2013 年底,黄石阳新警方接报案,有家长怀疑孩子被学校老师强奸。警方迅速调查,于今年元月 22 日将侵害学生的阳新县一所小学的教师马某逮捕。61 岁的马某是该小学三年级的数学老师兼班主任。调查显示,去年 3 月至 7 月间,马某多次在其办公室或家中,对该校四年级的两名女生实施奸淫,更令人发指的是,该校另一名 10 岁女生从 2012 年 9 月起就受其糟蹋,多次在学校的办公室被马某强奸。这些孩子,都是被马某以给蜡笔、毛笔和彩纸等学习用品作引诱。今年 7 月,黄石法院以强奸罪、猥亵儿童罪判处年过六旬的马某有期徒刑 17 年。据主审法官介绍,4 名受害者均为留守儿童。一位受害者的姨妈介绍,孩子的父母均在外地务工,孩子交由她照顾。她听说孩子经常一个人在教室发呆,有时候自己抱头哭,说头痛,经常告诉她说自己小便时尿道痛,在其追问之下,孩子才告诉她,马某跟其发生了性关系。孩子舅舅得知情况后才向警方报案。2013

年 12 月 30 日,阳新警方驱车前往事发地调查时,马某否认自己对学生实施性侵,但是事实不容抵赖。次日,他因涉嫌强奸罪被阳新警方刑拘,之后被逮捕。黄石市中院认为,马某作为对幼女负有特殊职责的教师,利用师生关系,多次性侵不满 14 周岁的三名幼女、猥亵一名儿童,情节恶劣,且犯罪对象为农村留守儿童,应依法从严惩处。同时犯罪分子如实供述了自己的主要罪行,可酌情从轻处罚。因此,法院判决,马某犯强奸罪,判处有期徒刑 15 年,犯猥亵儿童罪,判处有期徒刑 3 年,决定执行有期徒刑 17 年。

学者罗艳对 12 名性侵害案件当事人进行访谈过程中,发现在受到侵犯后都很少有受害者向家庭外的任何社会机构求助,受害者均表示在很长一段时间不知道怎么办,也不知道该找谁。他们唯一提到的就是警察局和心理咨询,但也因为条件不成熟而不能很好利用。其中两位当事人都说,根本不懂得可以找警察,认为他们不是很关心这种事情。即便有 3 位在后来寻找过心理咨询机构,但也都是成年后的行为,且费用都由他们自己提供。可见这一资源虽然相对专业,但是对于几乎没有资源的儿童来说是很难利用到的。

除了留守儿童外,流动儿童也容易成为犯罪人的侵害目标。打工子弟学校的学生,她们的父母忙于打工,无暇顾及对年幼子女的接送。侵害人便利用这个机会实施犯罪行为。因此,外来务工人员和学校应同时加强安全措施,对外来务工人员的子女做好自我保护的教育,提高防范侵害的意识和能力。

第四节　被害未成年人认知特征

认知也可以称为认识,是指人认识外界事物的过程,或者说是对作用于人的感觉器官的外界事物进行信息加工的过程。它包括感觉、知觉、记忆、思维、想象、言语,是指人们认识活动的过程,即个体对感觉信号接收、检测、转换、简约、合成、编码、储存、提取、重建、概念形成、判断和问题解决的信息加工处理过程。被害未成年人从年龄上来看大部分都处于 8 ~ 14 周岁,由于教育水平的限制,其还不能正确认识性行为。甚至有的犯罪分子将"魔爪"伸向认识水平、智商水平都严重不足的孩子,该类被害人通常不明白该行为的真正含义,且通常言语较少,平日可能说出一些真相,但是周边大人总会认为其在胡言乱语而不能引起重视,这就让其与其家庭承受了更大的不幸。这样的案件在现实中仍然大量存在。

2014年5月,临桂县中庸乡江泉村委会江力寨村李某性侵19岁智障女赵某,致其未婚先孕,犯罪嫌疑人李某在明知道被害人赵某是智障人的情况下,在自家卧室里以给她1元钱买东西吃的诱骗手段,先后两次性侵赵某,其对犯罪事实供认不讳。

2014年6月,漳州市漳浦县霞美镇溪仔村61岁的村民蔡某以50元为诱饵将阿花引进老房子里实施性侵。蔡某身分别在自家、村里老旧闲置的房子等地方,多次以零花钱为诱饵性侵阿花。与此同时,72岁的村民蔡某社、59岁的村民蔡某设、67岁的村民蔡某碧也以零花钱为诱饵多次性侵阿花。而这几名犯罪分子均知阿花患有"中度精神发育迟滞",智力低下。

2015年,湖南省株洲市芦淞区发生15岁的智障女孩小云被性侵怀孕案。袁某系株洲人,今年62岁,家中已有孙辈。小云(化名)15岁,是市儿童福利院抚养的一名智障女孩。2014年9月,考虑到小云读书的需要,儿童福利院在申请寄养的家庭中,选择将小云寄养在离学校较近的袁某夫妇家中。在签订好寄养协议后,袁某夫妇就领着小云回家了。本以为在这个寄养家庭里,有慈祥的爷爷奶奶照顾,小云能感受到家庭的温暖。没想到,寄养期间,袁某多次趁家中无人,对小云进行猥亵,并与其发生关系。直至2015年1月,学期结束时袁某夫妇将小云送回儿童福利院。福利院的工作人员发现小云回来后有些异样,走路越来越蹒跚,肚子也一圈圈变大,遂带小云到医院检查。这一查,所有人都惊呆了,结果显示,15岁的小云已怀孕22周。随后,嫌疑人袁某被公安机关抓获归案,公安机关对小云的血样、袁某的血样、小云引产的胎儿组织进行了DNA检验。经检验,胎儿组织与袁某符合亲缘关系。同时,经鉴定,小云被诊断为精神发育迟滞(中度),无性防卫能力。2015年6月30日,犯罪嫌疑人袁某因涉嫌强奸罪被芦淞区人民检察院依法批准逮捕。

在这类案件中被害人的智力情况与认知情况本来就有所不足,在这样的情况下,更容易受到他人的侵害,而且侵害后也很难被发现。大部分认知能力不足的未成年人被性侵后即使怀孕了也不知道,因身体发生变化被大家发现后,犯罪行为才浮出水面。而被害者家庭就面临着手术或者抚养该婴幼儿的困境,而无论是手术还是生下孩子进行抚养,这对于被害者本身及其家人都是一种巨大的压力。对于被害者本人来讲,其本来还是一个未成年人,身心尚未发育成熟,身体还不能承受怀孕带给其的身体压力,可能会导致身体素质变差,该未成年人也不会抚养孩子,而面对这突如其来的变化,更多的是恐惧与担忧。对于整个家庭来说,整个家庭在抚养该未成年人时因为其认知等存在一定的不足,而需要更大的耐心与经济条件,该案件发生后,其家庭面临着更大的心理与经济压力。

第五节　被害人与加害人关系特征

一、性侵儿童案的"熟人犯罪"超过八成

中国一直处于一个"熟人社会"之中,大家之间都相互认识,相互了解。有很多事情都是要靠熟人才办得成,在中国这个充满"人情味"的国家,无论婚丧喜事大家都会送"人情",在节假日也会相互问候,有困难相互帮助。而几乎每一个社会组织都认同互惠原理,大家各取所需。按照道理来说"熟人"之间是相互帮助的,然而女童保护项目统计,在2014年公开报道的性侵儿童案例中,熟人犯罪有442起(公开报道未提及双方关系的未统计在内),熟人性侵儿童案占87.87%。这些熟人包括教师、邻居、亲戚、同村人等。在案件发生前就与未成年人彼此认识的施害者,更容易接近受害者,再凭借其体力上的优势和特殊身份,或者凭借其地位,使得侵害容易得手。熟人作案比例如此之高,说明在预防性侵安全教育中,一定要特别重视针对熟人性侵的防范措施。女童保护项目的儿童防性侵教案中,设置了儿童防范陌生人和熟人性侵的不同应对措施。

在学者刘慧[①]对被害人与侵害人的社会交往关系的研究中,其也得出了相同的结论。她认为性侵害犯罪行为人与被害人在犯罪发生前的社会交往关系,包括相识原因、熟悉程度以及相识种类划分等。在她的调查研究中对68个样本分析,强奸罪被害人与未成年被害人关系完全陌生的为24例,占总数的35.29%;其余64.71%的强奸罪行为人与被害人为相识关系。对相识关系分析,加害人与被害人为网友关系12件,比例为17.65%;行为人与被害人之间为朋友关系的11件,比例为16.18%;强奸行为人与未成年被害人为邻居或同乡关系的11件,比例为16.18%;强奸行为人与被害人为亲属关系(包括了姻亲、直系及旁系亲属)为5例,比例为7.35%,其中未成年被害人与强奸行为人为继女关系的2例;现为或曾经为恋人或夫妻关系的4例,比例为5.88%;师生关系的1件,比例为1.47%。从样本数据分析可以得出,强奸未成年人的犯罪,常常发生在

---

① 刘慧.我国性侵害未成年人犯罪实证研究[D].长春:吉林大学硕士学位论文,2016.

自认为认识的人中间,比例最高的为被网友侵犯,其比例为17.65%。造成这一现象的原因为,强奸行为人能够观察和掌握未成年被害人的生活习惯,与熟人接触的机会多,产生生理冲动的可能性也大,极可能成为发泄生理欲望的潜在目标。因未成年人对熟人没有戒备心,加害人更容易接近未成年人,作案易于得逞。

在此类熟人作案之中,还有很大一部分是父母亲人对未成年人的侵害。这其中养父、继父对未成年孩子的侵犯显得更为严重。安徽致诚公益法律援助与研究中心整理的案例中存在一些这样的典型案例。2015年11月26日报道:陕西省宝鸡市扶风县的丽丽在3岁时,被亲生父母送与孙某夫妇抚养,在孙某夫妇俩抚养下,丽丽一天天长大。丽丽哭诉,自己六七岁时,就开始被养父孙某猥亵,在17岁的时候养父第一次性侵了她,当时自己反抗过,但面对养父的拳头,只能无奈顺从。之后两人经常发生性关系,每次都不采取避孕措施,先后生下了两名女婴,两个女婴共卖了5万多元。丽丽小学没毕业就辍学了,此后一直随养父母在外打工,打工领取的工资,每个月养父只给一小部分零花钱,并不允许她与外人有过多接触,从扶风到外地打工,再从外地回到扶风,丽丽都难以摆脱养父的手掌心,养母也未能制止养父的种种行为。最终犯罪行为暴露之后,扶风县法院以拐卖儿童罪,依法判处孙某有期徒刑七年二个月,并处罚金20000元。在该案中即使被害者的养母知道此种犯罪行为的存在,但是其仍然未能及时阻止,而是采取了放任的态度,这让罪犯孙某更是目无法纪,无所欲为,最终受到法律的制裁。

2015年6月4日报道:江苏省吴江市一女孩在遭遇父母离异后一直跟随母亲和继父生活,12岁时遭到继父强奸,从此以后就不断地遭遇继父的性侵和骚扰,直到最后工作,也一直没能摆脱继父的伤害,女孩为了所谓的妈妈的颜面,选择了沉默,选择了自杀,在最后的遗书中说出了事实和真相,希望来世有一个完整的家,有爸爸妈妈,有爷爷奶奶,有人陪,有人疼。该未成年人从年幼到成熟,一直都没有摆脱"魔爪",而该被害未成年人是非常懂事的,为了顾全自己母亲的尊严没有报警等,但是这也是一种非常愚昧的方式,这让其承受了几年的折磨,同时这也是对于其继父犯罪行为的放纵,最终不能忍受选择自杀,这是对于自己生命的不珍惜,而是应该选择适当的方式进行解脱,如告知其母亲或者向公安机关进行告发,而不是选择将犯罪行为隐瞒。这让犯罪分子还逍遥在外,自己的年轻生命却已消逝,成为人们心中的痛。

以上熟人作案的例子不单单展示出被害人与犯罪者之间的关系特征,也反映出社会的某种现实问题。在很多家庭中父亲是主要劳动力,主要的经济收入来源,如果没有了父亲,那么家庭经济困难,生活成为难题。对于离异或者破碎后的家庭更是这样,继父或者养父也基本是整个家庭的主要经济支柱,而且其可能在很大程度上存在暴力倾向,如果该未成年被害人不遵从其要求,便会受到皮肉之苦,以各种条件进行威胁恐吓,此时的未成年被害人往往选择沉默,甚至是讨好该犯罪分子,以获得良好的生存环境。

根据对性侵害犯罪被害者的访问记录我们发现有这样两起案例。小F,女,20世纪90年代出生于农村家庭,未婚,父母关系不和,12岁左右母亲离家,家中有一弟弟,15岁父亲自杀,现为职业性工作者。其在5~15岁期间被父亲侵犯,并一度怀孕,父亲去世后侵犯行为才得以终止。小F在访谈中说道:"他因为打我妈妈时也会打我,我就觉得他挺凶暴的,之后我和他发生关系之后就没有了,很少打我了……我有时候就说不想做之类的,他就会说那有什么不想的,一会儿就会好了,然后他就会说别的爸爸也会跟自己的女儿这样做,所以后来就同意了……妈妈都不知道,她常常去打麻将。"其父亲每次实施完犯罪行为后会给予其一定的金钱,小F回忆:因为那会儿小,怎么这样的事就可以换来钱,觉得当时挺开心的。因此,对于其父亲的侵害行为没有进行较大的反抗,而是很听从其父亲的话。

小G,女,20世纪70年代出生于城市干部家庭,离婚,父母关系不和,家中有一弟弟,小G为某企业员工,并读在职研究生,7~12岁期间被父亲侵犯,母亲是此事的间接促使者。在访谈中小G说道:"我没有反抗……一直没有人关注我,(父亲)突然碰我,我好像……很难说清楚……突然有人关注了……从小到大没有人亲近过我的肌肤,我渴望有拥抱、被关爱、被呵护。对于女孩你知道的,家里重男轻女,对我很不在意……我现在能有印象深刻的是,当时他对我说了一句话,'你别说,说了我就会去坐牢',那我想我就不要说了。那种有亲人离去的感觉,虽然他侵犯了我,但是他(父亲)离开,我会很孤单,会害怕,害怕他离开我。"

在以上案例中,我们不难发现,被害者与犯罪分子属于一种金钱与情感上的隶属关系,未成年被害者渴望得到父爱,得到重视,且希望生活得更简单、轻松,小F被金钱和其父亲不对其使用暴力收买,小G错误地认为犯罪行为是其父亲对其的关爱与照顾,这种亲情上的缺失与渴望,正是在家庭甚至"熟人"关系中此类案件常发的诱因。

二、受侵害未成年人被操纵成"作案工具"

一些集体性性侵害案件,逐渐转变出一种令人震惊的模式,即受侵害未成年人被操纵成为"作案工具",有的未成年人还在犯罪当中承担起"中介"等角色,而不仅是单纯的犯罪者与被害者之间的关系。

在贵州习水案件中,受害人被逼为侵害人寻找犯罪对象令人震惊。涉案人不仅在强奸王某后强迫其卖淫,还让她去寻找另外的女学生,并且告诉她只要帮忙找到另外一个女学生,王某就不用再做了。这不仅使涉案人将魔爪伸向了更多的未成年学生,而且还把未成年受害人操纵成其"作案工具"。值得警醒的是,这非个案。在统计的案例中,同样存在将未成年受害人变为"作案工具"的案件。曾为全国人大代表的某县政协副主席吴某对该地区 20 多名中小学生实施强奸,这些受害人中年龄最小的只有 12 岁。有的未成年人被侵害后转而为吴某"狩猎"其他少女,涉及范围遍及当地 7 所中学或中专,涉及 22 名在校未成年学生,其中 4 名未满 14 周岁。这类案件中受害人受到的伤害更大,他们无形中成了犯罪人的"帮凶",在一定程度上由受害人转成加害人,犯罪涉及的面也更广,更多的未成年人容易受到伤害。这表明没有及时发现和严厉打击未成年人遭受性侵害案可能会产生更严重的后果,不仅加深对受害人的伤害,也会使更多的未成年人遭受摧残。

在这类案件中,被害人转变为一种"作案工具"甚至"帮凶",其从受到侵害到从某种程度上来说辅助侵害的发生,在转变的过程当中可能是因为想要避免受到更多侵害,也不否认这是一种想要从另一种角度进行报复的恶意行为。其在受到侵害者的逼迫的环境下帮助侵害者寻找其他受害者,在这个过程中我们相信其内心有着很大的挣扎,其处于一种两难的境地,但是为了保全自己或者为了谋得其他利益,如在整个团伙中的地位等,而犯下错误。这对于本来就已经受到伤害的被害人来说,对于其身心健康的成长更是一种不可逆转的摧残。

第六节　从加害手段分析

犯罪分子在对未成年人进行性侵害的时候通常会使用加害人利用引诱、欺骗、暴力、胁迫等手段,使被害人失去意识或丧失性自卫能力,从而实施性侵害。

从学者刘慧[①] 对于 12 名性侵害被害者的统计样本数据分析可得,仅

---

① 刘慧 . 我国性侵害未成年人犯罪实证研究 [D]. 长春:吉林大学硕士学位论文,2016.

因引诱受到侵害的有 1 人,仅因欺骗受到侵害的有 1 人,仅因暴力而遭受侵害的有 18 人(占 24.66%),仅因无性自卫能力而遭受侵害的有 12 人(占 16.44%),因失去意识(醉酒)而受到侵害的有 4 人(占 5.48%)。基于上述分析,仅因一种方法就遭受侵害的有 36 人(占 49.32%),表达出将近 50% 的被害人在加害人使用一种方法就"就范"了,其中暴力的比例最高,其次是因被害人性自卫能力低而遭受侵害。但仍要重视对言语恐吓、威胁以及对无性防卫能力的人实施的非暴力的性侵犯罪。未成年人性侵害案件一般发生在成年人对未成年人的侵害方面,从体力上来看,成年人通常身强体壮,能将未成年人轻易控制住,加之未成年人对于暴力等行为的恐惧,害怕被打、害怕疼痛等,都导致未成年被害人不敢轻易反抗。

虽然在性侵害未成年人的犯罪中一般都是成年人对未成年人实施的,但是在现实生活中也存在着更恶劣的行为,即未成年人对未成年人实施,这其中看似是校园暴力欺凌案件,但是实际上其中仍然包含有性侵害的行为。在北京市高院 2016 年 5 月 31 日发布的 10 件具有典型性及启示性的案例中,一起强制侮辱妇女罪的被告人是一名 16 岁的女高中生,也是这 10 起案件犯罪主体中唯一的女性,她侮辱同学并强迫其卖淫的案例,令人格外震惊。北京高院副院长未成年人案件综合审判庭庭长赵德云介绍,16 岁女生赵某伙同他人,在北京市丰台区某学校宿舍里,对同年级同学张某实施打耳光、推打、脚踢、跪地磕头、扒掉裤子并拍照行为进行侮辱,并威胁她不许告诉老师,随后,还强迫张某向社会人员卖淫,自己从中获利。张某被多次威胁卖淫后,心理最终无法承受,将此事告诉老师,就此案发。本案经北京市丰台区人民法院审理后认为,被告人赵某的行为已构成强迫卖淫罪,依法应予惩处并数罪并罚。鉴于赵某犯罪时已满 16 周岁但未满 17 周岁,尚未成年,且家属积极赔偿被害人经济损失,获得被害人谅解,故从轻处罚,以强制侮辱妇女罪、强迫卖淫罪并罚判处被告人赵某有期徒刑三年六个月,并处罚金人民币三千元。

同样在我国福建也有类似案件,在最高人民法院发布的校园犯罪典型案例中就有这样一起案件。2013 年 4 月 10 日 17 时许,被告人林某某认为其被陈某某辱骂,纠集楼某某、黄某某(均为未成年女性),到福建省光泽县某中学找该校学生陈某某(女,未成年)欲行报复,因陈某某警觉躲藏,林某某等人寻找未果。当日 20 时许,林某某通过他人将陈某某约出并带到光泽县某超市后面的巷子里,林某某与楼某某先后对被害人实施打耳光、拉扯头发等殴打行为,致使被害人鼻子流血,此后,林某某叫被害人"把衣服脱光",陈某某因害怕哭泣而不敢反抗,遂将衣裤脱光,林某某与楼某某及在场的另二名女学生对被害人围观取笑。其间楼某某使用手机对陈某某的裸体拍摄了十余张照片,尔后将照片通过手机蓝牙传送给在场人员。当晚被害人陈某某即向公安机关报警并到医院就医,法医鉴定,陈某某的鼻部及面部的损伤为钝物伤,伤情为轻微伤。被告人楼某某与林某某等人得知被害人报警后,将手机中被害人的裸照删除。法院经审理认为,被告人楼某某、林某某无视国家法律,伙同他人聚众以暴力方法强制侮辱妇女,其行为已构成强制侮辱妇女罪。本院综合考虑被告人林某某、楼某某系初犯,作案时均不满18周岁,主动归案并如实供述犯罪事实,案发后积极赔偿并取得对方谅解,以及案发时在场人员均为女性,被害人裸照被删除,未造成其他恶劣影响等情节,结合司法局建议对被告人适用社区矫正的调查评估意见,决定依法对被告人减轻处罚并适用缓刑。以强制污辱妇女罪判处林某某有期徒刑二年,缓刑二年;判处楼某某有期徒刑一年,缓刑一年。这起案件的被告人与被害人均是花季少女,事件的发生令人震惊与痛心。审理中法院了解到,被告人楼某某与林某某的父母均离异,二人自幼均缺少监护人的有效监管,祖父母对其过于溺爱,管教乏力,其处在青春期缺乏正确的引导,思维叛逆,行事任性,法制观念淡薄,因而走上犯罪道路。而被害人陈某某亦缺乏自我保护意识,明知林某某等人案发当日下午已到学校欲对其报复,当晚亦轻率应约外出,身处险境后亦不懂呼救、逃跑。本案再次提醒我们,为人父母者应当提高责任意识,不仅应当保障孩子的物质需要,亦应当重视孩子的心理成长,加强人生观的正确引导,切实履行好监护责任。学校亦应当加强安全教育,尤其女学生应当懂得自尊自爱与尊重他人,提高自我保护意识。

但是在针对未成年人的性侵害犯罪中,仍然存在大量“非暴力”的加害手段。根据2016年5月31日北京市二中院发布的消息来看,2014年以来,二中院少年庭共审理性侵害未成年人刑事一、二审案件22件,包括强奸14件、猥亵儿童8件;从收案趋势看,2015年较2014年增长50%。其中,绝大部分案件犯罪手段的暴力性特征并不明显,被告人多采用哄骗、引诱等手段实施犯罪。这与学者刘慧的实证调查结论有一些不相对应。其中有一个典型案例即犯罪分子李振普以喂小狗为由将邻家5岁的女童带到自己的出租屋内,再以做按摩为由脱下女童的裤子后,抚摸其下体。2016年,对女童实施侵害的六旬保安李振普,终审以猥亵儿童罪被判有期徒刑1年。检方指控,2015年11月1日下午,李振普在北京市大兴区黄村镇一出租房内,将5岁的多多(化名)的裤子脱至膝盖处,并对其下体进行抚摸。二中院主审法官介绍,李振普与多多一家是邻居,但双方均不认识彼此,事发时女童的父母均外出打工。根据受害女童多多证言,“当时她正在自家院子里玩,李振普将自家院子的大门打开,喊她进屋玩。自己进了院子后,院子里的小狗玩会儿就进屋了,老爷爷在屋里说要给她按摩。他把我裤子脱了,他用手摸我。"一审开庭时,李振普不认罪。其辩护人称,李振普主观恶性小,且系初犯、偶犯,有积极赔偿被害人经济损失的意愿,且年老多病,故请求对其判处缓刑。后一审法院以猥亵儿童罪,判处李振普有期徒刑1年。二中院主审法官就此案介绍,从证据上看,虽然多多5岁比较小,但对一些行为可以正确描述出来。在对女孩询问时的录像看,女孩的状态很自然,家长作为多多的法定代表人,在旁边,但有提示、插话等,虽然李振普不承认,但不否认俩人曾有过身体接触,只是否认抚摸下体。"从一审至今,他始终不认罪",二中院主审法官介绍,一审宣判后,李振普认为自己未对多多实施猥亵行为,不应被认定犯猥亵儿童罪,于是提起上诉。多多的家人表示,不要任何经济赔偿,恳请法院重判李振普。后经二中院经审理后当庭宣判,终审驳回其上诉,维持原判。

第七节　犯罪加害人的特征

从侵害人的特点来看,加害人的文化程度对于未成年人性侵害犯罪有着显著的影响。文化程度低的人比文化程度高的人更易对他人进行性侵害。从学者刘慧[①]对于我国未成人性侵害犯罪12例案例的实证调查结果来看,该12例犯罪案件中涉案侵害人为123人,全部为男性,其中教师7名。判决书中对侵害人列明受教育程度的共计46人,其中文盲7人、小学18人、初中17人、中专1人、大专1人、本科2人。农民与无业共计28人。从该数据分析可知,实施猥亵儿童罪的侵害人学历较低,初中以下学历占91.3%,实施猥亵儿童的行为多是出于临时起意,他们文化程度不高、工作不稳定、收入低、法律意识淡薄,认识不到猥亵儿童应承担的法律后果。同时容易产生这种简单满足自己欲望的想法,进而实施犯罪行为。在该研究样本中,被告人系累犯的共计16人,占样本总数的13.22%,这部分被告人不思悔改,按照我国刑法对累犯的规定,应当从重处罚。对16起累犯刑期进行统计,被判三年以下的5人,五年以上4人,三年至五年总计7人。从判决看出,我国对性侵害犯罪的累犯,体现出从重的原则。

从学者赵国玲、徐然的统计数据来看,从犯罪人户籍上看,非本地

---

① 刘慧. 我国性侵害未成年人犯罪实证研究 [D]. 长春:吉林大学硕士学位论文,2016.

户籍者过半(50.6%),远高于外来人口所占常住总人口的比重。从被告人职业类型看:无业者最多,为32.1%;次为农民或农民工群体,为27.1%;再次,个体经营者或运输者、工人及餐饮服务群体,为23.4%;三者合计高达82.6%。尽管缺少其他数据上的互证,但本文认为,基于样本信息,外来人口尤其是无固定职业者,具有较高的犯罪性。因该类人群通常缺乏社会制度性的约束,如居无定所、职无定规,同时又缺乏合理有效的宣泄途径,从而成为建构防范未成年人遭受性侵策略所应重点关注的人群。全体犯罪人初次性侵的年龄均值约为30岁,且其更为密集地分布于30岁之前的阶段,其中17、18、25岁的频次最高,合计达23.1%。同时,从犯罪人婚姻状况上看,未婚者所占比重显著,为76.8%。若将夫妻关系明显恶化以及离异的情形加以总体考虑,比例则高达80.4%。这意味着,在"哪种群体具备较高犯罪性"的问题上,不仅户籍、职业影响着犯罪性的高低,而且年龄、婚否等同样——如果不是更为显著的话——发挥着重要作用。

在法律实践中,不乏这样的恶劣性质案件。在累犯吕xx强奸案中,该加害人多次实施强奸行为,并且在犯罪行为实施中还伴有其他犯罪行为,如抢劫、盗窃。而该案的被告人则是文化程度特别低,没有认识到其行为的"恶",而犯下累累错误。被告人吕xx,男,汉族,1974年5月12日出生,文盲,农民。2008年冬天的一天凌晨,被告人吕xx携带尖刀、手电等作案工具翻墙进入河南省邓州市薛某某家,又进入东边平房的偏房南边房间,采取持刀恐吓、用室内铁瓢击打头部、打耳光等手段,先后对房内的被害人王某甲(女,时年14岁)、王某乙(女,时年17岁)实施了奸淫,随后逃离现场。2009年9月18日凌晨,被告人吕xx翻墙进入河南省内乡县某初级中学,攀爬女生宿舍楼铁门进入宿舍,采用掐颈、恐吓等手段,对被害人郭某某(女,时年12岁)实施了奸淫,随后逃离现场。2009年10月29日凌晨,被告人吕xx携带尖刀、手电等工具翻墙进入河南省邓州市某实验小学,蒙面进入一女生宿舍,采用持刀威逼、扼颈的手段,强行摸刘某某下身。刘某某向同宿舍的被害人丁某(女,时年11岁)求救,吕xx即采用掐颈、打耳光等手段,对丁某实施了奸淫,随后逃离现场。2009年10月29日凌晨,被告人吕xx在河南省邓州市某小学实施强奸作案后,又翻墙进入该小学东墙边的村民杨某某家欲行盗窃,发现了睡在东屋的被害人余某某(女,时年11岁),威胁余某某,对余某某实施了奸淫,随后逃离现场。2009年11月的一天1时许,被告人吕xx携带尖刀、手电等工具潜入河南省邓州市某中心学校宿舍楼3楼一女生宿舍,持刀威逼被害人王某(女,时年14岁),将王某挟持至楼道并对王某实施了奸淫,随后逃离现场。2009 年 12 月 26 日 2 时许,被告人吕 xx 又携带尖刀、手电等工具翻墙进入河南省内乡县某中等职业学校,蒙面进入一女生宿舍内,采用持刀威逼、暴力殴打等手段,对被害人郝某某(女,时年 17 岁)实施奸淫,并劫走郝某某的索爱牌直板手机 1 部(价值 380 元),随后逃离现场。2010 年 1 月 8 日 4 时许,被告人吕 xx 携带手电等工具翻墙进入河南省邓州市某初级中学,蒙面进入该校一女生宿舍,采用打耳光、掐颈等手段,对被害人冯某(女,时年 11 岁)实施了奸淫,随后逃离现场。2010 年 1 月的一天 2 时许,被告人吕 xx 翻墙进入河南省内乡县某初级中学,蒙面进入该校一女生宿舍内,欲对被害人张某(女,时年 15 岁)实施奸淫,因见张某极度恐惧,即放弃犯罪,离开现场。2010 年 3 月的一天凌晨,被告人吕 xx 翻墙进入河南省邓州市某初级中学,又进入该校西边简易房,欲对被害人王某婷(女,时年 14 岁)、杜某(女,时年 14 岁)、王某珂(女,时年 13 岁)实施奸淫。因王某婷惊醒大喊,吕 xx 即逃离现场。2010 年 3 月 9 日 2 时许,被告人吕 xx 翻墙进入河南省镇平县某初级中学,攀爬至学生公寓 2 楼,蒙面进入一女生宿舍内,采用打耳光、掐颈、捂嘴等手段,将被害人申某(女,时年 12 岁)用被子包裹后挟持至楼道,申某反抗、呼喊,吕 xx 用被子蒙住申某进行殴打,对申某实施了奸淫,随后逃离现场。申某所受损伤已构成轻伤。2010 年 1 月的一天 3 时许,被告人吕 xx 携带手电等工具翻墙进入河南省邓州市某初级中学,蒙面进入一女生宿舍内,将手伸进被害人刘某(女,时年 13 岁)被窝内摸刘,欲实施奸淫,刘某惊醒后躲避退至邻铺。吕 xx 又去摸被害人卢某,因宿舍内其他女生惊醒后均大声呼救,吕 xx 即逃离现场。2010 年 4 月 29 日 2 时许,被告人吕 xx 潜入河南省邓州市某有限公司一女职工宿舍,用室内毛巾蒙面,采用掐颈、拳打面部等手段,对被害人马某(女,时年 15 岁)实施了奸淫,在查看其他房间无人后,再次对马某实施了奸淫,随后逃离现场。2010 年 1 月的一天凌晨,被告人吕 xx 携带尖刀、手电等工具翻墙进入河南省邓州市某初级中学,蒙面进入一女生宿舍内,采用掐颈、打耳光等手段欲对被害人熊某(女,时年 15 岁)实施奸淫,因熊某呼救且宿舍内电灯被打开,吕 xx 即逃离现场。

被告人吕 xx 的盗窃犯罪事实如下:2010 年 3 月至 6 月,被告人吕 xx 先后 3 次翻墙进入河南省邓州市某师范学校,潜入该校女生宿舍楼的多个房间,盗得手机 11 部(价值 5070 元)和现金 1590 余元。

综上,被告人吕 xx 共实施强奸作案 13 起,其中既遂 9 起、未遂 3 起、中止 1 起,强奸既遂 10 人,其中 5 人为不满 14 周岁的幼女,并致 1 人轻伤;在强奸作案过程中又实施抢劫作案 1 起,抢得价值 380 元的手机 1 部;

实施盗窃作案 3 起,盗窃价值 6660 元。

　　法院认为,被告人吕 xx 违背妇女意志,采取暴力、胁迫手段强行与妇女发生性关系和奸淫不满 14 周岁幼女的行为已构成强奸罪;以非法占有为目的,采取暴力手段当场劫取他人财物的行为又构成抢劫罪;以非法占有为目的,秘密窃取他人数额较大财物的行为还构成盗窃罪,应依法予以并罚。且系累犯,主观恶性极深,人身危险性大,应依法从重处罚。虽然吕 xx 在归案后坦白了部分强奸犯罪事实,且其所犯强奸罪中,3 起系犯罪未遂、1 起系犯罪中止,但其罪行特别严重,不足以对其从轻处罚。据此,依法认定被告人吕 xx 犯强奸罪,判处死刑,剥夺政治权利终身;犯抢劫罪,判处有期徒刑三年,并处罚金人民币五千元;犯盗窃罪,判处有期徒刑二年零六个月,并处罚金人民币五千元,决定执行死刑,剥夺政治权利终身,并处罚金人民币一万元。经最高人民法院复核核准,罪犯吕 xx 已被依法执行死刑。

　　在吕某某案件中,该加害人文化程度低,且有过犯罪历史,属于累犯,其在刑满释放后不但没有悔改反而又实施大量的犯罪。这是对法律的藐视,是对他人生命的不尊重。最终将其绳之以法,判处其死刑,是其最后的归宿。

第八节　被害人受到损害结果特征

　　弗洛伊德在其专著中论述道,童年时代的性侵害对人一生的伤害及影响是巨大的,因为较之于成年女性,幼女尚未形成完备的人格和成熟的性心理,对于性侵害造成的伤害没有一定的心理调适能力,因此这种伤害相对于幼女而言是不可与成年女性同日而语的。首先,由于幼女生殖器官尚未成熟,加害人的侵害行为会造成幼女生殖器损伤等身体方面的损害,如处女膜破,阴道红肿、出血,长期出现头痛、腹痛、尿道炎等症状,更为严重的还可能使受害幼女感染性病,甚至失去生育能力。例如,湖南宁乡一起强奸幼女案件中,致使受害幼女处女膜破裂出血,阴道患有尖锐湿疣。其次,由于幼女世界观、人生观尚未成形,性侵害行为会严重影响她们的心理健康和性格形成,如幼女会在性侵害行为发生之后不同阶段出现焦虑、抑郁、羞耻、罪恶感、自卑、愤怒等异常情绪,也会出现任性、多疑、无安全感、不自信等症状并且伴随有噩梦、厌食、不愿与人交往、人际关系不和、学习困难等行为,偶尔会有攻击行为,成年以后也会伴有低自尊、退缩、人际关系困难、性功能障碍等症状。

未成年人性侵害犯罪造成的影响之恶劣，让家长对于学校、对于社会产生不信任；让社会舆论加重，大家都在愤慨地讨论着此类事件，社会影响恶劣；让国家政府认识到该问题的严重性，积极加强各类防护措施。而在此类案件中受到最大伤害的仍然是被害人——那无数的未成年人。他们在学校中因为性侵害事件的曝光，同学对其议论纷纷，甚至出现排斥等现象，不敢与同学进行正常的交流，不再受老师的欢迎；在家庭中父母总是会责备孩子认为这是其没有自我保护好，甚至会对该被害人进行打骂；对于孩子本身其生理与心理都将遭受严重的创伤，甚至还无处诉说痛苦。在此，笔者将被害人受到的损害结果分为生理、心理及行为三方面进行分析。

一、尚未发育完备的生理受损

在该类犯罪行为中，通常情况下未成年被害人外部身体伤痕不明显，但是多存在性器官受伤和精神损害严重，且被害人获得赔偿不足，往往难以治疗。在实施性侵犯罪时，犯罪人用暴力、威胁制服未成年人后，还会采用欺骗或言语恐吓，未成年人反抗行为少，一般身体伤痕很少，但大多数遭受性侵害的未成年被害人的性器官都受到了不同程度的伤害，轻则性器官红肿、发痒，重则性器官被撕裂，还有的甚至染上了性病或因此怀孕。小 L，男，20 世纪 80 年代出生于农村家庭，未婚，家中有一哥哥，初中毕业外出打工，然后进入同性恋圈，并改变男性身体特征，现为跨性别文艺演出者，同性恋取向。12 岁被表哥侵犯，14 岁再次被同学哥哥侵犯，侵犯形式均为肛交插入。小 L 在被侵犯时大量出血，身体受到创伤。

在大量的案例中都存在未成年受害者怀孕的情况，这情况下大部分受害家庭都会选择流产手术，而这对于该未成年人来说是非常痛苦的。一方面由于未成年人身体本身就没有成熟，其身体还不能承受怀孕这一现象，在案例中有一位被害未成年人因性侵害而怀孕，其对医生说"感觉下半身的骨头都特别痛"，这都说明了怀孕对未成年人的伤害；从另一方面来说，流产手术对于人本身的危害性是非常大的，很多人都因为流产而不能再次生育，并且其可能引发很多的后遗症，若对本身就比较脆弱的未成年人来说，这更是一大"酷刑"。但是如果让该被害未成年人将这个孩子生下来，那么该被害家庭将面临着抚养未成年人及其孩子的重任，这是很多家庭都难以负担的，因此，即使很多家长知道流产的后果，仍然忍痛带着被害未成年人去医院进行手术。这其中手术费和营养费等对于整个家庭来说也是一份沉甸甸的负担。从学者黄妙红对于性侵害受害者进行的数据分析[①]看出,被害人遭受到巨大的精神损害,但刑事法律明确排斥被害人的精神损害赔偿请求权,即使获得赔偿,赔偿也非常低。大多数被害人没有经济赔偿。未成年被害人在被害后精神恍惚,有的被害人被害后怀孕而生下了小孩。这些治疗、护理等费用如被害人未申请,法院不会主动判决支付赔偿。即使法院判决要求侵害人承担赔偿费用,但因侵害人经济困难也很少获得赔偿。

二、心理创伤严重

性侵害事件对儿童的心理功能会造成短期和长期的影响。一般情况下被害人会产生以下心理问题:愤怒、焦虑、抑郁、恐惧、孤独、低自尊、创伤后应激障碍、人际关系困难、自杀倾向、性问题(如性早熟、性攻击等)、羞耻、学业成绩差、信任困难、饮食障碍、酒精和其他物质滥用障碍,各种人格障碍(最常见的是表演型和边缘型人格障碍)等。遭受过性侵害经历的未成年人,自尊心降低、自闭、焦虑、抑郁、不愿交流甚至会有自杀的倾向。在中国内地第一个儿童性侵犯的社会工作研究文本《性之耻还是伤之痛》中,在其作为研究对象的 6 名受到性侵害的女孩中,均不同程度出现噩梦、愤怒、发脾气、焦虑、学习困难、厌食、抑郁、麻木、有攻击行为等症状。徐汉明等人将其归结为几下几种创伤反应。

(一)焦虑障碍

20 世纪 80 年代以前,研究人员就描述过性虐待引起的睡眠紊乱,如失眠、梦魇、恐怖性回避和躯体不适。后来,Anderson 等人(1981)发现,67% 的家庭内性受虐女性存在诸如睡眠紊乱及饮食障碍、恐惧、害怕、抑郁、罪恶、羞耻和愤怒等问题。Goodwin(1985)首次描述了乱伦受害儿童的创伤后应激症状,如惧怕、惊跳、创伤重现、闪回、睡眠紊乱和抑郁症状。与成人强奸受害者相比,性受虐儿童表述的症状更严重、更持久。Mcleer 等人(1988)发现,40% 的受虐儿童符合创伤后应激障碍(PTSD)的诊断标准。在受到亲生父亲和所信赖的人性侵犯的儿童中,分别有75% 和 25% 的受害儿童符合 PTSD 的症状标准,但在遭受较长性侵犯的儿童中没有一个符合这类诊断。他们后来(1992)又发现有些受害儿童

---

① 黄妙红. 儿童期性侵犯受害者不同创伤反应的应对策略 [D]. 北京：中国青年政治学院硕士学位论文, 2011.

虽不符合 PTSD 的诊断标准,但表现出 PTSD 的症状,如在龙迪所访谈的六个受侵犯儿童全部表现出噩梦的创伤经验。

（二）抑郁和自卑

早期研究表明,儿童期遭遇躯体虐待和性侵犯经历会发增加其心理及个体行为异常的发生,抑郁就是可能导致发生的心理异常行为之一。抑郁症是一种心境和情感障碍,主要特征包括:（1）心境抑郁或情感淡漠;（2）对刺激反应的能力减弱或缺失;（3）失乐症或是长期丧失感受快乐的能力。这些主要症状并伴随以下这些次级症状:（1）回避与他人的接触;（2）感到绝望;（3）反复思考着自杀或死亡;（4）睡眠紊乱,易早醒;（5）心理运动迟缓或激越;（6）进食行为减退或紊乱;（7）自责,无价值感,不合理的自罪感;（8）注意集中能力减退;（9）缺乏决断;（10）酒精或药物使用增加;（11）无明显原因的哭泣。根据学者黄妙红[①]在与我国近 20 位性侵害受访者交谈的资料显示,受害者的几种心理创伤都是交织在一起的,呈现一种网络状分布的复杂结构,抑郁的状态还导致其他各种心理创伤情境的发生,给受害者身心带来巨大的压力。

在 20 世纪 80 年代以前就有许多关于童年性受虐待者出现抑郁症状的描述。Birie 等人用 Hopkins 症状量表检测发现遭遇性侵犯经历的成人比没有此经历的人表现出更多的抑郁症状。Bagley（1985）、Briere（1984）等人发现,有性侵犯遭遇的成人存在自卑,而且表现出抑郁症状,有性侵犯遭遇的成人企图自杀的比率明显高于没有性侵犯遭遇者。

Macvicar（1979）报告性受虐青少年容易发生抑郁。80 年代的一些研究进一步证实性创伤对受害儿童的情感和自尊存在负性影响。Sansonnet-Hnydell 等人（1987）发现,在精神病院住院的性受虐青少年中,重症抑郁的发病率是 71%。Cavaivia 和 Shiff（1988）也发现性受虐青少年的抑郁症状的严重性和自杀企图比未受虐的病人更重,而且更多见。2000 年起,陈晶琦对高中生、大学生、卫校女生的一系列回顾性调查都表明有儿童期受虐经历的被试的抑郁情绪量表得分高。其中对大学生的调查结果证实存在儿童期性受虐经历的学生在近一年内考虑过自杀的比例高于一般学生。

当然,由性虐待引起的上述情绪反应或情感障碍也可由其他形式的伤害引起,所以,它们不是特异性症状。而这通常情况下都会导致被害未

---

① 黄妙红. 儿童期性侵犯受害者不同创伤反应的应对策略 [D]. 北京:中国青年政治学院硕士学位论文,2011.

成年人性格、脾气变化。

在被害者中有一位小 B，其就是经历了性格与脾气的变化。在访谈中小 B 说道："（被侵害后）没有（告诉别人），也不好意思，从来不敢，觉得丢脸……后来我就开始萎靡不振，打不起精神……脾气变得很坏，没事就摔东西。事情发生后，回到学校，受到学校的处分，学校三十多个人开会批评我，学校什么都没有我的份。当时，就感觉像是被抛弃了。变得特古怪，跟老师打架，晚上不回，在外面鬼混，然后老师整天批评教育……不那样对我，我也不会那样对待他，我也不至于在学校里混成那样。当时，就是跟同学抢男朋友，特想报复。看着人家在一起挺高兴，想想自己那样，就把别人抢回来，就又不要了，不理人家了。我从小就不撒谎，后来就变了。"该案的受害者小 B 知道被人侵犯是不好的，努力抗拒，回校后遭到学校排挤而伤害他人，自我发泄，并一度自杀。其后因身体疼痛无法忍受时向家人求助，但未告知家人实情。害怕婚姻，厌倦性生活而离婚，独自抚养一子并逐渐淡忘。其因为性侵害事件而产生了自杀、自卑等心理，这也直接导致其生活状态发生变化，影响了其性格的发展。

根据相关资料显示，有一名女性被害者就因此事件患有严重抑郁症。该名女被害人 70 后，出生于北京某知识分子家庭，未婚，家中有一姐姐，家庭关系一般，大学毕业后工作于图书馆，期间通过网络接触进入同性恋群体，后留学俄罗斯，未完成学业便归国。居住在某知名大学内，五六岁时被校内陌生人性侵犯，侵犯地点为户外操场。初中时遭遇表哥性抚摸，患有抑郁症。这个案件中被害人的学历水平相对较高，其能正确分辨自己的状态，并且勇于接受心理辅导，因此，能正确认识到自己患有抑郁症这个现实状况，然而很多受害者因为文化水平和经济条件的不允许，不能确认自己是否真正患有抑郁症。

（三）分离症状

分离反应是对心理创伤的一种原始的防御机制。性侵犯遭遇儿童中常见由记忆或身份破坏引起的分离或意识改变。儿童的早期分离症状多数是伴有记忆减退的遗忘，过多的幻想、白日梦、梦游症和短暂的意识丧失。多重人格障碍是分离最为严重的形式，在遭遇严重性侵犯的儿童中也有体现。Liner（1989）在儿童精神科门诊发现受虐儿童比非受虐儿童具有更多的分离症状。1998 年，Muller 等人进行了一项大规模的随机调查研究。他们就童年性虐待、躯体虐待、精神障碍的诊断和分离症状等问题对 1028 名成人进行了半结构式的面对面的调查。结果，在这些普通人群中，许多人都出现过分离症状，其中有 6.3% 的人出现过 3 次或更多次的分离症状。在他们当中,童年性受虐率、躯体受虐率、精神病现患率分别是其他对象的 2.5 倍、5 倍和 4 倍。不过,对数回归分析表明,躯体虐待、精神疾病与分离症状的发生直接相关,而性虐待与分离症状的发生无关。所以,童年性虐待史与成人分离症状之间是否存在直接的关系还值得考虑。

很多创伤性事件都会使受害者表现出分离症状,它是对一种重大精神创伤的适应性防御处理机制,分离主要是指意识和记忆正常联结过程的隔断,由于思想、感情和经历不能整合到意识流,最终对创伤经历保持无意识状态的一种机制。创伤性分离症状有多种理论模式,其中创伤源理论认为情感创伤与分离之间的联系得自于以下几项观察:(1)分离障碍患者普遍报告有儿童时期创伤史;(2)儿童虐待的人群中出现分离障碍的水平升高;(3)患创伤后应激障碍的退伍老兵患分离障碍的水平增高;(4)在战争和灾难中急性分离反应普遍;(5)观察到在经历创伤期间的显著分离障碍预示着会出现创伤后应激障碍;(6)几乎所有分离性身份识别障碍的成年人都报告有明显的儿童期心理创伤,尤其是乱伦、躯体虐待及情感虐待等。这些病人常常报告被反复虐待,常具有极端残酷的、异乎寻常的性质。Liner(1989)在儿童精神科门诊发现受虐儿童比非受虐儿童具有更多的分离症状。 在我们的访谈个案中,有部分受访者表现出了分离性症状。根据学者黄妙红的资料显示,其中一名女性受害者报告回忆不起来儿童期遭遇性侵犯的具体细节,甚至一直到成人后才知道自己不是处女。其说可能到成年以后,跟别人有性行为的时候,发现自己不是处女了。自己回想起来,也想不出来具体细节,这个也挺可怕的,完全忘了。如果说还能想起来,还算一个伤害吧,我也想不起来了。而另一名被害者报告到:刚开始没敢说,后来第二天才说,我也不吃饭,一个人躲在家里面。妈妈和姐姐叫我也不知声,就像傻子一样坐在那里,后来就跟妈妈说了。在访谈的多个个案中,有多名性侵犯受害者不能很好地回忆起创伤事件的某个具体细节,存在短时记忆、回避加工的问题。由于受侵犯过程是让他们感到极其恐惧,受害者从主观上不愿意再去提取那些带有威胁性的信息,拒绝对这些信息加以注意,以此来降低遭遇性侵犯后的羞耻感。从客观上来说,由于受害者在经历重大创伤之后,大脑的海马部分很容易受到损伤,而海马又与记忆功能、学习密切相关。所以性侵犯受害者在回忆他们的创伤事件时比较困难,这也是造成受害者出现分离症状的影响因素之一。然而分离障碍对于受害者心理创伤的康复却是极其不利的。

（四）人际关系问题

Manrtarino 等（1994）发现性受虐儿童的社交能力差，社会行为退缩。他们自认与人不同，对周围人缺乏信任感。Stovall 等（1990）在投射试验中发现性受虐儿童表现出紊乱的客体关系。这些都说明性受虐儿童存在明显的人际关系问题。除此之外，还有一些非常特异性的行为问题会在性受虐儿童身上发生，如冲动、自伤、离家出走或逃学、违法犯罪、吮吸或咬手指、酗酒、吸毒等[①]。

三、行为偏差出现

（一）性行为问题

由于受害者过早地接触到了性，而且是以一种违反常规的方式获得有关性知识方面的了解，这种不恰当的接触方式对于他们日后所形成的性观念和性行为问题产生了非常大的影响，这种影响更多都是负面的。

Meiselman（1978）报告，87% 的女性童年乱伦受害者存在严重性适应问题，而对照组是 20%。Herman（1981）则发现 55% 的童年乱伦受害者报告他们有性问题。Briere（1984）发现，45% 的有童年性虐待遭遇的妇女存在性适应问题，对照组只有 15%。一般而言，有性受虐史的妇女所存在的性问题包括乱交、性欲减退、性回避或不能参与性活动，以及性向改变。但是，Greenwald 等（1990）在非临床的社区研究样本中发现，有性受虐史的女性护士在性满意度或性功能障碍方面与对照组没有差别。Fromuth 等人（1989）也曾在非临床样本中发现性适应和性行为问题与童年性虐待史之间没有明显的相关性。而在针对性受害者的访谈当中，大部分被害者对于性都持一种消极态度：其中有的被害者直接拒绝性行为；有的被害者把性当作一种交换行为，进入边缘性群体，从事性工作；有的被害人发展出趋利心态，把性当作一种利益交换行为，进入边缘性群体，以赚取男性钱财为目的；有的被害者发展成为同性恋，赞同同性恋文化，将性理解成一种利益交换工具。大部分访谈者在性侵害行为发生后，都害怕性行为，成年以后也比较抗拒性行为。

由于受害者过早地接触到了性，而且是以一种违反常规的方式获得

---

① 徐汉明，刘安求．儿童期性虐待对受害者心理的远期影响[J]．国际精神病学杂志，2002，（1）：37-41．

有关性知识方面的了解,这种不恰当的接触方式对于他们日后所形成的性观念和性行为问题产生了非常大的影响,这种影响更多都是负面的。对于学者黄妙红等进行访谈的结论[①],我们可以概括为以下几种特殊情况。

1. 性取向出现偏差

在 20 位被访者中,13 位女性中有 1 名同性恋者,7 名男性中有 6 名同性恋者。其中 6 名男性恋者中均表示儿时的性侵犯遭遇在不同程度上地影响了自己的性倾向选择,使其不由自主地产生了对同性的好奇和关注,并由此进入同性群体,成为同性恋者。

小 N:对,对,(被侵犯一事)对我影响特别大,对我以后对同性的认同,包括发展到心理的那种,心理变态的那种,对同性的感兴趣,包括女性化,都有很大影响。可能是来了北京,城市发展比较快,生活也有原因,但是环境的影响还是次要的,主要的原因还是那次(遭纺织工人的性侵犯)。

小 P:我如果要不是被他们这样,我感觉自己应该不会成为一个同性恋的,我应该也会结婚的。不过我出了门也好,长大了出来了,就这样子了。

小 Q:算是吧,恩,就是第一次就觉得,给心里留下阴影,想起那件事,可能我也不知道是不是因为那次,就改变了自己以后很多东西,可能从那次以后,我就特别关注同性之间的人群,想法什么的,可能更关注一些,(哎……很深地叹了口气)总体来说,应该算是对我那个时候的一个打击吧。

小 R:如果没有那一次(指表哥侵犯自己的事)的话,我觉得我现在已经结婚了,就算我是 gay,我绝对是双,男女生都喜欢那种,可是现在,完全喜欢男生,而且发誓不会再结婚了。

小 O:可能有,我觉得就是他(侵犯者),那件事(指被性侵犯一事)之后,我才有后续进入这个圈子。但是我不敢肯定,百分之五十的比例,百分之五十的可能是天生的,因为太小我还不确定。

小 S:这件事对我的影响很大,等到 20 岁了,不想结婚了……认为自己不能结婚,对女人没兴趣。很怕再接触女人,虽然财校时有交过一个女朋友,不过仅限牵手,再进一步的感觉恶心,做不来。

而本文中的唯一一名女同性恋者表示自己的性倾向与儿童期性侵犯经历无关,是天生的。

---

① 黄妙红. 儿童期性侵犯受害者不同创伤反应的应对策略 [D]. 北京:中国青年政治学院硕士学位论文,2011.

关于同性恋,有先天说和后天说两大派,先天说认为同性恋受遗传基因、激素水平和大脑结构的影响。后天同性恋存在着两大流派,一是精神分析学派的观点,其核心论点是"异性恐怖说",这种观点认为,儿时的遭遇在潜意识中种下了异性恐怖的种子,因此一个人成年以后会害怕与异性作性的接触。另一是行为学派的观点,认为同性恋行为是受环境的影响而习得的。

如果一个人在与异性交往中受挫,有过不愉快的经验,异性恋感觉得不到正常的发展,而同时又受到同性的诱导,就会产生同性恋倾向。行为学派特别注重的是伙伴群关系、偶然的机遇以及特殊的经历,如童年时受到同性恋者的诱惑等。

从受访者情况看来,我们发现男童在遭遇同性性侵犯后,有的因此而憎恨男性,有的因此而喜欢男性,而不论是憎恨或喜欢,最终都倾向于选择男性作为性伴侣,而非女性。当然,这并不能由此断定所有的男性性侵犯遭遇者都会成为同性恋者,但是男童的儿童期性侵犯遭遇经历却很有可能是造成男孩成为同性恋者的一个重要的因素。

2. 厌恶性行为,影响两性生活

性侵犯经历者对性有一种罪恶感与羞耻感。特别是在女性中,他们通常对性生活感到不满,认为性是罪恶的,不能感觉到性的快乐。(Finkelhor &Browne, 1985)[1]. 一直以来,中国都处于"谈性色变"的氛围里,在农村,性的罪恶感更强烈,他们认为性是肮脏的,痛苦的性侵犯经历在他们内心深处刻上了深深的烙印,他们从内心深处抗拒性生活,即便是正当的夫妻性生活,也会让他们形成条件反射,常常回忆起遭遇性侵犯时的痛苦,造成严重的不安和厌恶感。

小 A:老公经常想做那事,我就怕,好久才有一次,后来老公外面又有了一个女的,后来我们离婚了……就是对男的就很抗拒。不喜欢性生活。

小 B:很害怕。跟我男朋友在一起,在北京也处了一个,包括现在和陌生的男的在一起,很害怕,厌倦性生活,嫌脏。

3. 有性受虐倾向

关于性受虐的成因有多种解释,瑞奇(Wilhelm Reich)认为性受虐倾向的主要来源在于焦虑感和恐惧感,受虐倾向是攻击行为的受害者的自

---

[1] Finkelhor D, Browne A. The traumatic impact of child sexual abuse: a conceptualization[J]. *American Journal of Orthopsychiatry*, 2010, 55 (4): 530-541.

我保护心理,他认为有受虐倾向的人都是在童年期经历了挫折和伤害的人。另外,也有分析认为,性受虐倾向与负罪感有关。弗洛伊德说:"在受虐幻想中,可以发现一种明显的内容,即负罪感。当事人假想他犯了某种罪过(犯罪性质是不确定的),必须用忍受痛苦和折磨的过程来赎罪。"关于负罪感的来源,有一种观点认为是对于性行为本身的负罪感,他们认为性应该是被禁止的。

小 K:我好像从男朋友那就是期望得到一种带有专制独裁似的爱,甚至带有虐待的色彩……我现在对性有变态的需求……一个人要是能死于性高潮该是一件多么幸福的事情啊……从小就伴随着我的不断的性侵害,一没有安全感,二隐忍、懦弱。我是在表面上非常强势的人,但我知道其实都是装出来的。性方面有被虐待的癖好。

从对小 K 的访谈中,我们发现小 K 一直在跟我们描述当年被表哥性侵犯时,自己很深刻地记得大腿和阴部上的白色的液体很恶心。从 8 岁到 13 岁期间,小 K 一直在遭受表哥的不同程度的多次的性侵犯,每次都感到很恐惧,但是却一直不敢说,从此,形成了一种懦弱的性格,再加上母亲将自己受侵犯的事告知表哥母亲触怒了小 K,这即是长期的恐惧感再加上转向对自我的愤怒,所以小 K 更期待一种专制独裁的爱,在性方面更希望被虐待。而在同性恋群体中有一种观点认为,虐恋的主要动因是自我厌恶,受虐一方怀着对同性恋倾向的负罪感接受严酷的惩罚。本文个案中的小 R 讲述到表哥在侵犯自己时就是以一种将其手脚捆绑的虐待方式进行,而且这种侵犯方式是多次进行,以致小 R 在自己后面的性生活包括自慰时竟习惯于以将自己手脚捆绑的方式进行。

小 R:那就属于就是说自己愿意的。就是很期待,就是说你把我捆起来有多好呀,就很期待这样。

4.过早的性行为

在本文的个案中,最早的有在五六岁时就遭遇了性侵犯,由于在这个时候,他们年纪尚小,生理发育尚未成熟,此时的他们并不知道性为何物,在羞愧害怕的同时,他们当中的许多人也开始产生对性的好奇感,通过各种渠道探索、认知,由于年纪尚小,往往形成不正确的性观念,并以自己的性行为作为炫耀的筹码。

小 O:刚开始完全没有那个概念(指发生性行为的欲望),生理上心理上完全没有那个想法。后来和他接触了才有的……后来心理产生变化了,自己喜欢这个,后来才去找这个的。此后,小 O 开始寻找身边的小伙伴做性游戏,如手淫、口交、肛交等,并以此为自豪,认为自己是特别的,很骄傲地把自己与伙伴们的性经历告诉身边的同学朋友们。小 O 的此种行为与儿童期性教育的缺失不无关系。

5. 视性为一种游戏

由于儿童期性侵犯遭遇者第一次被侵犯的年纪都比较小,对性完全是陌生的、无知的,而侵犯者也往往会以各种理由告诉他们这仅仅是一种游戏,特别是当与自己熟悉的或年长的侵犯者这样告诉自己的时候,很容易说服被侵犯者接受这仅仅是游戏的事实。

小 E:对,因为他老在那骗我,就说别的爸爸妈妈也会这样,然后就说谁谁家的孩子,爸爸妈妈也会这样对他。特别是侵犯人为受害者熟悉的长辈时,当被侵犯时间和次数增多以后,受害者原先的不适应和恐惧感稍弱后,性侵犯行为甚至会让受害者感到习以为常,这种感觉有可能一直持续到当受害者成年后或意识到此种行为的不正当性时,才会停止。

访谈员:当时你十三四岁去唐山了,还会觉得做那些事好玩吗?因为你刚才说小孩子嘛,有可能会觉得好玩。长大一点会觉得好玩吗?

小 E:还可以,就感觉说没什么感觉。一般就是说,再打扰你一会吧,因为他自己做的时候就一会么。所以说他做的时候就是说我有时候在看书看电视。就感觉挺随便的一样。

还有一种情况受害者过早地出现成年人的性欲、意向和行为,即性早熟现象,性意识过早地被唤醒,由于年纪尚小、心智不成熟等原因,这种过早被唤醒的性意识往往是扭曲的,是一种仅仅追求性体检的淡漠意识。

小 O:就是喜欢,很好玩很舒服才会和小男孩(再发生关系)……(我不怕告诉别人,我觉得)你要是反对别耽误我,你要是想要玩就满足我。

6. 通过性交易获取利益,报复男人

本研究中有 5 名女性为职业性工作者,有 2 名男同性恋为职业跨性别演出者,其中 1 名男同性恋者在跨入职业跨性别演出行业之前就已经多次以同性恋身份进行性交易。

小 N:后来接触到包括 ×× 大学的那个教授,他也是给钱。通过这种给钱的方式,我说同性恋还有这种性交易哦。当时有这种想法,还有性交易,能挣到很多钱……对同性方面当时有这种想法,以同性名义看能不能交到朋友、交到自己可利用的朋友……上大学以后吧,就是通过与那几个教授交往,当时属于认同也主要是从利益角度来说,对我有利,才去迎合他。

诚然,职业性工作者道路的选择与受害者自身的个人因素、家庭因素、社会因素都有很大的关系,但是有一点不容忽视的是儿童期的性侵犯经历对其职业选择的影响是相当大的。在受害者眼里,自己就是一个低贱的人,没有什么存在的价值,破罐子破摔,再加上很多受害者都是来自农村,家庭生活条件艰苦,为了能生存下去,就选择了把性交易作为谋生的手段。

小 A:多少有点吧,反正再一个就是我妈得病了,家里条件也不好,再一个就是自甘堕落呗,反正觉得,反正也这样啦,就是也无所谓,就这样慢慢的,干这行了(性工作者)。

小 C:对,因为我当时选择这个(指从事性工作)吧,就是因为把所有人都看透了,没有让我可信的人了,你知道吗?

童年期性侵犯经历往往是在一种恐怖、暴力、野蛮的氛围中发生,这种痛苦的记忆会使得他们把对侵犯者的痛恨泛化到其他的男性身上。尽管从事性工作,每天接触那么多男人,但她们仍然从心底里怨恨男人,从小积聚在心里的对侵犯者的怨恨,发展成对所有男人的怨恨。

小 D:对男人特别有敌意似的。男人在我的眼睛当中就没有一个好的,没有一个好男人。就包括我现在做的这行,也是的。男人没有一个好男人,男人说话我从来不相信。不管这个男人对你有多好,对你花多少钱,像我想的,你对我花钱,你应该的。甚至像是出台这一方面的,男人什么的,你得到身体了,你给我钱应该的。甚至你给我一万两万,你活该,你应该的。但是我对你一点好感没有,我对男人没有一点好感。也没想到结婚呢,再结婚呢,谈男朋友,对男人就没有好感。我觉得我这一辈子跟我宝宝他爸这一段可能还是美好的,以后也就不可能再找男人。

(二)学习成绩下降、辍学

儿童期性侵犯经历者在遭遇性侵犯之后,有的因为侵犯者的威胁,有的因为害怕受到父母的责备,很多人都选择默默地独自承受,很多时候,这种侵犯都是突然的、长期的,这对孩子幼小的心灵不能不说是一个重大的打击,使其原本放在学习和游戏中的精力不得不被分散。

小 D:完了从那以后成绩就直线下降,老师问我,找家长谈谈,家长也不可能说这件事儿。后来我就不上学了,也上不下去,没有那心思呀。

有些孩子会以比较隐蔽的方式告之家长,可是却没有引起家长的重视,孩子没有得到应有的支持,孤立无援的他们急需通过逃离这种方式来摆脱长期性侵犯所遭受的身心痛苦,所以,辍学已是不二选择。

小 B:我选择辍学,因为到五年级以后就是独自学,一个月去他那就得去两趟三趟,去不了,他就会威胁我们,有时候下课了他会到学校旁边去吹口哨,让我们去那个山上……就想跑出去打工就不用和那个老头睡觉了。所以我很早就跑出来了。

再有些是学校的老师知道了孩子遭遇性侵犯,不但没有对其进行安慰,反而歧视,认为孩子遭遇性侵犯是"败坏学校名声",采用各种方式变相地开除受侵犯儿童。这种"火上添油"的做法让受侵犯的孩子置于一种"抬不起头"的氛围中,家长也只能无奈地配合学校让孩子辍学或休学。

小R:反正也没怎么说实话,就说我跟别人睡觉了(指被表哥性侵犯),也不知道怎么回事,就这样了,他就告诉了年级主任,年级主任就给我爸爸妈妈打电话,就直接让我妈来学校,我妈以为我闹事了,很委婉说了那件事情,后来我妈第二天就跟我说转学吧,别在那待了。性侵犯经历者作为受害者,本应得到家长和老师的同情与安慰,得到社会的支持,然而受害者急需的这种"被认可感"往往得不到兑现,心里面积聚的伤痛让他们无心学习。

第四章 未成年人性侵害的状况和研究现状

第一节 未成年人性侵害的状况

一、比利时少女案 [①]

1996 年的 8 月 9 日的夜晚,正当比利时 14 岁的少女拉蒂雪从贝特里克斯镇的游泳馆步行回家时,一辆白色的小汽车突然悄声无息地开到了她的身旁,谁也没有看到这名少女是怎么上车的,但比利时小镇还是有人注意到了这辆形迹可疑的陌生小车,于是顺手抄下了这辆小车的号码,而后将它交给了警方。说实话,好事者的这一举动居然救了拉蒂雪的命。警方根据这一号码很快找到了车主——现年 40 岁的无业游民德特鲁。据查,此人是作恶多端的流氓,警方查实曾在一周内以色情引诱和强行绑架的方式连续奸污了 6 名少女。但开始时,警方在他破烂的住处什么也没有发现,在进行了连续两天的突击审讯后,他终于招供:"我交出两名女孩子"。警方根据他的交代,在一个金属小屋的背后发现了地下室的通道,14 岁的拉蒂雪和另外一名在 3 个月前骑自行车时失踪的 12 岁的萨比娜就被关在这里,他们已经备受摧残。警方还在里面搜出了许多黄色的录像和照片,其中许多是德特鲁和女孩子的合影。

可是,这仅仅是事件的开始。在德特鲁的乡下住宅里,警方又发现了在 1995 年失踪的两名少女梅利萨和朱丽的尸体,这两名年仅 8 岁的幼女当时是在家里附近玩耍时被绑架的,她们被关在德特鲁的秘密地下室里,里面只有两张破床和几本破烂的小人书,他们就被关在这样的地下室里长达 8 个月,受尽了这头色狼的摧残。更令人发指的是,德特鲁后来因偷盗一事被警方拘留在警察局里,而这两名幼女就是在他被拘留期间活活

[①] 王民 . 比利时少女案和全球的儿童性虐待现象 [J]. 国际展望, 1996, (17): 26.

饿死在地下室里的。8月22日,梅利萨和朱丽的葬礼在列日举行,比利时全国有10万人参加了他们的葬礼,这两名女孩的葬礼几乎成了国葬。比利时联邦政府机关和瓦隆区政府机关的全体工作人员为两名不幸遇害的女童默哀,全国所有的出租车在葬礼开始时鸣笛,并在行驶中点燃车灯以示哀悼。比利时电台和电视台转播了葬礼仪式。比利时国王和王后在得悉两名幼女遇害的消息后曾去函致哀,但死者家属拒绝了国王派代表出席葬礼的表示。主持葬礼的牧师悲哀地对天长问:"仁慈的上帝难道听不到她们的哀泣?我们的祈祷者还能去何处求救?"从全国各地赶来参加葬礼的人们沿街两旁站成长长的送葬行列,许多人抽泣着目送灵车驶过,车上堆满了卡通玩具和鲜花。

8月25日,就在上述两名少女的葬礼3天后,比利时又爆发出特大新闻,据比利时检察当局宣布,现年45岁的警官济科因涉嫌少女一案而被捕,此人近两年来原是负责侦查被盗车辆的专家,曾两次被警方拘留,但很快又被释放,而且在夏天还被提升担任了少女失踪和被害地区的刑侦部门的负责人。比利时当局还宣布,另外两名与少女被害案有关的人也于当日被捕。这两人一名是仓库老板,另一名是保险公司职员。在此之前已有5名案犯被捕。据查,以主犯德特鲁为首的犯罪集团曾大肆偷盗汽车并转卖牟利,他们还绑架多名幼女、少女和女青年,对她们进行性摧残,其中就包括被摧残致死的梅利萨和朱丽,警方还在寻找其余的失踪少女。

比利时接二连三爆发出来的少女失踪和被害人案很快成为欧洲乃至全世界的焦点社会新闻,世界各国舆论面对这群惨无人道的罪犯表达了极大的愤怒,对被害少女及其家属表示了极大的悲哀和同情。一刹那间,全世界各地的家长都开始对自己幼小的子女看管得更为严密,随着这一案件的详情的透露,人们又开始对自己的邻居投去了怀疑和警惕的目光,因为如果在比利时这样一个社会治安一向良好的国家都发生如此可怕的事件的话,那么还有什么地方不可能发生类似的案件呢?而且在别的地方也确实发生过,并继续发生这样的事,8月底在斯德哥尔摩举行的世界性反对对少年儿童进行商业剥削的大会就特别强调要严厉打击在当今世界上正在出现的一股对青少年进行性摧残和性交易的浊流。德特鲁犯罪集团到底有没有进行过贩卖少年儿童的犯罪活动当时尚不得而知。

二、未成年人性侵害国外现状

未成年人性侵害存在于世界各国。哈佛大学肯尼迪政治学院的一份学术研究表明,从全球范围来看,约 19% 的未成年人面临性侵害的危险。从世界均值来看,女孩被性侵害率为 19.7%,男孩为 7.9%[①]。根据联合国儿童基金会(UNICEF)于 2013 年 9 月 4 日在其官方网站上公布的报告指出,在撒哈拉以南的非洲地区发生率要高于其他地区,该地区遭性侵的未成年人口比例超过 1/3,大洋洲则达 23.9%,如表 4-1 所示。

表 4-1 各大洲受侵害比例

	非洲	大洋洲	美洲	亚洲	欧洲
受侵害比例	34.4%	23.9%	15.8%	10.1%	9.2%

世界上约有 1.2 亿名女孩在 20 岁左右曾被强奸或者遭到性侵害,即每 10 个女孩中,就有一个遭受此类侵犯。联合国儿童基金会在参考了来自 190 个国家的数据所得的报告显示,18 岁以下的女孩所遭到的性暴力对待主要来源于现任或者前任丈夫、男友或者伴侣。在 3 个已婚的 15 岁至 19 岁的少女中,就有一个曾遭到丈夫或伴侣的精神、身体或是性暴力对待。

世界卫生组织的统计数据显示,2002 年全球有 1.5 亿女孩和 7300 万男孩(均 18 岁以下)经历了强迫性行为和其他形式的性暴力。根据瑞士 2009 年的全国性调查显示,15 ~ 17 岁的青少年中,分别有 22% 的女孩以及 8% 的男孩都曾经历了至少一次包括身体接触在内的性暴力事件。同时,据 2007 年美国司法部司法统计局做出的《2006 年联邦起诉儿童性犯罪者报告》的统计,从 1994 年至 2006 年,虽然儿童性侵害案件只占案件数量的少数,但是儿童性侵害犯罪是联邦犯罪案件中增长速度最快的犯罪种类之一。被逮捕和统计的儿童性侵害嫌疑犯由 1994 年的 431 人增加到了 2006 年的 2191 人,年平均增长率为 15%。美国国家失踪及受虐儿童中心(NCMEC)统计也显示,美国有 1/5 的女孩和 1/10 的男孩在 18 岁以前遭受过性侵害;而在 12 岁以下的儿童中,4 岁宝宝被侵犯的情况最严重。

将视线转向我国的邻国,2000 年至 2010 年间,韩国共发生 9278 起针对儿童和青少年的性犯罪案件;2012 年日本警方检举的性侵害未成年人的案件数也达到了 937 例之多[②]。

2009 年,1 名居住在日本 HAYATO 附近的 16 岁高中女生因发高烧住进了医院。医生经过检查发现她患了急性生殖器疱疹。这显然是与男

---

① 朱沅沅.性侵害男性未成年人的法律思考[J].青年探索,2014,(3):17.
② 陈楠.性侵害未成年人犯罪的立法比较[D].上海:华东政法大学硕士学位论文,2015.

性性生活后感染上的。在家长的一再追问下，这名女孩终于将真相告诉了她的父母亲：她的班主任曾多次与她发生性关系。当女孩的家长找这名老师论理时，这名老师不但矢口否认，还警告他们如果把这件事情捅出去，那他们的女儿将会被学校开除。按常理，大多数性强奸受害者都会忍气吞声、自咽苦水。不过，近几年，日本民众对强奸的容忍已经显示出了变化，一部分强奸受害者或他们的家人要求指控课堂性骚扰的呼声越来越强烈。那位感染上疱疹的女孩的母亲就毅然报告了警察局，最终不仅学校迫于压力解雇了这名 49 岁的色魔老师，法庭还将他判了一年的徒刑。根据日本文部省统计的数字，1972 年日本大约有 27 宗老师性侵害学生案，可到了 2001 年，这个数字上升到了全年 122 起。尽管案件数已上升了许多，但日本的父母亲和受害者们仍声称：文部省的这份报告漏掉了许多性骚扰案件。在东京，文部省的一名官员也在淡化这个问题的严重性。"与其他诸如恫吓、逃学和学校暴力等问题相比较，这种性侵害事件率并非很高。"性侵儿童罪十分严峻，日益恶化，原因复杂。据统计，各种形式的性侵儿童案大规模增长，从 2012 年增长 71% 到 2015 年报道的 116000 起，接触强奸危机中心的妇女中约有 65% 儿童时期被性侵。

除此之外，如果追溯前文比利时少女案，结合相关报道可以看出，以少年儿童为目标的性交易和性摧残已成为当今世界黑社会的一桩兴隆的大买卖。尽管大家都意识到这一问题的严重性，但对青少年儿童进行的性剥削仍呈上升趋势。费用不大的境外性旅行再加上现在到处可得到的录像带以及信息高速公路的利用，这一切对德特鲁这样的犯罪分子来说简直是提供了摧残儿童的快速捷径和大好机会。发生在比利时的案件绝不是孤立的现象，这同当今世界兴起的"性旅游"有关，这种旅游的受害对象就是未成年的少年儿童。据估计，这一"行业"今天在全世界的年"创收"为 50 亿美元，到底有多少青少年受害则是个相当难统计的数字。联合国儿童基金会估计，全世界每年沦落为提供性服务者的未成年人的数目大约为 100 万，其中大多数是在亚洲，泰国的高达 80 万。每年从尼泊尔"输入"印度的女孩子就有 5000 ~ 7000 名[①]。这些未成年人几乎都是被拐卖被胁迫而不得不来进行这份"工作"的。

三、未成年人性侵害国内现状

30 多年前，8 岁的肖云（化名）遭遇性侵，人生从此与噩梦相随。40

---

① 王民．比利时少女案和全球的儿童性虐待现象 [J]．国际展望，1996，（17）：
26.

岁那年,肖云成为一名儿童防性侵讲师。她讲了 211 堂课,是中国少年儿童文化艺术基金会女童保护基金(以下简称"女童保护")1200 多名讲师中讲课最多的一位。2014 年的一堂课后,肖云收到了一名小学女生的匿名短信,"老师,我已经有过性经历了。"她回拨过去,对方关机。此后,每隔十几天,女孩都会用不同的号码给她发匿名短信,短信里满是痛苦、恐惧和挣扎。那所学校有 600 多名女童,最终也没追踪到是谁。这成为肖云永远的心结——她仿佛看见了 8 岁那年无助的自己。而在课上课下,这样疼痛的"映射"已不是第一次了。肖云的志愿者同事梁超将她的故事转发到朋友圈。就在当天,1000 人的朋友圈里,有 4 人主动向梁超倾诉了类似经历。

在肖云的童年"噩梦"里,性侵者不是老师,而是邻居。8 岁那年,跟随母亲生活的肖云遭遇邻居阿姨的丈夫侵犯,整整三年,放学都不敢回家。因为觉得丢脸,当时的肖云没有告诉父母和老师。30 多年后,类似的悲剧在吉林女童幻幻(化名)身上重演。这一次,作案者不是邻居,而是幼儿园园长的丈夫。那是 2015 年 6 月,6 岁的幻幻被同学用铅笔刺伤眼睛。园长让其丈夫、幼儿园司机张涛开车送幻幻去医院检查。在路上,张涛给幻幻播放手机里的黄色视频,又将其诱骗回家,实施强奸。事后,张涛告诉幻幻:"这是大爷和你之间的秘密,不许告诉别人。"2016 年 1 月,吉林市昌邑区人民法院宣判,张涛强奸罪成立,判处有期徒刑 7 年。

同样令人感到震惊和发指的还有广西山区儿童小紫一再自述的故事。从 4 岁到 6 岁,其一直频繁遭受性侵害,而侵害者是她的监护人——亲生父母。事情的缘起是某 NGO 机构,在广西梧州蒙山县某小学执行了一个留守儿童教育项目;就在项目结束,驻校义工 M 老师要离开蒙山县之际,几位女孩讲出了同校学前班女生小紫的故事;M 对这个难以置信的故事进行了一次艰难的访谈。小紫并不是留守儿童。根据 M 老师的记录,6 岁的小紫,从 4 岁开始,被父母轮流性侵害。小紫案例的特殊在于,不仅疑似加害人是最亲近的人,并且父母同为加害人,她的其他亲属对此事视若无睹。

2014 年年底,一则《教师性侵 17 名小学生!求大家关注!》的网帖曝光云南文山州富宁县一小学学生,近日因肛门撕裂出血化脓住院。由此发现,该学生受伤系被该校教师张某某多次性侵所致。据家长统计,该教师在两年左右时间内涉嫌性侵 17 名学生,其中 15 名男生 2 名女生。12 月 31 日下午,云南富宁县委宣传部通报称,网帖内容大部分属实。其实,类似男性遭受性侵害的案件在近年来时有发生。2012 年 6 月,网络上曝出上海华东师范大学第二附属中学副校长张某某多年来利用补课之机侵犯多名男性学生,后该校官方微博发布消息称,张某某因有违师德的行为被免职解聘。尽管该名教师已被免职解聘,但并未受到司法追究。几乎就在同一个月,陕西一名 13 岁男孩在某浴场洗浴,懵懵懂懂地接受了浴场技师提供的"性服务",该技师为一个未成年男孩提供性服务,有"性侵害"之嫌①。可以看出,未成年人遭受性侵害的情况越来越严重,也越来越引起社会的广泛关注。

调查显示,18 周岁以下被害人中遭受最多的侵害类型主要集中在性侵害与抢劫侵害方面,其中性侵害最多,基本占了一半左右。未成年男女受害比例分为 4.8% 及 10.8%②。由北京青少年法律援助与研究中心,全国律师协会未成年人保护专业委员会共同发布的 2011 至 2012 年度中国未成年人保护十大事件,也将儿童不断遭受性侵列入其中。

根据全国妇联来信来访的数据显示,全国各地投诉"儿童性侵害"的个案,1997 年为 135 件,1998 年为 2948 件,1999 年为 3619 件,2000 年为 3081 件,3 年间猛增了 20 多倍。同时,青少年法律援助与研究中心自 2001 年到 2003 年 6 月,就接待了 39 起儿童受到性侵害案件的咨询和投诉③。互联网、报刊、电视等媒体更是纷纷报道这类案件的发生。伴随着未成年人遭受性侵害的案件的不断曝光可以看出,这一问题在我国是普遍存在的。

我国台湾地区《家庭暴力及性侵害防治委员会保护数据库系统》统计数据显示,儿童及少年遭受性侵害人数,2009 年为 4684 人,2010 年为 5630 人,2011 年为 7025 人,就与前一年比较,约分别增加 20% 与 25%,幅度相当惊人④。

宁波地区 2012 年 1 月至 2014 年 9 月,市检察机关共办理性侵未成年人案件 165 件,被害人数达 203 人,其中包括了 48 名男童⑤。

2013 年 9 月,中国儿童少年基金会、北京师范大学社会发展与公共政策学院社会公益研究中心共同发布的女童保护研究报告中显示,通过对北京、兰州 9 个高中的相关调查得出的数据显示,未成年人遭受性侵事

---

① 金泽刚.由男性遭受性侵害案看性犯罪的法律变革 [J].法治研究,2015,(5):22.

② 陈楠.性侵害未成年人犯罪的立法比较 [D].上海:华东政法大学硕士学位论文,2015.

③ 张雪梅.关注校园性侵害 [J].中国教师,2003,(6):1.

④ 庄忠进.儿童性侵案件侦审问题与对策 [J].上海公安高等专科学校学报,2013,(4):53.

⑤ 李丹,王宏,胡舒雯.性侵未成年人犯罪案件疑难问题研讨会综述 [J].青少年犯罪问题,2014,(6):109.

件发生率在 6.7% 到 21.8% 之间①。

在北京,朝阳区人民法院 2007 年全年审结的猥亵儿童案件为 3 件,占侵犯公民人身权利案件比例的 4.1%,而到 2012 年,这个比例上升到了14.5%。其中 10 岁以下儿童受猥亵侵害的情况最严重,占 80.9%。丰台区人民法院 2009 年至 2011 年共审理此类案件 28 件,涉及被害人 42 名。其中年龄在 10～13 岁的有 38 名,3～5 岁的有 8 名。昌平区人民法院2010 年至 2013 年 5 月末审理的 21 起性侵害儿童案件中,有 13 件为强奸案。除此之外,由于中国人历来性观念保守,遇到此类案件,许多家长选择了不公开,因此进入司法程序的案件也只是冰山一角。

2012 年广东省妇联、广东省检察院联合发布的《女童遭受性侵害情况的调研报告》显示,自 2008 年至 2011 年 6 月期间,广东省检察机关公诉部门受理的不满 18 周岁的女童被性侵害的案件高达 1708 件②。

2003 年 9 月,一名母亲因强迫亲生女儿卖淫,致使 12 岁的女儿从1996 年的 5 岁时起就多次遭受强奸,被北京市第一中级人民法院判决无期徒刑。

2002 年 7 月 4 日,一名父亲因奸淫 11 岁亲生女儿长达 4 年,被北京市房山区人民法院判处有期徒刑 14 年,剥夺政治权利 3 年。

2003 年 9 月,山西省交口县公安局破获一起奸淫幼女案,一未满 14岁幼女,在一年时间内被 9 人奸淫,涉案者最老 77 岁、最小 42 岁。

2003 年 12 月 17 日,北京市通州区某男教师陈有海 2000 年 6 月至2002 年 1 月期间,先后对其任课的三、四、五年级中 16 名未成年女生多次进行猥亵,并对其中 3 名不满 14 周岁的女生多次实施奸淫,被北京市第二中级人民法院判处无期徒刑,剥夺政治权利终身。

2002 年 12 月 21 日,甘肃省酒泉市肃州区东洞乡石灰窑小学教师任大青,因于 1998 年 1 月至 1999 年 8 月期间,先后奸淫、猥亵未成年女学生 13 人,被酒泉市中级人民法院判处死刑,缓期两年执行,剥夺政治权利终身。

2003 年 3 月 14 日,吉林省通化市某小学男教师栗峰因在其任班主任期间,多次强奸、猥亵 19 名未成年女学生,被吉林通化市中级人民法院一审判处死刑,剥夺政治权利终身。

2003 年 5 月 23 日,沈阳市苏家屯区八一镇武镇营子村小学四年级教师程世俊因于 2002 年 11 月期间,强奸、猥亵 6 名未成年女学生,被沈

---

① 买买提依明·阿巴依甫,库尔班·乌布力.系统视域下儿童保护初步研究[J].中国民族医药杂志,2012,(2):15.
② 张雪梅.女童保护的立法与实践[J].预防青少年犯罪研究,2014,(6):106.

阳市中级人民法院判处死刑[①]。

以上都是真实的案例，也只是数以千计的案件中的微小一部分。除此之外，《2013年儿童安全教育及相关性侵案件情况报告》显示，2013年以来，我国性侵儿童的恶性案件在全国各地呈持续高发状态，2013年全年被媒体曝光的案件高达125起，平均三天就曝光一起[②]。而2013年5月23日到2014年5月22日被媒体曝光的儿童性侵害案件增至192起，加速到平均1.9天就曝光一起。仅2014年一年被媒体曝光的儿童性侵害案件则多达503起，是2013年同比的4.06倍。同时，"女童保护"统计显示，公开曝光的性侵儿童案中，一人对多名未成年人施害的案件比例从2014年的15.51%攀升至2015年的28%。根据"女童保护"网络监控数据的不完全统计，2013至2015三年间，全国各地被媒体曝光的性侵儿童案共968起。其中，受害儿童超过1790人，这一数据尚不包括表述为"多名儿童"等概数的情况。

这些仅是基于公开报道的数据和案件。事实上，社会与学界的共识是诸多主客观因素造成大部分性侵儿童案难以被公开。著名犯罪心理学专家、中国人民公安大学教授王大伟表示性侵害案件，尤其是针对中小学生的性侵害，其隐案比例是1：7[③]。换言之，一起性侵儿童新闻的曝光，或许意味着7起案件已然发生。

不仅如此，"女童保护"提供的数据显示，在2014年曝光的503起性侵儿童案中，熟人犯罪442起，占比87.87%（未提及双方关系的案例未统计）。在2015年曝光的340起案件中，熟人犯罪240起，占比70%（未提及双方关系的案例未统计）。事实上，犯罪嫌疑人利用"熟人"身份，更容易接近儿童并获取信任，案件发生后，也更容易通过诱哄、胁迫等方式掩盖犯罪事实。

根据"女童保护"统计，在2013年的125起案件中，教师及校长作案43起，邻居及父母的朋友作案14起；在2015年曝光的340起案件中，一人对多名儿童实施性侵案的案件有96起，此类作案人员中40%为教师。此外，家庭成员性侵尤为值得关注。在2015年曝光案例中，有29起恶性案件发生在家庭成员之间，且因案情性质复杂、难以被揭发，多为长期施害。

同时，我们关注到在不少案例中，与祖辈相依为命的留守儿童成为性侵儿童罪犯眼里"最好欺负的对象"。

---

① 张雪梅.对儿童性侵犯的有关探讨[J].妇女研究论丛，2005，（1）：75.
② 朱沅沅.性侵害男性未成年人的法律思考[J].青年探索，2014，（3）：17.
③ 康均心，刘猛.我国中小学校园性侵犯罪的防制[J].青少年犯罪问题，2014，（2）：56.

　　大平山镇南村只是广西兴业县一个普通的村庄,村民的主要收入除了种地和养殖便是外出打工。宜人的乡村环境使得外出致富的人陆陆续续回到村里盖上新房,村里道路上稀稀落落地停着小轿车,然而就在这个村子里,一位 11 岁的少女被十几人性侵犯持续长达两年之久。

　　童小雨是这一事件的主要受害者,从 2011 年 11 岁时开始,她便被迫受到性侵犯,而带头的实施者竟是村里的几位老人,年龄最大的已经 70 岁。

　　根据童小雨家人的描述,在 2011 年清明假期的最后一天,她在下地干活的时候被 70 多岁的黄某拖到山上实施侵害,黄某在之后的很长一段时间内不停威胁小雨。"他们拿刀威胁我",童小雨在回忆中说道:"如果我说出去,他们就会杀了我。""他们还说,如果说出去,丢丑的也是我,他们又不丢丑。"她在向家人坦白的几天后,到街道上指认了那把刀。在她家人的转述中,小雨遭受最严重的一次是被黄某伙同他人绑住双手在屋里轮流实施侵犯。

　　从 2011 年初开始,在被侵犯的这两年间,童小雨不断试图挣扎着逃脱魔掌,其中包括某个假期主动要求去父亲母亲打工的城市待一段时间,甚至在有一次暑假出行中,她带着年纪更小的妹妹坐长途大巴,因为提前下车而差点走失,幸亏得到车站工作人员帮助才联系上父母。或许她当时未必明白自己受到的伤害意味着什么,只是本能地逃离。但是在逐渐成熟懂事起来后,她的亲人认为她变得寡言少语,也不像以前一样开朗了。

　　与此形成鲜明对比的是,在公开曝光的案例中,农村地区呈现了一种反常的"沉默"——在"女童保护"2014 年统计报告中,受害的城镇未成年人高达 409 人,而农村未成年人 171 人、进城务工人员子女 42 人。同样,在 2015 年统计报告中,受害者为农村儿童的仅占比 23%,明显少于城镇。专家表示,这并不代表儿童性侵案在城市更为高发,也不代表农村更为安全。"女童保护"发布的《2015 年儿童防性侵教育及性侵儿童案件统计报告》表明,2015 年我国媒体公开曝光的性侵害未成年人案件有 340 起,平均每天曝光案例 0.95 起,在这些案件中,熟人作案占 70%,其中教师作案占 40%。此外,性侵害未成年男性的现象不容忽视。有研究表明,自 2002 年至 2012 年十年间,中国男童遭遇性侵害的比率是 13.8%,女童遭遇性侵害的比率是 15.3%,女童遭遇性侵害的比率略高于男童,但比率相差并不大。

第二节　未成年人性侵害的研究现状

　　未成年人的权利保护向来是学者们研究的热点和重点。由于这是一个综合性的社会问题，因此关于未成年人遭受性侵害这一事实具体到研究领域主要以心理学、法学及社会学角度为立足点。由于未成年人处于生长发育的重要过程，也正是在世界观、人生观、价值观建立的重要阶段，自我认知不够充分，容易受到外界因素的影响，受到侵害后的影响比成年人的时间跨度更长，因此基于未成年人遭受性侵害后需要提供心理援助的立场，目前关于心理学方面的研究主要包括了未成年人遭受性侵害后的心理应激机制、少年时期遭受性侵害对人格形成的影响以及教师和家长对于未成年人遭受性侵害的态度和认知分析等方面。而未成年人各项权利中的性权利作为人权的一项基本内容，具有一定的特殊性。和成年人不同，未成年人由于身体条件、心智发育以及社会阅历的不足，不能对与性有关行为做出正确的决断，甚至根本无法做出决断，因此如何用法律来规制与不能或者还不会分辨性问题的未成年人发生性关系，或者恶意侵害未成年人性权利等行为，成为各国对于未成年人性权利保护研究的关注点，世界各国对未成年人法学领域的研究主要包括了未成年人对象范围合理性、相关法律条文的适当性、司法应对机制等几方面①。至于社会学这一部分可以算作对未成年人遭受性侵害事件本身做的一个剖析，也是目前关于未成年人遭受性侵害进行的最为广泛的研究角度，主要是从未成年人遭受性侵害的现状、特点、成因及对策等方面来进行分析和探讨的。

　　说到关于未成年人性侵害的研究，不得不提到的是我国的儿童性侵犯干预专家龙迪老师。从2003年到2005年两年多的时间里，龙迪深入事件现场，对6个遭受性侵犯的女孩及其家庭进行了跟踪研究。随后，她撰写了35万字的题为《性之耻，还是伤之痛》的博士论文，并于2007年5月结集出版。据称，该书是中国内地第一部关于儿童性侵犯的社会工作研究文本。其一经面世，便受到政府相关部门和学界的关注。

　　"我希望自己的研究，能够让人们了解受害儿童和家人的真实生活状态，更有效地协助他们面对和处理心理创伤。"龙迪老师如是说道。

---

① 陈楠.性侵害未成年人犯罪的立法比较[D].上海：华东政法大学硕士学位论文，2015.

为了找到参与研究的家庭，龙迪动用了自己所有的人脉资源——媒体、国内心理辅导专业人员、反对家庭暴力专家、《中国儿童发展纲要》专家组成员、中国青少年法律援助中心、全国妇联、与儿童妇女专题相关的国际基金会驻华办事处、公安部和地方刑警等，但最后回馈的信息都令人失望，即寻找愿意参加本研究的儿童性侵犯受害者家庭犹如"大海捞针"。

而她仍做着不懈的努力。她专程从香港回到北京，在北京两个最有影响的"助人热线"开办有关儿童性侵犯的讲座，并在报纸上撰文，希望有相关案例的当事人与她联系，为她提供合适的研究样本。龙迪曾与内地一个女儿遭受老师性侵犯的家庭保持着长期的通信联系。但就在此时，那位受害女孩的母亲突然中断了与她的联系，原因是这位母亲在过去一年的抗诉过程中，屡遭伤害和失败，因此怀疑龙迪"别有用心"。

"找他们都那么困难，那么平时还有谁会关心他们的命运？"龙迪说。目前，中国还没有专门的机构能够为遭受性侵犯的儿童及家庭提供专业的社会服务，就连办类似案件的警察都被同行们取笑为"刷浆糊的"，意为毫无难度的工作。然而，这项工作的实际操作难度远远超出了人们的想象。

国外以往 30 多年的研究表明，在儿童遭受性侵犯之后，虽然可以通过法律惩罚侵犯者，媒体的公开报道也能推动公众给予受害者道义上的支持和一定的经济援助，但如果未能及时对孩子及其家人进行专业的心理治疗和帮助，多数受害者将会一辈子生活在性侵犯所带来的阴影中。

在《性之耻，还是伤之痛》一书中，龙迪详细地记录并分析了这样一个案例。

这是东北某省农村的一个三口之家，父亲做生意赔钱，又患有严重的腰椎间盘突出，终日陷在麻将桌上，家庭主要的经济来源来自在工厂打工的母亲，夫妻经常在女儿面前激烈地争吵，有时候甚至大打出手。在得知女儿遭受性侵犯之后，夫妻俩备受打击，这种强烈的愤怒情绪不知不觉地转移到女儿身上。斥责成了家常便饭，一想到女儿"不完美"，母亲就"恶心""生气""烦躁"。

龙迪初次进入这个家庭进行调查时，发现那个女童患有严重的心理疾病：说话结巴、连续噩梦并不断尖叫、厌食，一吃米饭就呕吐。这样的症状已经持续了数月，夫妻俩虽然着急，却也束手无策。

随后，龙迪对这一家三口做了一次访谈，并对夫妻俩提出了一系列建议。

龙迪说，从那次家庭访谈后，夫妻俩开始学着避免冲突，并尽可能地彼此欣赏。妻子说起丈夫时，不再满腹怨恨，而是满意丈夫"尽到他的责任"——不责骂女儿,每天陪女儿复习功课;而丈夫也赞赏妻子比自己"心细","全方位"地关心女儿。他对妻子的满意程度是"11分"(满分10分)。这种家庭关系的改善也促使受害女童的心理创伤日益修复。时隔数月后,龙迪第二次来到这个家庭,所见到的女童与之前简直判若两人。她会滔滔不绝地和龙迪谈起自己的生活,学习成绩稳步上升,性格也越来越活泼开朗了。

"父母不必内疚和自责,孩子受伤害,并不是你们的错,你和孩子同样都是受害者。"在采访中,龙迪向遭受性侵犯的孩子父母提出了同样的建议,"你们能做的,是在他做噩梦时耐心地陪伴他,告诉他噩梦会缠绕他几个月,甚至几年,但可怕的场景不会永远跟着他。"

"不让孩子'提这件事',并不一定真能保护孩子,这种忌讳可能会增加孩子的羞耻感。好的做法应当是尊重孩子的要求,帮助孩子把过去的事情说出来,而且不仅要说,还必须帮助他们重新理解以往的经历,赋予它成长的意义,化解孩子的耻辱感和罪恶感。""同时,作为父母也需要他人关心。要动员全家人一起想办法克服困难,也可以找个能安慰你的人吐吐苦水。你的情绪平稳了,才能给孩子有益的帮助。必要时可向专业的心理治疗师求助。"[1]

不过,龙迪也表示,帮助受害儿童及其家庭康复创伤,仅靠个人是远远不够的,需要全社会各部门之间的通力合作。"如果我们的社会不能给家庭提供足够的关怀和支持,重负之下的父母,有几个人给孩子足够的心理空间疗伤?又怎能为孩子提供有益的支持和保护呢?"

在香港的两年中,龙迪曾在香港社会福利署处理虐待儿童问题的机构中实习,并参加社工和警察的联合调查培训。在那期间,她深切地感受到"以家庭为中心(family centered)"的多部门跨专业合作模式在儿童保护方面发挥着巨大的功效。

一、国外关于未成年人性侵害问题的研究方法和工具

对于儿童性侵害问题,目前绝大多数研究都采用回顾性的调查方法,根据调查目的和内容的不同自设调查问卷,调查对象多为儿童时期虐待与忽视的受害者,并根据对照人和内容的不同自设问卷。在对儿童期性侵害受害者的筛选中,比较早的研究大多采用儿童虐待与忽视的综合量表。比如,1995年Sanders和Becker开发的"儿童虐待与精神创伤量表"(the Child Abuse and Trauma Scale, CATS)。它的目的就是对童年时期受

---

[1] 江必新. 性之耻还是伤之痛 [J]. 时代法学, 2012, (5): 6.

到各种形式的虐待与忽视所导致的不良结果（心理虐待）的程度进行量化判断。该量表由 38 个项目（指标）构成,其内容包括性侵害、身体虐待、身体和情感忽视、负面（消极）的家庭环境（如父母吸毒或家庭暴力）。它适用于作为临床判断的筛检工具,经检验有很好的信度和效度。

与之类似的还有 1999 年 Kathryn 等设计的"测量儿童虐待与忽视的综合量表"（the Comprehensive Childhood Abuse Inventory, CCAI）,它包含 30 个问题,其目的就是通过回顾性调查评估童年经历过的各种虐待类型及相关因素。该量表的内容包括身体虐待、精神虐待与忽视、身体忽视和性侵害。经检验,除身体虐待方面的内部一致性系数偏低,各虐待类型的项目及量表总分有理想的信度和效度,可用来判断童年遭受的各种具体虐待与忽视类型。

二、我国关于未成年人性侵害问题的研究方法和工具

与国外相比,我国对儿童虐待与忽视问题的研究起步较晚,2000 年以后才有这方面的论文发表,目前主要研究方向集中在躯体虐待和忽视的问题上,对儿童性侵害方面的研究则比较少。

在常用量表的开发方面,由杨世昌、张亚林等编制的"儿童受虐筛查表"经过检验具有较好的信度和效度,但这个量表只能说明被调查群体是否受虐,对进一步的研究作用不大,且在对性受虐儿童的筛选上出现一些问题。

近年来陈晶琦等使用"儿童期性侵害经历调查问卷"对我国中学生、卫校生、大学生等群体进行了回顾性调查研究。这个问卷根据已有研究对儿童性侵害的定义,将儿童可能遭遇的性侵害具体化为 12 种情况,包括虐待者故意向儿童暴露其生殖器、在儿童面前手淫、对儿童进行性挑逗、触摸或抚弄儿童身体敏感部分（包括乳房或外阴部）、迫使儿童对其进行性挑逗和性挑逗式地触摸虐待者的身体、在儿童身上故意摩擦其性器官、用口接触儿童的外阴部或性器官、迫使儿童用口接触虐待者的性器官、试图与儿童性交、强行与儿童性交、试图与儿童肛交、强行与儿童肛交。这 12 种情况的前 3 种为非身体接触性侵害,后 9 种为身体接触性侵害。该问卷对不同群体的调查结果显示比较一致,具有相当的可用性,且比较简便[①]。

---

① 陈楠.儿童期性虐待经历、社会支持与大学生心理健康的关系研究 [D].长春:东北师范大学, 2006.

三、未成年人性侵害对心理健康的长期影响研究现状

1970 年代末,美国率先研究儿童性侵犯现象,英国、澳大利亚、加拿大等国相继步其后尘。1985 年以前,这些国家集中研究探讨儿童性侵犯波及范围、成因,描述受害儿童期及远期的创伤反应,并试图说明产生心理病理的机制及相关因素。1985 年后,专业文献开始注意到家庭因素与受害者的远期心理适应密切相关。儿童性侵害不仅对受害者有相当程度的直接、急性的短期伤害,而且对受害者的心理状态和社会适应功能都有长期的不良影响。Terry（1991）将性侵害界定为长期多重性创伤或"Ⅱ型创伤",与灾难性事件导致的 PTSD（"Ⅰ型创伤"）不同。严重的性侵害可导致受害者性格特征的变化,出现明显的病理性防御如否认、压抑、分离、自我暗示、认同攻击者等。总结迄今为止的国内外研究,儿童期性侵害的受害者主要有以下几种临床症状与表现。

（一）焦虑障碍

Stein 等人（1996）将符合 DSM–Ⅳ 焦虑障碍（惊恐障碍、社交恐怖症、强迫症）标准的 125 例病人与在社区随机抽出的 125 例相匹配的正常人进行了对照比较研究。结果他们发现,患惊恐障碍的女性有 60% 存在童年性受虐史,明显高于其他焦虑障碍组的病人（30.8%）。而且,在全部病例中,女性病人的童年性受虐发生率为 45.1%,明显比对照组的 15.4% 高[1]。这表明,焦虑障碍特别是女性惊恐障碍与童年性侵害有关。

（二）分离症状

1998 年,Muller 等人进行了一项大规模的随机调查研究。他们就童年性侵害、躯体虐待、精神障碍的诊断和分离症状等问题对 1028 名成人进行了半结构式的面对面的调查。结果,在这些普通人群中,许多人都出现过分离症状,其中有 6.3% 的人出现过 3 次或更多次的分离症状。在他们当中,童年性受虐率、躯体受虐率、精神病现患率分别是其他对象的 2.5 倍、5 倍和 4 倍。不过,对数回归分析表明,躯体虐待、精神疾病与分离症状的发生直接相关,而性侵害与分离症状的发生无关。所以,童年性侵害史与成人分离症状之间是否存在直接的关系还值得考虑。

---

[1] 徐汉明,刘安求.儿童期性虐待对受害者心理的远期影响[J].国外医学,2002,（6）:38.

（三）抑郁

抑郁是有性受虐史的成人最常见的主诉症状。Birie 等人用 Hopkins 症状量表检测发现有性受虐史的成人比没有此经历的人表现出更多的抑郁症状。Bagley 等人（1985）发现，有性受虐史的成人广泛地存在自卑，而且与抑郁症状有关。Briere（1984）报告称，51% 的有性受虐史的成人曾有过自杀企图，而其他成人为 34%。Sedney 等人（1984）也发现，39% 的有性受虐史的学生报告他们曾有过自杀观念，而对照组只有 16%[1]。

此外，有些存在童年性受虐史的成人会发生自伤自残行为。Romans 等人（1995）在社区随机调查了 252 例曾遭到性侵害的妇女和 252 例无受虐史的妇女。结果，他们发现童年性侵害与故意自伤行为存在明显的统计学关系，而且自伤行为在遭受频繁性侵害者身上更明显。最近，Parker 等人（1999）也证实童年性侵害史与成人的自残行为密切相关。

陈晶琦对中学生、卫校女生、大学生的一系列回顾性调查都表明有儿童期受虐经历的被试的抑郁情绪量表得分高。其中对大学生的调查结果证实存在儿童期性受虐经历的学生在近一年内考虑过自杀的比例高于一般学生。

（四）边缘人格障碍

边缘人格障碍常见于有性受虐史的成年女性之中。Stone 等人（1989）在美国、澳大利亚的研究证实，在有童年乱伦史的女性住院病人中，36%～41% 的人被诊断为边缘人格障碍。Bryer 等人（1987）发现，在住院的边缘人格障碍病人中，有 86% 在 16 岁前曾遭受过性侵害。Herman 等人（1989）发现，边缘人格障碍者的童年性受虐发生率为 68%，比边缘人格特质者（27%）和非边缘人格者（26%）都高。

（五）多重人格障碍

多重人格障碍（MPD）是分离症状的最严重的类型，人们一直认为童年创伤，特别是性侵害或躯体虐待是其基本的病因。Putman 等（1986）和 Schultz 等（1985）发现 97% 的 MPD 病人有童年性受虐经历。Coons

---

[1] 陈楠 . 儿童期性虐待经历、社会支持与大学生心理健康的关系研究 [D]. 长春：东北师范大学硕士学位论文，2006.

等（1986）在他们的研究中发现85%的MPD病人有童年性受虐经历[1]。

（六）性功能障碍

Meiselman（1978）报告称，87%的女性童年乱伦受害者存在严重性适应问题，而对照组是20%。Herman（1981）发现，55%的童年乱伦受害者报告他们有性问题。Briere（1984）发现，45%的有童年性侵害遭遇的妇女存在性适应问题，对照组只有15%。一般而言，有性受虐史的妇女所存在的性问题包括乱交、性欲减退、性回避或不能参与性活动以及性向改变。但是，Greenwald等（1990）在非临床的社区研究样本中发现，有性受虐史的女性护士在性满意度或性功能障碍方面与对照组没有差别。Fromuth等人（1989）也曾在非临床样本中发现性适应和性行为问题与童年性侵害史之间没有明显的相关性[2]。

四、影响儿童期性侵害后果的因素

虽然受虐儿童比未受虐的同龄人有更多的问题，但性侵害并不一定使每个人都产生创伤后反应。研究表明，是否产生与性侵害相关的心理创伤可能与下列因素有关。

（一）性侵害的严重程度

性侵害越严重，就越可能使受害者产生相关的问题。一般来说，性侵害的严重程度主要受下列因素的影响。

（1）虐待发生时的年龄和发育阶段。年长儿童较年幼儿童更容易受到伤害或伤害更重，这与儿童的认识发育水平有一定关系。

（2）儿童先前的个性倾向。个性外向的儿童容易将受害经历显露出来，从而得到他人及时的支持和帮助，使创伤所致的痛苦减轻或缓解。

（3）虐待的时间、方式和次数。时间长、虐待频繁（或次数多）都会加重伤害程度。接触性的性侵害，特别是涉及阴道或肛门插入的性交，比非接触性的性侵害所造成的伤害更严重。

（4）躯体创伤与胁迫的程度。研究表明，对儿童的性侵害常伴有躯体虐待或情感虐待。发生这种混合性的虐待时，躯体创伤与胁迫的程度

---

① 徐汉明，刘安求．儿童期性虐待对受害者心理的远期影响[J]．国外医学，2002：38．
② 同上．

越重,儿童受害程度就越深[①]。

（二）家庭因素

来自家庭成员,特别是父母的理解与支持,可以明显地减轻虐待对受害儿童心灵的伤害,帮助他们更好地从痛苦中恢复。但是,若家庭成员特别是父母对其施加虐待,那么这种虐待对受虐儿童造成的伤害也就更严重。在这种情况下,受害者得到的家庭支持会明显地减少,甚至根本得不到支持。许多研究发现,受虐儿童与虐待者的关系越亲密,其受害程度就越重。这种情况在乱伦关系中尤其突出。

（三）认知评价和应付方式

认知评价和应付方式可能是影响虐待相关问题的重要因素。有研究者试图证明,认知功能水平越高,受害者的痛苦越深,即认知水平与痛苦程度相关。这可能是因为年龄较大的儿童或具有较复杂认知功能活动的儿童更能理解被虐待的意义以及对未来的不良影响。他们对被虐待事件的评价通常是负性的、消极的和恐怖可怕的,并力图通过否认、幻想等方式加以应付,以缓解或避免痛苦[②]。

（四）职业性干预

包括治疗、访谈等在内的各种职业性干预对受害者均会产生不同程度的影响。有些干预（如由不同人进行的多次访谈等）会增加受害者的痛苦。不过多数研究证实,及时的治疗性干预能缓解和减轻受害者的痛苦,对维护受害者的心理健康是非常有益的。

五、未成年人性侵害法律方面的研究现状

（一）国外未成年人性侵害法律方面的研究现状

在美国,除了杀人、抢劫等严重暴力犯罪,性犯罪者付出的代价更为巨大。普通犯罪者在刑满释放后,尚可能改过自新,重新融入社会,而性

---

① 陈楠.儿童期性虐待经历、社会支持与大学生心理健康的关系研究[D].长春:东北师范大学硕士学位论文,2006.

② 徐汉明.儿童性虐待对受害者心理状况的影响[J].医学与社会,2001,（1）:55.

犯罪者的自由,则将终身受限,无论他们迁往何处,都必须在当地社区登记报备自己的行踪、住址、驾照号码、体貌特征,警方还会将上述信息向社区公布,并放上互联网,提醒大家警觉提防。这一切都与一个生活在新泽西州汉密尔顿镇的小女孩的命运有关。这是一个平静祥和的小镇。1994年7月29日,7岁的梅根在家门口玩耍时,邻居杰西过来说家里有一只小狗,要给梅根看。杰西刚刚搬到此地,周围的人对他知之甚少。好奇的梅根便跟着杰西到了他家里。谁知这一去便不复返。原来杰西是个性惯犯,曾两度因猥亵儿童罪被判刑。在搬到汉密尔顿镇前,杰西刚刑满释放,但当地执法机关对此完全不知。杰西将梅根诱拐到家中后,残暴地强奸并杀害了她。梅根失踪后,她的父母心急如焚。警察与当地民众日夜寻找,搜遍了当地的各个角落,仍无所获。当真相大白时,小梅根事件震惊了整个新泽西州,人们为现有法律的漏洞抱恨不已。尤其是梅根的父母,他们忍住失去爱女的巨大悲痛,在新泽西州发起了一场修改现有法律的运动,要求政府制定法律,强制性罪犯在出狱后向居住地执法部门登记,并将记录公之于众。梅根失踪89天后,新泽西州州长签署了美国第一个《梅根法》,强制居住在新泽西州内刑满释放的性罪犯向州警察登记。对于那些对公众危害不大的罪犯,执法机关将通知学校和各社区组织;而对于那些危害较大的罪犯,执法机关不但要通知学校和社区组织,还要通知街道居民。另外,州政府将建立统一的资料库,将这些罪犯的姓名和住址等资料公之于众,民众可随时通过电话和互联网查询。新泽西州的《梅根法》对于小梅根的父母是个安慰。初战告捷,他们继续在全国展开演讲和游说活动。1996年5月17日,克林顿总统签署了联邦《梅根法》,要求刑满释放的性罪犯向所住各州执法机关登记,并将其资料公之于众。但是,由于宪法对联邦政府权力的限制,联邦政府无权强制各州执行联邦《梅根法》[①]。不过,如果州政府没有达到联邦"梅根法"的要求,联邦政府将停止向各州发放打击犯罪的联邦拨款。联邦层级的《梅根法》规定:将正式建档的性犯罪案件资料放到网上以供读取,且此等罪犯被释放后必须备案存档。

1. 司法访谈的相关研究概述

在儿童性侵害案件中,有技巧的司法访谈在保护受害者与无辜被指控者及惩罚侵害者方面是非常重要的。美国受侵害儿童专业协会

---

① 林海.美国:给性侵者打上终身烙印[J].检察风云,2014,（13）:60.

（American Professional Society on the Abuse of Children，APSAC）认为[1]，司法访谈的目的是"尽可能从提出申诉（alleged）的儿童或青少年受害者身上得到完整的、准确的报告。这是为了确定儿童或青少年是否已经受到侵害（或有被侵害的危险），而且如果受到侵害，侵害者是谁"。访谈一般由执法人员、儿童保护机构人员、专业司法访谈者来操作，医疗和心理健康专业人士也经常参与其中。对提出性侵害申诉的儿童进行司法访谈在国外研究较多，而我国尚未见到相关研究报告。探讨这方面的研究，特别是借鉴国外已有的研究成果，对我国当前开展本土化研究无疑具有重要的理论价值和实践意义。

2. 司法访谈的技术

认知访谈：认知访谈技术包括对事件的心理重建、报告事件的每个细节（不管主观上感觉是否重要）、以不同的顺序回忆事件、从不同的角度描述事件。研究显示，认知访谈在改善儿童对事件的回忆方面是有效的，尽管认知访谈可能对年长的儿童更实用、更有效。Hayes 与 Delamothe（1997）[2] 研究了认知访谈技术中的两种成分（对事件的心理重建、报告事件的每个细节）的效果。访谈对象是 128 名 5 ~ 11 岁的儿童。之所以选择这两个成分，是因为它们最适合应用于儿童。认知访谈技术的另外两个成分对年幼儿童来说，操作起来经常是非常困难的。结果发现，认知访谈技术在引发儿童回忆正确信息的数量方面比标准化访谈技术有显著的增加，即使控制了其他程序上的不同，结果还是一样，而且年长儿童比年幼儿童增加的数量更大。这暗示认知访谈技术的一部分可以在功能上代替全部认知访谈技术。然而，在儿童自由回忆期间，虚构成分有少量的增加，所以在使用认知访谈技术时必须要谨慎操作。

符合解剖学的精致玩偶：在访谈中使用符合解剖学特点的精致玩偶，是最富争议的访谈技术之一。一些人认为这种技术在帮助儿童回忆和描述侵害细节方面是有帮助的。而另外一些人认为，这种技术降低了儿童回答的质量，甚至可能引发没有受到侵害的儿童进行性游戏。Britton 与 O'Keefe 比较了使用符合解剖学特点的精致玩偶组和使用不符合解剖学特点的精致玩偶组在 136 次司法访谈中的结果。研究发现，两组儿童对待玩偶的行为上没有差异。Santtila 等人研究了 27 个芬兰的司法访谈笔录。结果发现，使用符合解剖学特点的精致玩偶导致了更多暗

① 李成齐. 儿童性侵害案件中司法访谈的现状及发展趋势 [J]. 中国特殊教育，2008，（1）：78-83.
② Hayes B. K., Delamothe K. Cognitive interviewing procedures and suggestibility in children's recall[J]. *Journal of Applied Psychology*, 1997, 82（4）：562.

示性语言的运用，而且儿童做出了更少的细节回答。总地来说，研究显示，由于暗示性和缺乏自我表述技能，因此符合解剖学特点的精致玩偶不适合对学龄前儿童使用。但对学龄儿童来说，这可能是有用的工具，但应该谨慎使用，而且仅在促进交流时使用。

不知情访谈：美国受侵害儿童专业协会（APSAC）认为，在访谈之前访谈者可以收集申诉的相关信息，这些信息在引导访谈者和澄清儿童的陈述方面可能是有益的。然而，先前收集的申诉信息可能增加了访谈中访谈者的偏见及使用暗示性和引导性问题的可能性。Cantlon等（1996）在4年多的时间里，对1535例儿童性侵害案件进行不知情访谈（不知道申诉的相关信息）和知情访谈（知道申诉的相关信息）的对比研究。结果发现，不知情访谈技术有更高的揭露率。研究者把这个结果归因于不知情访谈增强了儿童和访谈者之间的融洽关系，这使访谈者对儿童更加关注及有耐心。根据这些发现及在审判时不知情访谈会被认为更具客观性，所以应该尽可能使用不知情访谈。然而，不管以前得知的申诉信息如何，访谈者在访谈中应该总是采取客观的和不做评判的立场。

真实—谎言讨论：访谈者在开始就侵害问题进行提问之前，经常要评估儿童区分真实和谎言的理解能力。这个评估将证明儿童的作证能力及在审判中增加他（她）所陈述内容的可信度，询问儿童他们是否曾经说过谎话及说谎话的后果是什么。访谈者可以通过一些例子进一步检验儿童对这些概念（真实、谎言）的理解能力。APSAC也推荐访谈者在真实—谎言讨论中使用具体的例子，获得儿童口头上的承诺，同意在访谈中讲真话，这通常是有用的。London与Nunez（2002）研究了访谈中真实—谎言讨论对118名幼儿回答的影响。这个研究比较了三种条件下的效果，即控制组（没有真实—谎言讨论）、标准组（有真实—谎言讨论）、扩展组（讨论的内容比标准组更加详细）。结果发现，与控制组相比，标准组和扩展组中的儿童有更多的准确回答，这说明真实—谎言讨论可以促进儿童讲真话的行为。

开放性问题：研究已经一再地显示，开放性问题与其他类型的问题相比，引发了学龄儿童和青少年更长、更多细节、更精确的回答。"你今天为什么到这""告诉我那件事情""你有什么感受"等这些问题都属于开放性问题。开放性问题也更少地引起儿童陈述的前后矛盾。Lamb与Fauchier（2001）研究了包括7个儿童的24次司法访谈，这些儿童申诉在一家日托所遭受性侵害，而且他们的申诉导致了定罪。研究者发现，前后矛盾的陈述都是出现在封闭性问题上，在回答开放性问题时没有出现前后矛盾的陈述。Craig[①]等(1999)使用标准化内容分析(Criteria-Based Content Analysis, CBCA)来评估儿童在司法访谈中陈述的准确性。CBCA 根据 14 个内容标准(如陈述的细节数量,逻辑结构)来评定儿童的陈述效度。他们的研究样本包括 48 个 3～16 岁的儿童。研究结果显示,开放性问题与封闭性或直接性问题(directive utterances,如当儿童说有些事情发生时,访谈者问"这件事是什么时候发生的")相比,使儿童产生了更自由的叙述回答和更精确的信息。

3. 司法访谈新发展

结构性访谈:结构性访谈具有明确、具体的访谈格式。使用结构性访谈,培训时间短;应用使用者可以容易操作的、灵活的协议由于其(如 DSM-Ⅳ临床结构访谈),访谈质量得到提高。全国儿童健康与人类发展学会(National Institute of Child Health and Human Development, NICHD)的结构性访谈协议,简称为 NICHD 协议,目的是把专业建议转变成日常实践,是由 Yael Orbach 及其同事根据对有效访谈技术的研究而编制的。NICHD 调查协议的操作流程如下。首先是简介(访谈者介绍自己)、真实—谎言讨论、访谈基本规则的制定(如儿童的回答可以是"我不知道""我不理解")。其次是访谈者要与儿童建立友善的关系(rapport),要求儿童详细描述最近经历的一个中性事件。然后,访谈者要求儿童说明他们被采访的原因,从而过渡到具体的侵害问题。访谈者要尽可能使用提示性(没有暗示性)问题和开放性问题,如果有必要,也可以紧接着问一些封闭性(没有暗示性)与选择性问题。使用 NICHD 协议的访谈者要接受监督,而且要参加定期的团体会议来讨论访谈。Sternberg 等(2001)比较了 50 次使用 NICHD 协议的访谈与 50 次没有使用 NICHD 协议的访谈。结果显示,NICHD 访谈的开放性问题是没有 NICHD 访谈的 3 倍多,而且 NICHD 访谈的暗示性和选择性问题也显著少于没有 NICHD 的访谈。总体来看,在 NICHD 协议组中接受访谈的儿童,提供的细节显著多于没有 NICHD 协议组的,而且 NICHD 协议对所有年龄的儿童都是同样有效的。Lamb 等(2002)检验了要求使用 NICHD 协议的访谈者参与集中反馈的必要性。访谈对象是 74 个 4～12 岁的儿童。结果显示,当监督停止后,访谈质量大幅度地下降,暗示性和选择性问题显著增加,儿童报告的细节更少。这个结果说明,监督和反馈是 NICHD 结构访谈协议中必要的

---

① Ron A. Craig, Rick Scheibe, David C. Raskin et al. Interviewer Questions and Content Analysis of Children's Statements of Sexual Abuse[J]. *Applied Developmental Science*, 1999, 3(2): 77-85.

组成部分。

司法评估扩展模型：司法评估扩展模型认为，由于年幼儿童的注意力集中时间短、向陌生人揭露时的不适感、揭露时的关爱需要及为了评估儿童报告的一致性，因此对年幼儿童进行多次访谈通常是必要的。司法评估扩展模型是 Connie Carnes 提出的，目标是允许儿童在一个没有威胁的环境中持续揭露，确定侵害是否发生，侵害者是谁，收集相关信息以进行法律上和治疗上的决策。司法评估扩展模型的结构包括五个阶段：第一阶段，访谈者向执法人员和儿童保护机构收集案件的背景信息，向医师收集医疗信息，与儿童的主要看护者（不是侵害者）进行访谈；第二阶段，集中于友善关系的建立，对儿童进行发展性的评估（如评估儿童的表达能力），访谈基本规则的制定；第三阶段，进行社会和行为评估，做行为方面的量表/问卷（如 CBCL）；第四阶段包括询问具体的侵害问题，各种技术的联合使用（如开放性问题，认知访谈技术；第五阶段，访谈者回顾和阐明儿童的陈述，提供人身安全的信息，必要的话，也可以做治疗推荐。尽管对这个模型的研究是有限的，但是 Carnes 及其同事已通过一些研究检验了司法评估扩展模型的有效性。Carnes[1] 等（2001）对 147 名来自美国12 个州的儿童使用司法评估扩展模型进行访谈。结果发现，根据揭露的可信度，有 64% 的案件被明确确定。他们也对 4 次访谈和 8 次访谈进行了比较。结果发现，新揭露的案件中有 95% 是在第 6 次访谈时获得的，因此 6 次访谈可能是理想的次数，而且年龄、种族、性别对结果没有影响。根据这些发现，推荐的访谈次数是 6 次，包括一次与主要看护者（不是侵害者）的访谈和对儿童每周一次（50 分钟/次）共五周的访谈。司法评估扩展模型对那些在第一次访谈中没有揭露的儿童似乎是一个不错的选择，这个模型存在的不足就是重复访谈的危险。研究已经显示，重复访谈会导致报告内容出现歪曲，更高的前后矛盾比率，及儿童痛苦水平的增高。

（二）我国未成年人性侵害法律方面的研究现状

我国的刑法学界对于此问题的研究主要集中在以下几个方面。

1. 关于性侵害的对象和犯罪人的性别问题

在国外，大多数国家都逐步改变着性侵害犯罪的对象的表述，用一些较为中性的词语如"未成年人""不满××岁的人"等来代替传统的"女

---

① Carnes C. N., Nelsongardell D., Wilson C. et al. Extended forensic evaluation when sexual abuse is suspected： a multisite field study[J]. *Child Maltreatment*, 2001, 6（3）： 230-242.

童""幼女"等,性别指向从明确到模糊,从女性扩大到男性,甚至是同性。随之改变的是性侵害犯罪人的性别,从传统的男子扩大到任何人。我国虽然还并未将男性纳入强奸罪的对象范畴,女性也不能作为强奸犯的直接实行犯来定罪,但学界已涌现出很多专家学者主张在对性权利,尤其是未成年人性权利的保护上应更多地体现性别的平等。随着社会转型和发展,性犯罪也出现了很多新情况和新问题,女性性侵害男性或者同性之间性侵害的案例并不少见,而未成年人与成年人相比通常处于弱势地位,受到此类影响和侵害的可能性更甚。因此,尽快将男性尤其是未成年男性纳入刑法对于性权利保护的范畴是当下值得深思和规划的问题之一。

2. 关于性承诺年龄的设置

在性承诺年龄的设置上,各国多根据本国国情做出合适的规定,随着生活条件的不断改善,未成年人的生长发育成熟的年龄有不断提前的变化,有些学者提出将性承诺年龄的标准降低来适应此种变化,认为身体发育成熟尤其是性成熟意味着性意识和性自主能力的具备。实际上,即使身体发育成熟,这一阶段的未成年人大多仍处于受教育的阶段,缺乏社会阅历且容易受到不良风气的影响,一味降低性承诺年龄无疑将未成年人陷入危险之中。在国外对这一问题的研究中,有学者提出通过划定多重性承诺年龄段的方式来解决这一问题,认为比起对性承诺年龄"一刀切",这样的设定或许更能体现刑法对于个体正义的保障。而何勤华教授则在其著作中提出"和奸年龄愈提高,即所以保护女子者愈厚"的观点,认为适当提高未成年人的性承诺年龄才能最大化地保护其性权利免受侵害。

3. 关于性侵害未成年人犯罪的主观认知

构成性侵害未成年人犯罪的必要要素之一就是行为人主观上是否明知受害人处于不可侵犯的年龄。而如何认定主观方面,各国的标准也不尽相同。英美法系国家偏向于严格责任原则,旨在严厉打击任何侵害未成年人性权利的行为,只要行为人实施了法律禁止的行为,即构成犯罪,犯罪人不得用主观上不明知相关情节来作为抗辩的理由。由于性侵害未成年人的行为本身就具有不正当性,因此这种原则无疑可以最大限度地保障未成年人免受任何形式的性侵害。"过错责任说"多出现于大陆法系国家,出于避免客观归罪的考虑,将行为人主观是否明知相关法定要素作为认定是否构成犯罪的要件之一,体现了刑事法律的谦抑性,尤其在与接近法定性承诺年龄的未成年人因恋爱而自愿发生性关系的情形下,有利于对行为人权利的保护。我国学界也曾因使用"严格责任说"还是"过错责任说"产生过巨大的争议和分歧,主张"严格责任说"的苏力教授认为只有这样才能体现法律的公正性,而主张过错推定责任的周光权教授则认为此种学说更为合理。在我国的刑法实践中,主要还是坚持过错责任原则。

(三)我国关于未成年性侵害研究现状的不足

未成年人性侵害研究涵盖了社会学、教育学、法律学、心理学等多方面、多领域,已大致勾勒出我国未成年人性侵害的情况,并从宏观视野逐步深入微观之中。

1.研究对象有待进一步细化

目前研究多以某一阶段学生或者整个学生群体为研究对象,也有少数以家长或教师为研究对象。部分研究对象涉及农村留守儿童,但多以留守女童为主,也有涉及残疾未成年人性侵害问题的研究。可以看出,之前对于女性性侵害关注要明显多余男性性侵害,极少有男童的专门研究。此外,当前专门针对中小学生性侵害的关注及研究仅仅停留在较粗浅的层次。虽然某些研究样本包括了中小学生,但是少有研究单独把他们作为研究对象。以后的研究应该使用专门的中小学生样本,而且对中小学生性侵害具体问题进行深入研究和分析,争取为中小学生性侵害的解决和预防工作做出贡献。

2.研究方法有待进一步完善

目前在研究方法上主要采用单一的定量或者定性研究的方法,如陈晶琦、李成齐等采用问卷调查、实证研究和访谈法等,把定性研究和定量研究方法加以结合进行研究的较少[1]。针对中小学生性侵害受害者是未成年学生这一特殊群体,他们分散在全国各地,加上校园性侵害本身的特殊性以及我国目前尚未形成相关的机制,也缺乏准确的统计资料,直接接触研究对象、获取第一首资料比较困难,因此采用定性研究、综合文献法和剖析案例分析法对中小学生性侵害的现象进行研究,是今后研究人员需要努力的方向。

(1)研究范围和视角有待进一步扩大

国内相关研究通常记录儿童性侵害发生率、现状特点和原因、受害的关联,这样的经历对受害者生理、心理造成的不良后果或影响以及相关机构处置性侵害问题的困境与需求,防止性侵害的具体对策或性安全教育

---

① 陈晶琦,韩萍,Michael 等.892 名卫校女生儿童期性虐待经历及其对心理健康的影响[J].中华儿科杂志,2004,42(1):39-43.

工作的成效。但是对于未成年人性侵害创伤反应的研究较少,还没有形成系统化的理论模式。另外,大多数研究从单一学科如社会学、法律学、心理学、医学等学科角度进行研究,跨学科研究者比较少。

（2）对受害未成年的心理辅导有待进一步细化

未成年人性侵犯者以熟人居多,包括家人、教师、亲戚、邻居、朋友等。不同的群体对未成年人施加的性侵害行为特征不同,给受害未成年人造成的心理伤害也不同,因此关于这部分的策略研究也要因群体的不同而有所区别。

第五章　未成年人遭受性侵害的危机干预与心理援助

儿童性侵害是儿童被侵害事件中儿童受伤害非常严重的事件,不仅儿童受到的伤害十分严重,而且带来的恶性影响往往长久而深远。如果这些未成年人在受到性侵害后不能得到及时的心理创伤干预与及时的法律帮助,将会严重影响未成年人的身心健康成长。

第一节　孩子受到性侵犯的迹象

幼童骇于施暴者淫威,不敢告诉父母。青少年被羞耻心折磨,选择独自舔舐伤口。然而,作为父母,一定要洞幽烛微,孩子在遭受性侵后必然会在生理或心理上表现出异常。

劳拉·兰德格拉夫是一位儿童性侵案件的幸存者,成年后她致力于关注"儿童性侵"议题。她的文章曾经描述过几件青少年儿童遭受性侵后的表现案例。

5 岁的普莉希拉,每周六都会和父母一起来到外祖父母家和表兄妹们玩耍。但是在一个周六夜晚过后,父母就注意到孩子变得异常沉默,甚至又开始吮吸自己的大拇指,而这个习惯她在一年前就已经改掉了。虽然在接下来的一周,普莉希拉逐渐又变得开朗起来,但在那一周内,她尿了两次床。

星期六又来临时,普莉希拉在外祖父母家又变得沉默起来。她抱住母亲的腿不撒开,无论父母怎么哄她,她都拒绝和她的表兄妹们玩耍。当她 14 岁的表兄走进来的时候,普莉希拉悄悄藏到母亲身后,并把脸埋到裙子里。

在母亲的盘问下,小姑娘坦白说,表兄在上一次家庭聚会时曾经猥亵她,并告诉她永远不许告诉任何人。

儿童在遭受性侵后,常会受到施虐者的恐吓,命令他们不能告诉父母。所以,当孩子表现出了一些反常现象,父母一定要加紧重视。[1]

一、幼童遭受性侵后的表现

幼童遭受性侵后的表现如下。

(1)反复做噩梦。

(2)忽然改变饮食习惯。

(3)情绪变化阴晴不定。

(4)画出令人恐惧的图像。

(5)利用玩具表现性行为。

(6)对特定的人和事物表现出恐惧。

(7)和某个大孩子或成人有共同的秘密,但是不肯说出内容。

(8)用新的名称指代隐私部位。

(9)表现出年纪更小时的行为(如尿床)。

(10)变得出乎寻常地粘人或焦虑。

作为幼童的监护人,还应该在洗澡的时候,多观察孩子的身体有没有变化,检查孩子的内裤有没有异常。

二、青少年受到性侵的表现

劳拉·兰德格拉夫分享的另外一个案例是关于青少年受性侵后的表现。

雪莉来自一个严格的家庭。她是家里的次女,有一个姐姐一个妹妹。直至初中,她和姐姐每天都由父亲接送回家。无论天气如何,雪莉总是穿高领和长袖的衣服。

雪莉相貌出众,成绩优异,但性格内向。直到有一次她的好朋友在盥洗室发现雪莉边哭边拿刀自残,雪莉这一切怪异的行为才有了解答。原来雪莉之前一直遭受父亲的性侵犯,最近她又发现她的父亲开始把毒手伸向自己的妹妹。无法再粉饰太平的她,绝望地开始伤害自己。

青少年心智逐渐成熟,受到性侵后的表现也许更为极端。作为父母、监护人或朋友,看到孩子、朋友表现出一些异常行为,要主动询问他/她是否有这方面的困扰。

常见的青少年遭受性侵后的异常表现如下。

---

[1]　《20个信号暗示,孩子已遭受性侵犯!》,网易新闻。

（1）自残行为。

（2）改变饮食习惯，厌食或暴食。

（3）性格的突然转变。

（4）突如其来的愤怒。

（5）谈论或尝试自杀。

（6）表现出抑郁或焦虑。

（7）离家出走。

（8）滥交。

（9）吸毒或酗酒。

（10）有不知出处的钱和礼物。

加拿大蒙特利尔大学2010年的一项调查发现，半数的性侵受害者都是等到五年后才有勇气说出他们有过被性侵的经历。创伤后，生理心理治疗缺位对孩子的一生都造成了不可扭转的影响。

蒙特利尔大学另外一项研究调查了加拿大9170名女性和7823名男性，最后发现女童性侵受害者在成年后受到肢体暴力和性暴力的几率是普通人的3～4倍。

更可怕的是，对坏人的放纵最终让他有机会去伤害更多的人。能够阻止孩子情况恶化和保护其他孩子的方式就是需要父母们对孩子的异常行为保持十二分警惕，多和孩子交流，及时发现端倪。

第二节　遭受性侵害孩子的异常心理障碍表现

性侵害对受害者造成的生理上的伤害还在其次，心理层面上的伤害是更严重的。心理学的研究表明：年龄越小遭遇性强暴心灵创伤就越深越大，有的甚至会危害其终生。

人在年龄幼小的时候缺乏自我保护能力，他们的安全更多的是依赖于成年人给予的保护。当受到来自受害者所信赖的成年人的性侵犯时，可能会造成受害者安全感的缺失，受害者很容易内化许多与性侵害相关的痛苦和恐惧，使其自我认同及认知能力受到严重损伤，有的甚至是颠覆性的。她们会因此对他人，甚至对整个社会失去信任，将来可能会出现严重的社会适应困难和人际交往困难等，会持续影响受害者的婚恋、家庭生活，会影响她们的学习、成长和人格发展。

据发表于《美国精神病学杂志》上的一项新研究表明性侵害会对大

脑特定区域——生殖器快感产生伤害。这一结论是通过研究51名参加了一项关于早年心理创伤影响的女性脑电图所得出的。此外,也有研究表明遭受性侵害的儿童更容易遭受心理问题。这些心理问题包括抑郁、创伤后压力心理障碍症、焦虑、暴食或厌食、攻击性行为、低自尊等。其他问题如自残、行为障碍、药物滥用、动物虐待、自杀等行为也很常见,而且遭受长于一年性侵害的儿童,其大脑额叶部停止生长。作为与人类的心理活动密切相连的区域,当大脑额叶部停止生长后,儿童的心理以及相应行为都会受到影响。

遭受性侵害孩子的具体异常心理表现如下。

(1)心境和情绪障碍:这种情况会在青春期后期和成年期加剧,并可能导致自残及自杀的行为。

人际关系障碍:难以信任他人、与父母交流困难,育有子女后,也难以和自己的孩子交流。

物质滥用:处于长期的情绪痛苦会借助酗酒和吸毒的方式,用以暂时缓解低自尊和孤独感,应对不愉快的记忆和现实中的压力,以求一时的放松和解脱。

(2)创伤后应激障碍(PTSD):表现出PTSD的部分或全部症状,临床综合症表现为噩梦、创伤事件的闪回、面对威胁时的无助感和焦虑感。

(3)解离状态:受虐儿童会依赖这种方式,在一定程度上逃避那些事件的影响和记忆。但随着时间及事态的延伸,这种分裂的体验和感受很可能会发展为某些人格障碍。

(4)创伤性行为:性虐待以不正确的方式发展了儿童的性知识和性行为,可能会让他们出现与年龄不相符的性行为,如当众手淫、暴露生殖器官。这也会歪曲儿童对身体和性的看法,可能导致进食障碍、自伤行为。而等他们到了成年早期,可以会以滥交、性攻击、卖淫等方式再次出现。因为早年的经历会严重损伤个体正常的自我意识和自我保护的发展,他们在成年后,会缺乏识别危险情境及人物的能力,或是不知如何应对不情愿的性关系,所以很有可能在成年后会因经历强奸或家庭暴力而再次成为受害者。

第三节　当性侵犯发生后家长该怎么做

父母在处理孩子被性侵害事件的过程中,要以能够最大限度保护受害孩子的角度出发,因此需要把握以下十个原则。

一、采取生理救助

如果父母确认了孩子遭遇了性侵害,应赶紧带孩子去看医生,及时治疗性侵犯造成的生理伤害,检查是否感染性病,防止怀孕;如果是月经已来潮的女孩,父母要找妇产科医生对她采取紧急避孕措施。

二、采取法律救助

对侵害人的毛发、体液、现场遗留物等证据要及时保留,以便惩治他们。在询问孩子时可能会发现侵害人是熟人、亲戚,不要瞻前顾后,怕伤和气,一定要报警并协助抓获犯罪者。此外,还要指导孩子如何保护名誉权、隐私权。

三、消除孩子的惧怕心理

父母要态度平静地询问孩子事情发生的具体细节,不要在孩子面前表现出愤怒或吃惊等情绪,那会使孩子受惊吓,不敢说出实情和具体细节,这样父母就了解不到孩子受到的具体伤害。

父母要鼓励孩子将全部细节讲出来,消除孩子惧怕被父母责备和打骂的心理,父母要抱着孩子对他说:"宝贝,你能够将这件事情告诉爸爸妈妈,我们非常感谢你,说明你信任我们!"

但是,如果父母多次重复地询问事情经过会使孩子担心自己做错了什么,给孩子带来精神压力,所以在第一次询问孩子的时候要尽量仔细。

四、让孩子远离侵害人

父母应该让孩子远离对孩子进行性侵害的人。将罪犯绳之以法是大快人心的事情,但这需要父母收集充分的证据。如果因为没有足够的证据或者其他原因让侵害者服法,父母要警告或想办法让侵害者远离孩子。

如果是家里的亲戚,要警告他不可以再接近孩子,如果是孩子的老师,父母要警告他不可以再接近并伤害孩子,或与学校协商离开这个班级。总之,远离性侵害者才能够保护好孩子。

五、不要让孩子反复讲述被伤害的过程

父母可以让孩子配合公安机关调查取证,但不要让孩子对公安机关或其他机构或媒体多次叙述被性侵害的过程,这会带来一次又一次的心理伤害,加重孩子创伤后的痛苦。

大范围的媒体报道会使孩子陷入同伴关系的困难中,被同伴孤立或被嘲弄,或将此事作为攻击孩子的材料。

六、做好安慰工作

对于已经明白这是一场发生在自己身上的灾难的孩子,身体完整感和身体形象受到了破坏,孩子会认为自己已经不再是以前那个完美的人了,担心父母不再爱自己。所以,父母一定要经常抱着孩子,告诉他:"你永远是爸爸妈妈的宝贝,我们永远都会爱你!"让孩子明白爸爸妈妈永远不会抛弃他。

父母更要让孩子从父母的拥抱和言语中感受到坚定不移的爱,这是孩子修复心灵创伤的精神力量源泉。父母尽量不要当着孩子的面发泄情绪和议论此事的处理方式,也不要因此事而显得紧张不安,这会使孩子感觉自己做了什么错误的事情使父母如此不开心。

七、不要"追究"孩子的责任

父母要让孩子知道,这不是他造成的错误。父母不可以责备孩子没有保护好自己,不可以以打骂受害孩子的方式发泄自己的愤怒,不可以带着孩子上门讨说法,不可以让孩子感觉到父母因此事而丢脸,这会让孩子感到失去最后的保护之地而陷入绝望的深渊。

八、在生活和学习上更加关心孩子

父母和老师要理解受到性侵害孩子出现的心理创伤行为,受害孩子会出现注意力不集中、成绩下降、无心做作业等问题,这是孩子的心理创伤反应,不是孩子学习态度的问题。

老师要给予受害孩子更多的宽容和关爱,耐心等待并帮助孩子从创伤中恢复。父母要与老师及时沟通孩子的心理状况,及时了解和帮助孩子。

九、及时与心理医生沟通

父母要寻求专业心理医生来帮助孩子,及时与心理医生交流孩子的状况,配合心理医生帮助孩子进行心理康复,这对孩子的心理康复非常重要。

十、及时采取措施防范孩子再次被侵害

在受害孩子转入正常的生活和学习之后,家长和学校要加强对孩子进行预防性侵害的教育,同时采取必要的防范措施,避免再次发生对孩子的性侵害,如经常与孩子谈心、与老师交流等。

第四节　未成年人性侵害的危机干预与心理援助

从临床心理学诊断视角看,性侵害未成年人不仅会对个体造成即时的伤害,也为其成年期的心理障碍埋下祸根。受到性侵害的未成年人绝大多数出现创伤后应激障碍(PTSD)的症状,这种症状会维持数年甚至终生,必须进行紧急的危机干预和介入。

一、性侵害的临床心理诊断

从技术上来说,儿童性侵害不能被"诊断",这是因为儿童性侵害不是一个独立的临床综合症,没有一致的、可预测的症状。因此,把儿童性侵害看作生活事件或是使儿童出现很多问题的系列生活事件可能更为合适。性侵害事件对儿童的心理功能会造成短期和长期的影响。

(一)性侵未成年人对个体造成的伤害

未成年人尤其是幼小的儿童在遭受性侵之后,许多受害者在数天数月之内都会表现出创伤症状。常见的症状是睡眠障碍、经常哭泣,年龄大一点的孩子一般会报告进食障碍、头痛、情绪失控、焦虑和抑郁,甚至有尿道炎和膀胱炎。学龄期的儿童在学校生活中可能变得退缩、性格封闭以及疑心重重。一些未成年的受害者还会产生负罪感和强烈的自责感,他们不愿告知权威机构,生怕会给家庭带来耻辱。许多年龄大些的儿童甚

至不会将遭受性侵犯的经历报告给学校和家长,原因包括害怕遭到报复、怀疑自己的陈述能否让人相信,或者感觉让性侵者受到惩罚是不可行的,担心一旦信息公开,他们会承受更大的情绪压力,或者让自己和家庭被贴上社会的污名化标签。被害者的情绪压力在侵犯事件发生后,大约一个月内达到严重的高峰,然后在一段时间中维持较高程度,半年后才开始减缓。许多被害者会遭遇更持久的问题,如噩梦不断,也可能出现学业不良,如学习时不能集中注意力、成绩突然下降等。国外的一些研究说明,一些幼童会受到身体伤害或者感染性传播的疾病,如艾滋病。

（二）为成年期心理障碍埋下祸根

对未成年人的性侵害可能通过增加人体压力反应,为成年期酿成心理障碍埋下祸根。人体压力反应通常以内分泌系统和植物神经系统的活动来衡量,其中内分泌系统能够产生刺激,如产生与压力有关的促肾上腺皮质激素（ACTH）和皮质醇,人体的植物性神经系统能够调节心率、出汗及血压等其他压力反应。例如,美国的一个心理科学研究团体对两组有抑郁症和没有抑郁症的女性测试的结果发现,有抑郁症一组的女性与早期的性虐待史结合在一起,她们的身体明显对压力的反应最为敏感。但即便是没有抑郁一组的女性中,有早期性虐待史的人其内分泌系统和植物神经系统的反应也更为强烈。通过对其他经历过儿童期性虐待的成年女性的研究也发现了类似的结果。这些研究揭示,对未成年人的性侵害可能提高了个体对压力的反应性,并会延续到成人期,为身心疾病埋下祸根。此外,一部分受害者成长发育之后,性功能会出现一些障碍,有的可能持续数年甚至终生;另外一部分受害者则可能会出现性欲缺乏、恐惧性行为或性唤起困难等问题,影响到她们以后的婚姻家庭生活。

二、创伤后应激障碍与危机干预

对未成年人的性侵犯是一种破坏性的犯罪。许多年幼的受害者在遭受性侵犯之后,在随后的数年中,表现出创伤后的应激障碍（PTSD）的迹象。他们常常会出现闪回、做噩梦、情感麻木、对社会和人际关系有疏离感。绝大多数受害者产生焦虑障碍、抑郁障碍的危险性高于相同人群的平均水平,这些焦虑和抑郁是由创伤性事件引发的,个体在今后的生活中还能发展出对创伤事件相关情境的恐惧感。

在临床心理学上,可以将这种创伤症状诊断为两种类型,即急性的和延迟的两种症状。急性应激障碍一般发生在创伤事件之后的四周之内,最少持续 3 天,最多持续 4 周,如果症状持续时间更长,则符合创伤后应激障碍(PTSD)的诊断标准。如果症状在创伤情境之后超过 6 个月才出现,这一反应就被视为延迟的创伤症状。对于急性的创伤后应激障碍,就有必要立即进入危机干预的程序,而不是采取一般性的保护或救济措施。

未成年人遭遇突然的性侵犯危机会导致其产生严重的心理及身体症状,这时可以诊断为创伤后应激障碍,我们可以从以下情形做出迅速的评估和鉴别:创伤性事件侵入性地、反复再现地进入当事人的思维或噩梦之中;当事人极力回避与创伤相关的刺激(如遭遇过火灾的人对灯光或火光的回避);体验到慢性紧张或易激惹,常常伴随着失眠及不能忍受噪音;注意力及记忆力受到损害;沮丧抑郁,回避可能令其暴露于容易激动的刺激之下的社会情境或环境中。

我们在危机干预之前,必须了解大多数受害者的最初反应一般包括三个阶段。

(1)震惊阶段,受害者受到惊吓和冲击,感到强烈的焦虑。

(2)易受暗示阶段,此时受害者倾向于被动、易受暗示,也愿意接受他人的指导。

(3)平复阶段,此阶段的受害者会感到紧张、忧伤,显示出焦虑和不安,但是慢慢地重获心理的平衡。

只有在第三阶段缺乏干预或干预不当创伤后,应激障碍才会发展,如果危机干预不当,则这种症状在其今后的生活中会长期残留。

尽管许多受害者在危机中处于急性混乱状态,感到压力巨大,靠自己无法应对刺激,但有相当大比例的未成年人不懂得为自己的症状寻求帮助。这一方面是部分未成年人年幼无知,另一方面是受到了施害者的威胁或蒙骗的缘故,因此更需要立即、及早地进行危机干预。危机干预是一门学问,它强调的是专业和技巧,而不是仅靠爱心和同情心就能完成的。例如,在创伤事件发生的初期,紧急危机干预技巧就是安抚与倾听。对于许多受害者来说,及早地开口说话,表达他们所经历的情感是至关重要的。如果受害者哭泣,救援者应该选择接纳,因为情感的宣泄是一种紧张和焦虑的释放。

危机干预的基本技术分为六个步骤。

第一步:确定问题(诊断和评估)。在与被害者接触的过程中,敏锐地观察其举止和表情,了解其受害的程度和症状的严重程度,从而考虑采取何种有效的心理援助。

第二步:提供安全感。对受害者实施必要的保护和监护措施,同时处理他们的情绪反应,如悲哀、愤怒、麻木、担心、焦虑等,对未成年人要提供温暖的怀抱,让他们有安全感。

第三步:给予支持。援助者以无条件积极的方式接纳所有的受害者,不在乎回应。让受害者感到所有的危机干预人员都是亲人,是可靠的支持者,他们会妥善处理危机事件。

第四步:提出应对计划(方案)。在多数情况下,受害者的思维和认知处于不灵活的状态,无法判断什么是最佳选择,有些人甚至认为无路可走了。危机干预者要帮助或引导受害者制订新的应对方式和计划。

第五步:尝试开始新的生活。这是恢复他们的自制力、摆脱创伤经历的重要一步,只有这样才能逐步树立他们的积极观念和增加社会的自信心。

第六步:定期进行心理健康服务和辅导矫治。这是让受害者的身心逐步复原,消除焦虑、冲动和罪恶感,重塑健康的人格和行为。

值得推荐的是"短期危机治疗"方式。这是一种疗程短、聚焦于解决困扰个人和家庭即刻问题的方法,它主要关心情绪的疏导。在这种危机情境中,治疗师通常非常活跃,其能够帮助理清问题,提供行动计划的建议,提供安全和保护,消除疑虑,并提供其他所需的信息和社会支持。绝大多数接受短期危机治疗的受害者或家庭持续进行的治疗不会超过2～6次。短期危机治疗只聚焦于帮助个体度过即刻的危机,而不是治愈身心或"重塑"其人格,其核心技巧为创伤受害者提供情绪上的支持,鼓励受害者讲述自己经历的危机。

三、未成年人性侵害的心理援助

未成年人的性安全问题已成为全社会高度关注的问题,除了加强未成年人的权益保护法规建设、社会监护制度和学校性安全教育,对受性侵犯未成年人的心理辅导机制亟待建立,对他们的心理援助和心理障碍矫治成为一个紧要而重大的课题。尽管对于未成年人的心理健康干预、心理治疗和行为矫正某些技术与对于成年人一样有效,但儿童和青少年的心理援助需要考虑一些特殊的因素,需要社会相关专业机构设计一些更好的心理援助项目来帮助受到性侵害的未成年人。

(一)社工介入与家庭治疗

为了更好地帮助未成年人解决问题,常常需要改变不良的家庭互动模式。它是产生或维持儿童行为问题的根源。现在已有若干种家庭治疗模式可供选择。例如,对于危机事件,家庭成员的应对方式怎样? 危机干预过程的聚焦点是什么? 在干预治疗过程中采取什么步骤? 这就需要由训练有素的社工人员作为心理治疗师介入家庭系统。心理治疗师可以组成一个工作小组,分担不同的工作。有的要以高度的同情心接纳受到侵害的未成年人,缓解她们的内心痛苦,陪伴她们度过性侵害的危机事件;有的要帮助缓解家庭成员之间的紧张关系,营造温暖、支持的家庭氛围;有的要寻找社会资源,联系学校和社区教育工作者,协助未成年被害者适应新的生活。治疗效果研究表明,社工介入和家庭治疗能帮助家庭度过危机事件,让家庭为孩子提供一个更为积极的创伤复原之路。然而,必须认识到这种方式的关键之处在于需在问题严重之前进行早期干预,否则会事倍功半。

(二)应用游戏治疗帮助未成年人

即使儿童的创伤事件是外加的、突发性的,并需要特定的心理辅导和治疗性干预,但是许多孩子也可能不愿意接受干预或治疗,有的年幼孩子的认知和语言发展还不足以使其从成人的心理疗法中获得太多的帮助。因此,有效的未成年人心理援助可以采用指导性较少、儿童较为喜闻乐见的游戏治疗方式为他们提供个体心理辅导和教育。

游戏治疗是将心理动力治疗理论应用于解决儿童行为问题和危机事件的一种技术。因为许多儿童和更年幼的孩子无法像成人一样讲述自己的感受和情绪,也没有发展出必要的自我意识和应对策略,因此对儿童进行传统的心理治疗技术效果非常有限。儿童往往只关注当下,缺乏治疗所需的内省力和自我认知能力,他们对心理援助的感觉不同于成人,可能有一种不现实的想法,他们有时沉迷于童话或者梦幻的世界,更相信奇迹可以改变他们的环境。游戏治疗除了作为了解儿童的创伤事件的作用,还是改变儿童应对方式的一种媒介。在游戏过程中,治疗师为儿童提供一个有矫正作用的情绪经历,双方建立一个易被接受的信任关系,以促进创伤的康复和人格健康的发展。游戏治疗的情境让儿童在安全的环境下重新经历冲突和危机,以此获得机会战胜恐惧,适应必要的生活改变,或者获得安全感来替代焦虑、情绪压力和不确定性。常见的儿童游戏疗法有沙盘治疗、绘画和音乐疗法。在学校集体教育中,还可以运用戏剧疗法等艺术方法,让未成年人更愿意参与到心理治疗中来。

（三）身心健康教育与服务

学校和社区对家长父母应开展必要的青春期教育和性教育,帮助他们加强与未成年子女沟通,密切注意孩子的身心变化,全面履行监护职责。如果一个孩子突然发生了人格变化或者出现恐惧、焦虑、抑郁等行为问题,并且有饮食和睡眠障碍,就应当及早去专业机构进行心理和医学的诊断。儿科医生可以在体检中发现儿童被性虐待、性侵害的身体迹象。国内外的大量研究发现,儿童的第一次遭受性侵犯、性虐待的平均年龄,女孩是 6 ~ 12 岁,男孩是 7 ~ 10 岁。性侵犯特别容易造成女童的身体损伤,特别是性器官受损,甚至有发生怀孕和感染性疾病的风险。医疗机构应提供服务,帮助这些女童避孕和防治性病的感染传播。社工、心理治疗师和医疗专业人员要指导受害未成年人不要在受侵害后立即冲洗身体、排尿或更换衣服,要协助警方收集犯罪证据。心理援助人员应立即启动心理危机干预程序。在此后的案件审理和追诉过程中,心理援助人员必须明白应当采取各种措施,对未成年受害者实施特别保护、保密措施,避免被害人受到精神上的"二次伤害"。在对创伤事件矫治过程中,由于未成年人的易感性使其出现情绪问题的风险高于其他人群,这是心理治疗人员优先要处理的问题。另外,帮助遭遇性伤害的孩子康复是很不容易的,康复的时间长短也会因为个体差异和方法的得当有很大的不同。

第五节　被性侵的孩子避免受到二次创伤

儿童性侵是一个沉重的话题,我们任何人都不愿意看到这种悲剧的发生。但是如果不幸事件变成了现实,那么我们该做的就是努力保护孩子。家人可以成为最强大的支柱支撑孩子,但也有可能成为最锋利的匕首刺痛孩子。遭受不幸并不是孩子的错,给孩子一个拥抱,不要以家人的名义给她带来二次伤害。相关研究表明,性侵中的二次创伤(也就是对事件处理不当而造成的创伤)远比性侵本身要严重。

2015 年 8 月 6 日《广州日报》报道了一名 16 岁少女遭父亲猥亵多年,母亲却要求女儿忍耐的新闻。小梅当年 16 岁,在 2015 年 8 月 3 日当天被父亲在白云区某地当街暴打。随后媒体记者调查发现,小梅被打的真正原因是她被亲生父亲猥亵多年。原来,从小芳十三四岁开始,父亲就开始对她动手动脚,她曾被要求与父亲同睡在一张床上,如果不服从就会被打。这位父亲的猥亵行为被邻居发现斥责后还不知收敛,面对女儿勇敢地说出真相,母亲却对其进行训斥:"你要不要脸?"其实小梅的母亲早知道丈夫猥亵女儿,却希望女儿听话将大事化小,并埋怨女儿不该报警把家中顶梁柱的父亲关起来。这位母亲说:"她(女儿)可怜,我也可怜。"她甚至还央求女儿:"你爸被关了,我怎么办?"

这个新闻让人很愤慨,不得不说这个愚昧的母亲正在朝着毁灭女儿的道路上行进。心理学研究发现,儿童在经历性侵害后,如果不能得到很好的心理干预和治疗,很容易对其身心造成不可挽回的伤害。孩子受到性侵害后一般都会造成自己行为举止的波动、性格的改变,甚至有的会表现一种非常规的叛逆行为,出现逃学、离家出走、攻击行为、自暴自弃、吸毒、自残自杀等。性侵犯的时间和频繁度关系到这些行为的发生程度。

新闻中的小梅多年受到亲生父亲的猥亵,母亲却视而不见,甚至对女儿妄加斥责,这其实是对她的二次伤害,这会让孩子觉得自己是无价值的、不值得尊重的。从小梅的某些异常行为可以看出,父母的错误已经导致了孩子出现问题。

其实在孩子受到性侵害等创伤事件发生的初期,对孩子进行心理方面的疏导和帮助很重要。紧急危机干预技巧之一就是安抚与倾听。对于许多受害者来说,及早地开口说话,表达他们的经历和情绪,这种情绪的宣泄其实是负性能量的释放,也是对自己的保护。所以,如果受害者哭泣,救援者应该选择接纳和共情,如果受害者得到的是斥责,反而会加重他们的心理伤害。

12岁的湖南女孩思思(化名),2013年被同村74岁老人性侵并产子的新闻被媒体广泛报道。思思遭性侵的事情被父母知道后,内心创伤并没有得到有效治疗。父亲为了收集证据抓犯罪嫌疑人不顾她的反对,坚持让她把孩子生下来,这让思思从此也恨上了父亲。事后虽然儿童希望基金会给予了她积极的帮助,并安排她到北京某私立学校上学,但思思却做出了割腕自杀、沉迷网恋、辍学、与网友发生性关系、堕胎等行为。当她2015年再次被媒体报道时,已经是第三次怀孕,而且还不知道肚子里的孩子是谁的。

小梅和思思的悲剧无疑需要引起社会对未成年人保护的重视,除了进一步加大法律上对侵害未成年人,特别是性侵害的打击力度,还需要加强对未成年人自我保护及性教育知识的普及。

一、来自家庭的二次伤害

有研究表明,在面对孩子的惨痛经历时,父母往往很少或很难提供持续有效的心理帮助。孩子发生不幸,最心疼的当然是父母。但许多父母会将自己的心理创伤又变相转移给孩子,造成家庭内的二次伤害。

(一)父母的不信任

孩子遭遇性侵害时,其实很希望可以找人求助,一开始也会尝试跟父母坦白。但是有一些父母在孩子主诉后没有给予应有的重视,反而斥责他们不该开这样的玩笑。这种不信任会让孩子觉得孤立和痛苦。同时,他们会认为父母是无法保护他们的,父母的不信任感还会助长性侵的持续发生。

(二)指责、谩骂孩子

许多父母在得知孩子的遭遇后,不但没有给予心理支持,相反会进一步刺激孩子。尤其是女性家长,由于其本身的贞操观念,可能会指责孩子,一些不恰当的言辞会让孩子觉得这是一辈子的污点,产生严重的自卑感。

另外有一个名词叫作"强奸神话",即社会上不少人对性侵的观念存在偏差,理性上我们都认为受害者应该被同情和帮助,但事实完全相反,无论是公众还是权力部门甚至是受害者本人及其亲属,都可能将错误归结到受害者身上。就像一个人被偷了钱,有一部分公众会去谴责与追击小偷,而还有另一部分人一定会去指责被害者为什么不将钱包藏好。这种不正确的观念使得孩子产生稳定的内归因,有着严重的自责情绪,最终形成自我厌弃。

(三)反复的提及,揭伤疤

部分父母会将悲剧的根源归结到孩子身上,因此当孩子有其他表现不佳的行为时,就会有意识地、反复地提及孩子的伤痛,希望以此来警告孩子,纠正其行为。这是一种很严重的伤害,孩子往往会认为自己被父母抛弃,产生羞辱感,也会导致亲子关系疏远。在这样环境下成长的孩子将来在个人心理和人际行为关系上也会出现很严重的障碍。

（四）由于父母自责带来的伤害

有些家长将孩子的遭遇归结到自己或是配偶照顾的疏忽，过度自责或者指责配偶，这些夫妻之间的不和谐会使孩子认为自己是家庭矛盾的根源，一个不稳定的家庭非常不利于孩子的心理恢复。

二、家庭内二次伤害的预防措施

（1）父母不要过分内疚和自责，孩子受伤害并不是你们的错，父母自身健康强大的状态是孩子最有力的支柱。

（2）给予孩子足够的信任，陈晶琦等学者在研究中发现当儿童报告有性侵犯发生时，几乎所有的都是可信的，父母应当鼓励儿童在遇到性侵犯事件时及时告知家长，以避免性侵犯事件的再次发生。

（3）不要指责孩子，因为父母的负性态度会直接让孩子产生严重的消极情绪，且影响深远。中国科学院心理研究所副研究员龙迪，对儿童性侵犯保护有着相当丰富的研究，她曾说过如果她的孩子经历了这样的伤害，她会做的就是告诉孩子："你没有任何错，无论发生了什么，你都是爸爸妈妈心目中的天使。"

（4）带孩子积极生活，不沉浸在伤害中，更不要反复提及事件刺痛孩子。父母应该在安抚好孩子的情绪后，逐步带着孩子走出事件，用一些快乐充实的回忆来覆盖阴影。

（5）父母应该学习科学正确的方法来安慰孩子，必要的时候应该寻求专业人士的帮助。夫妻关系与亲子关系的和谐才能有利于孩子心灵的治愈。孩子受到伤害后，家庭成员应该努力克服痛苦，带孩子一起走出来，因为家庭是促进创伤康复最有效的资源。

第六章　未成年人性侵害的现有应对机制

世界千变万化，无奇不有，同时危险无时无刻存在，我们能做到的是小心谨慎处事，增强防范意识，遇到侵犯不要慌张，保护自身安全的同时尽可能呼救或者逃跑；但是有些情况总是我们无法避免的，如果真的出现了性侵害的现实，我们应该如何应对，把伤害降到最低？

在受侵犯儿童应对方面，黄国平[①]（2008）等人对 471 位中国妇女进行研究，发现儿童时的侵犯行为会造成她们在个人技能、应对方式上的终身负面影响。杨馥荣（2000）对受性侵犯在内的 10 位台湾受虐儿童研究发现，他们所采用策略可分为问题焦点的应对、情绪焦点的应对、混合式的应对。龙迪（2007）探索受害女孩以及大家庭的应对策略时发现，家庭在应对侵犯事件的时候先是隐瞒，随后认为"讨回面子""保住名声""经济利益""惩罚侵犯者"更加重要，而受害者却处于应对策略决定的边缘。

国外对这一话题的探讨比中国早很多，多个研究领域关注此议题，如医学、心理学、法律、社工、教育等。多领域多角度的关注使得这个话题在现状描述和深入探究上都有较为丰富的数据资料。研究内容主要集中在现状表述、影响探讨、侵犯者和被侵犯者的相关特点分析。与国内相关研究内容相比，一个较大的不同在于学者们对外部介入服务研究部分也有充分的尝试和分析。值得注意的是，由于国外有较多的信仰方面的因素，因此信仰因素导致的侵犯也是他们探讨的重点内容，这在国内是没有见到的。

在应对方式方面，Chaffin（1997）对 84 位受过性侵犯的 7～12 岁儿童评估发现，他们的应对策略分为四种：回避、内化、愤怒和积极应对，其中每一种方式都有对应的环境和行为特征。Margaret（2007）指出被侵犯者的应对策略通常有两类：（1）情绪为焦点的应对，这种应对方式主要是想要管理好自己的情绪以及处理压力（如疏远、逃避、控制情绪、自责）；（2）问题为焦点的应对，这种应对方式主要是管理有压力的事

[①] 罗艳. 在中国，他们如何面对——12 位儿童性侵犯遭遇者应对经历研究[D]. 北京：中国青年政治学院硕士学位论文，2010.

件或者状态(如积极地解决问题、寻求社会支持、面对等)。Patrick
(2009)比较了儿童期受到性侵犯男士的心理功能发现,重新解释、
成长和寻求帮助是非临床人员使用的应对策略,内化、接受和解脱是临
床症状常用的策略,儿童时受到过侵犯的人在临床症状上表现比普通人
高10倍。Leitenberg H.,Greenwald E.,Cado S.等(1992)对54名被性
侵犯的女性做了回溯研究,发现否认和情感压抑是在九种应对策略中最
为普遍的。

在应对原因方面,Jennifer(2004)通过让285名儿童时期受过性侵
犯的成年人完成应对方式问卷,发现他们的心理困扰与儿童期的侵犯有
直接关系,而影响其关系的主要间接变量为侵犯的人数和持续的时间。
Perrott K.和Orris(1998)对近40名没有明显临床症状的儿童期受侵犯
女性调查发现,受侵犯者成年后调节心理困扰的方式、自尊和自我评价
等相关中间影响因素对应对方式有重要的作用。Patrick(2009)通过
对受过性侵犯的147名澳大利亚男性受害者和231位普通社区男性比
较发现,自责、孤独、持续的身体伤害是他们选择自杀行为的主要原因。
Romans S. E.和Martin J. L.(1999)对某社区354名新西兰女性研究指出,
受到性侵犯的儿童与他们不成熟的应对方式有着极大的联系。Lazarus
和Folkman(1984)认为情绪关注策略在绝大多数情况下取决于个人何
时察觉到无法控制的境地,或者他们感到无能为力的地方。

在应对变化方面,Perrott K.和Morris E.(1998)认为被虐待并不
能得出可预知的固定结果模式,但是这些故意隐藏自己的女性很可能
有低自尊和心理临床症状。Romans S. E.和Martin J. L.(1999)指出
应对方式很可能是后来导致他们心理疾病的重要原因。Leitenberg H.,
Greenwald E.,Cado S.等人认为压抑对他们成年后心理的低调适能力有
很大关联。逃避的策略(如拒绝、疏远、解脱以及自我隔离等方式)带来
的是更多的心理困扰(Bal et al.,2003)。Finkelhor and Browne(1985)发
现采用逃避策略的人常常十分依赖,他们常常出现适应困难,由于性侵
犯的生存者常常有自责、遗憾、无力感等经历,因此他们出现适应困难也
就不足为奇。幸存者对回避应对策略的依赖反映了一种逃避痛苦感觉
和记忆的强烈愿望,甚至确实可能提供短期的痛苦缓解以控制负面影响
(Coffey et al.,1996;Lazarus and Folkman,1984)。Margaret(2007)指出
回避策略可能提供一个初步的缓冲作用,但是如果停止了主动的认知过
程,而这种过程是融合和解决心灵创伤所必须的,那么从长期来看回避
策略是有害的。虽然表面上看起来问题解决模式更加有优势,但是也有
学者指出很少有证据证明问题为焦点的应对对受害者的困扰调节是有效

的,事实上有些证据表明用某些方式来寻求社会支持和不良症状的产生有很大联系。Jonzon and Lindblad(2004)等指出人为因素很可能导致了这种连接,当他们去寻求帮助的时候,要么是因为自己本来就很困扰,要么是因为得到了对他们经历的负面评价。Margaret(2007)的研究从另外一个积极的角度看待了儿童性侵犯所带来的影响,他的研究发现87%的受害者都从应对侵犯经历的过程中得到一些益处,如处理与他人关系、增长知识等,而良好的婚姻、身体、较少的自我封闭是导致他们有这些积极结果的重要因素[①]。

在此方面有着大量的学术理论对应对方式进行阐述。

心理防御机制观点源于弗洛伊德的自我防御机制理论,认为个体面临应激情境时会无意识地运用否认、压抑、投射、升华等防御机制来应对问题。防御机制具有保持心理平衡和适应环境的功能,这一观点将应对研究引向无意识层面。后来,防御机制概念得以扩展,已不再拘泥于防御机制只在无意识之中进行,也注重了意识领域的研究。例如,Bond提出防御机制不只是一个无意识的内在心理过程,也是一种行为,这种行为有意识或无意识地使内在动机与外部要求相一致(转引自杨昭宁,1993)。目前,应对领域研究的防御机制已不再是弗洛伊德意义的概念,而更倾向于强调个体对环境、社会的适应性应对,并已纳入意识领域中进行研究[②]。

人格功能理论认为个体稳定而广泛的人格特质决定了其挫折情境下的应对方式。研究者从几个不同的人格维度上探讨个体应对风格,如(1)内向—外向(Eysenk,1947):外向人比内向的人更容易把孤独和缺少刺激看作一种困扰。在应对方式上,外向的人喜欢寻求朋友的帮助;内向的人则常常躲开同伴,惯于抽象思维和理智行为;(2)面对—逃避(Coelhoeta,1974):前者积极主动地面对和解决问题,而后者则拖延问题、退缩,直接被迫采取行动;(3)抑制—敏感(Byrne,1964):前者抑制对问题的感知,显得若无其事,而后者则能敏感地意识到问题的存在,甚至感受到对他人来讲感受不到的困扰。因此,不同个体在感知和应对困境的方式上存在差异,而同一个体的应对方式则有相对稳定性[③]。

---

① 黄妙红.儿童期性侵犯受害者不同创伤反应的应对策略[D].北京:中国青年政治学院硕士学位论文,2011.

② 叶一舵,申艳娥.应对及应对方式研究综述[J].心理科学,2002,25(6):755-756.

③ 单常艳,张秀秋,郭瞻予.应对方式研究述评[J].辽宁行政学院学报,2005,7(6):127-127.

应对的过程论认为,应对是指当个体意识到紧张情境对自己具有挑战性时,所做出的调整内部或外部要求的认知与行为上的努力(转引自杨昭宁,1993)。这一理论强调情境因素在个体应对方式选择中的决定性作用,认为应对是复杂的,应对策略的运用很大程度上取决于情境的不同。

现象学中有这么一个理论:相互作用理论源于应激的认知,即现象学相互作用理论。该理论主要包括以下观点:一是认知的观点,认为思维、经验以及个体体验到的事件意义是决定应激反应的主要中介和直接动因;二是现象学的观点,强调与应激有关的时间、地点、事件、环境以及人物的具体性;三是相互作用的观点,认为应激是通过个体与环境之间存在的特定关系而产生的[①]。

在众多的人与环境分析理论中,Spaccarelli通过回顾以大量受害儿童为研究对象的相关研究,指出儿童性侵犯情景、受害者个体差异以及家庭环境等多种因素交互作用,将会形成受害儿童特定的心理后果,他的观点主要如下:儿童性侵犯是否有精神症状取决于事件本身、与性侵犯相关的事件、与披露相关的事件;受害者形成的负面认知评价和引发麻烦的应对策略,会影响侵犯及其相关生活事件产生的应激水平,从而导致症状增加;受害者的认知评价和应对策略不仅受到性侵犯所造成的总体应激水平影响,也取决于受害者所得到的支持性资源及其个人因素,侵犯环境与受害儿童的反应之间存在潜在双向影响,也包括无意识过程的影响(转引自龙迪,2007)。

本书综合以上理论,并结合研究的实际情况,将应对界定如下:应对是指当个体在面对性侵犯事件及其事后影响时所做出的调整内部或外部要求的认知与行为上的努力。在应对经历的影响因素分析上,心理防御机制理论忽视了人格中的稳定成分,人格功能论虽然弥补这一缺陷,但它忽视了具体环境对应对行为的影响(Antonovsky,1979)。当环境刺激的意义不明确或在特定环境和时间下,人格测量可以较好地预测相应的应对方式。一般来讲,很难在具体情况下根据个体人格预测他所采用的应对方式。过程理论在研究时注重了当时环境的影响,但它不能说明在同一应激情境下个体应对方式的差异,也不能说明在不同时间,同一个体在同一应激情境下应对方式的差异,因此对应对方式也缺乏一定的解释效力。现象学相互作用理论既承认应对的个体差异性,又强调时间和情境的变化性,在一定程度上克服了特质论和过程论的缺陷,被认为是一种相对全面的应对理论。这一理论提示我们诸多因素影响应对。但由于作者

---

① 韦有华,汤盛钦.几种主要的应激理论模型及其评价[J].心理科学,1998,(5):441-444.

的视角和专业身份,我们更多地把应对经历的解释聚焦在中国社会情境中,分析中国社会下所塑造的社会文化如何影响他们的应对策略。

第一节　国外对未成年人性侵害的应对机制

一、日本对未成年人性侵害的应对机制

(一)日本性侵未成年人犯罪的法律规制现状

日本规制性侵未成年人犯罪的刑事法可以分为两大类:一类是刑法和特别刑法上的关于保护所有人的性犯罪规定,另一类是特别刑法中专门针对性侵未成年人犯罪的规定。前者主要指《日本刑法典》《关于规制跟踪行为等法律》《防止骚扰条例》中针对性犯罪的相关规定。后者主要体现在《买春儿童、儿童色情处罚法》《儿童福祉法》以及日本各地方政府的《青少年保护育成条例》等相关法律条文规定中。这几部法律共同为日本的未成年人不被性侵害提供了法律保护网,它们在具体内容上虽然有部分重合的地方,但也都有自身的特色。

1. 关于性犯罪的一般规定

《日本刑法典》对未成年人的性保护主要体现在该法第二十二章"猥亵、奸淫和重婚罪"中的针对侵害性自由犯罪以及侵害性风俗犯罪的规定中。由于这两类的犯罪对象并没有限定为成年人,因此这些保护规定当然适用于未成年人被性侵的场合。关于性犯罪的规定主要有:强制猥亵罪(第 176 条),强奸罪(第 177 条),准强制猥亵罪与准强奸罪(第 178 条),集团强奸罪(第 178 条之二),强制猥亵、准强制猥亵致死伤罪(第 181 条第 1 款),强奸、准强奸致死伤罪(第 181 条第 2 款),集团强奸致死伤罪(第 181 条第 3 款)。这些均是侵害个人法益的犯罪,所保护的法益主要是个人的性自由和性感情。关于性风俗的犯罪规定有:公然猥亵罪(第 174 条)、散布猥亵物等罪(第 175 条)、劝诱淫行罪(第 184 条)。这类犯罪所保护的法益是社会法益,即社会健康的公共性风俗和性道德。具体而言,传统的观点认为这类犯罪所保护的法益是"性行为的非公然性"。由于侵害到了受宪法所保护的表现的自由,而且有导致刑法泛道德化的嫌疑,因此后来通说的观点改变为"不希望看到猥亵物的成人的性感情

或性的自我决定权"。当下通说的观点则认为,本类犯罪的保护法益是"精神上的社会环境",这类犯罪的处罚根据在于一般人如果知道了散布露骨的性描写、性器官的照片等行为,会产生不快感,会伤害到公众的感情。

（1）强制猥亵罪

根据《日本刑法典》第176条的规定,对已满13周岁的男女,以暴力或胁迫手段实施猥亵行为的,成立强制猥亵罪,处6个月以上10年以下的有期徒刑。对于未满13周岁的男女,不论具体手段如何,即使存在同意,只要实施了猥亵行为的,也成立本罪,处6个月以上10年以下的有期徒刑。本罪的犯罪对象与强奸罪不同,男女均可成立。但是,针对已满13周岁男女的,要求必须满足"以暴力或胁迫手段实施"这一要件,才能成立本罪;而针对未满13周岁的,不管采用的是何种手段,即使被害人同意,也成立本罪。关于"暴力或者胁迫手段",依照日本刑法理论通说的观点,虽然并不要求达到类似于强盗罪那样的能够压制对方反抗的程度,但是要求能够达到致使反抗非常困难的程度。但判例认为,只要达到能够抑制抵抗的必要程度即可。另外,"暴行"本身就可以被认为是猥亵行为的场合,可以直接成立强制猥亵罪。例如,违反女性意愿,用手指插入其阴部的行为,在厕所内从背后用左手抓摸被害者臀部的行为等,都被判例认定为是通过暴力实施了猥亵行为。所谓"猥亵行为",按照日本判例以及刑法理论通说的观点,是指一味地刺激或满足性欲,并且侵害普通人正常的性羞耻心,违反善良性道德观念的行为;或者说是指所有能够认定为侵害了被害者性自由的行为。在判例上被判为"猥亵行为"的有:违反对方意志强行与饮食店的女店员接吻、搂抱,强行隔着裙子抚摸女性的性器官,将异物插入少年的肛门,违背女性意志拍摄其裸照,强迫有同居关系的男女进行性交等行为。此外,作为本罪成立的主观要件,除故意,是否还需具备刺激或满足行为者性欲的性意图或内心的性倾向这一要件,在刑法理论界和实务界都存在争议。

（2）强奸罪

《日本刑法典》第177条规定,以暴力或胁迫手段奸淫13岁以上女子的,成立强奸罪,处3年以上有期徒刑;奸淫未满13岁女子的,同样处理。本罪与强制猥亵罪不同,犯罪对象仅限于女性。"奸淫"是指男女间的性交,男性的生殖器至少要有一部分插入女性的生殖器,既遂不以射精为要件。关于"暴力或胁迫手段",并不要求达到压制对方反抗的程度,只要能够达到致使对方难以反抗的程度即可。通说认为,本罪实行行为的着手时间应该是作为奸淫手段的暴行或胁迫行为的开始时间,而判例则认为即使是在为了奸淫而着手实施暴力或胁迫行为之前的阶段,只要具备了"能够发生强奸的客观危险性",就可认定为已经着手。比如,在行为人以强奸为目的将抵抗的被害者拖进车内,开到5公里之外的护岸工程工地,在驾驶室内压制被害者的反抗将其奸淫的案件中,判例认为在行为人将被害人强行拖入车内的时点就已经成立着手。另外,由于强奸罪乃是强制猥亵罪的特殊形态,因此以奸淫目的实施了猥亵行为的场合,如果成立了强奸罪(未遂),作为法条竞合,就不会再成立强制猥亵罪。

(3)准强制猥亵罪与准强奸罪

根据《日本刑法典》第178条的规定,利用他人心神丧失或处于不能抗拒的状态,或者是使他人心神丧失或处于不能抗拒的状态而实施猥亵或强奸行为的,成立准强制猥亵罪与准强奸罪,分别按照刑法第176条和177条的规定处理。

本罪与强制猥亵罪和强奸罪的最大区别在于本罪并没有采用暴力或胁迫的手段,而是利用被害者不能抵抗的状态而实施猥亵或奸淫行为。"心神丧失"是指因丧失意识(昏迷、大醉等)或高度精神障碍而引起的不能正常判断性行为的状态。此处的"心神丧失"与作为无责任能力的"心神丧失"不同,如重度的精神薄弱者,即使其处于无责任能力的心神丧失状态,只要其理解性交的意义,就不属于本罪所规定的"心神丧失"状态。"不能抗拒"是指因"心神丧失"以外的理由(物理性或心理性原因)而不能抗拒或难以抗拒的状态。物理性不能抗拒是指手脚被捆绑而不能抗拒,而心理性不能抗拒则是指因认识错误或畏惧而处于不能抗拒的状态,如因相信医生正在为自己看病而不能抵抗的场合。上述的强制猥亵罪、强奸罪、准强制猥亵罪与准强奸罪即使是未遂的,也予以处罚(第179条)。此外,因这些罪(包括未遂罪)而致人死伤的,成立强制猥亵等致死伤罪(第181条第1、2款),处无期或者3年以上有期徒刑。二人以上在现场共同犯强奸罪或准强奸罪的,成立集团强奸罪,处4年以上有期徒刑(第178条之二),致人死伤的,处6年以上有期徒刑(第181条第3款)。

(4)公然猥亵罪

根据《日本刑法典》第174条的规定,公然实施猥亵行为的,成立公然猥亵罪,处6个月以下的有期徒刑或者30万日元以下的罚金、拘留或者科料。"公然"是指猥亵行为处于不特定或多数人能够认知的状态。按照通说的观点,不要求猥亵行为一定要确实被不特定或多数人所认知,只要具备被认知到的可能性即可。而且,不要求行为者认识到自己的行为具有公然性,只要该行为发生的环境在客观上具有公然性即可。"猥亵行为"是指刺激或满足行为者或他人性欲的动作,并且侵害普通人正常的性羞耻心,违反善良的性道德观念的行为。通说的观点认为,是否属于猥亵行为应当根据行为当时的社会通常观念判断,应随着时代的发展而变化,如现今乳房的露出和接吻已经称不上是猥亵行为。

在司法实务上,在剧场表演猥亵行为以及通过英特网对不特定的人现场直播猥亵的案件,均被判处成立公然猥亵罪。

（5）散布猥亵物等罪

依据《日本刑法典》第175条的规定,散布或者公然陈列猥亵性文书、图画、电磁记录相关的记录媒介或者其他猥亵物的,成立散布猥亵物等罪,处2年以下的有期徒刑或者250万日元以下的罚金或者科料。以有偿散布为目的而持有前款之物的,或者保管前款之电磁记录的做同样处理。本罪处罚的是散布、公然陈列具有猥亵性之物的行为。"散布"是指有偿或无偿地向不特定或多数人交付的行为,真正接受交付的即使是仅仅数人也没关系。"公然陈列"是指将对象物置于不特定或多数人能够阅览的状态。仅仅将对象物置于特定少数人能够认知状态的行为,则不属于公然陈列。比如,针对行为人在一间外界难以随便进入的封闭的室内对其几名特定的朋友放映淫秽电影的案件,判例就认为该行为不属于公然陈列。

（6）劝诱淫行罪

依据《日本刑法典》第182条的规定,以营利为目的,劝诱没有淫行常习的女子与他人发生奸淫行为的,成立劝诱淫行罪,处3年以下有期徒刑或者30万日元以下的罚金。"没有淫行常习的女子"指不具有和不特定的人进行性交的习惯的女子,不论是否具有性生活经验,也不论年龄多大。"以营利为目的"指以取得财产利益为目的。"劝诱"指让女子产生奸淫决定的一切行为。本罪处罚的其实是一种组织卖淫行为。日本和中国一样,卖春和买春行为(即卖淫和嫖娼行为)并没有被刑法规定为犯罪。《卖春防止法》第3条规定,任何人不得从事卖春和买春行为,但是针对违反了该规定的却并没有规定具体罚则。所以,在日本卖春和买春都是违法行为,却不会被处罚。这主要因为日本传统文化认为卖春的人一般都有不得已而为之的苦衷,其实都是社会的弱者,对她们应该加以保护,而不是处罚。《卖春防止法》主要是通过处罚助长卖春的行为来实现防止卖春的目的。比如,本法把劝诱卖春、周旋卖春、为卖春提供场所的行为都规定为犯罪。因此,刑法中的劝诱淫行罪在《卖春防止法》成立之后,便丧失了存在意义。

另外,除《日本刑法宪》上的性犯罪,还有特别刑法上的性犯罪。一是关于规制跟踪等行为的法律。《关于规制跟踪行为等法律》中也存在处罚与性犯罪关联性较强行为的规定。该法主要处罚的是特定的跟踪行为。根据该法第 2 条,"跟踪行为"是指针对特定的人实施以下八类行为:纠缠、守候、堵住来往通路或在住所、工作单位等对象人经常待的地方(以下简称"住所")的附近进行监视,或者是强行闯入对象人住所的行为;通过明示或暗示的方法让对象人认识到其行动已经受到监视;要求对象人与自己见面、交往等他人并无义务实施的行为;向对象人使用特别粗鲁和野蛮的言语;拨通对象人电话却又什么也不说,或者是明明被拒绝过了却仍然连续打电话或送传真;向对象人送付污秽物、动物的尸体以及其他让人产生明显不愉快或厌恶情感之物,或者是将这些东西放置成对象人能够发现的状态;告知要损害对象人名誉的事项,或将其放置成对象人能够知晓的状态;告知对象人能够伤害其性羞耻心的事项,或将其放置成对象人能够知晓的状态,或者是给对象人送付能够伤害其性羞耻心的文书、图画等物或者将其放置成对象人能够知晓的状态。依据该法规定,以发泄爱恋等好意情感,或者是因这些情感未能获得回应而产生的怨恨情感为目的,针对特定的对象或其配偶、直系或同居亲属等关系亲密者反复实行第 1 至 4 类"跟踪"行为,侵害到这些人的身体安全、住所安宁、名誉或者是令这些人担心其行为自由受到严重侵害的,处 6 个月以下的有期徒刑或 50 万日元的罚金;实施第 5 至 8 类"跟踪"行为的,处以"禁止命令"。"禁止命令"的内容可分为两类:一是不得继续实施相关"跟踪"行为,二是为了防止该行为继续发生而采取的必要措施。如果违反该前者"禁止命令"的,将会被处以 1 年以下有期徒刑或 100 万日元以下的罚金;违反后者"禁止命令"的,会被处以 6 个月以下的有期徒刑或 50 万日元的罚金。

二是日本地方政法的防止骚扰条例,即在日本与性侵行为有关的法律规制还有地方政府制定的防止骚扰条例。比如,《东京都防止骚扰条例》第 5 条第 1 款规定:"任何人不得在公共场所或公共交通工具内对人实施令人感到强烈羞耻或不安的卑劣言行",如果违反该条款的,依据同法第 8 条,最高将被处以 1 年以下的有期徒刑或 100 万日元的罚金。大阪以及其他多个地方政府也都制定了类似的规定。本法条主要规制的对象有两类行为,即所谓的"痴汉"和"色情偷拍"行为。"痴汉"是指一种轻度性侵行为,与强制猥亵较为接近。按照日本学者的解释,从内衣外面触摸女性的身体是"痴汉"行为,而将手伸进内衣让女性产生羞耻心的则是强制猥亵。"色情偷拍"主要指偷拍女性穿着内衣时的形态,最为典型的行为就是,用带有拍照功能的手机从女性的裙子下面偷拍女性的内裤。本罪的另一个限制要件为"令人感到强烈羞耻或不安",这一要件并不意味着被害者要在现实中确实感受到强烈的羞耻或不安,只要达到如果被害者知道了该言行就会感到强烈羞耻或不安的程度即可。至于何种行为会令人感到强烈羞耻或不安,其具体判断标准为"一般人标准",即与被害者处于同等情况下的大多数人的感受为准,而不是以被害者的个人主观感受为准。

2.针对未成年人的特别法

为了保护未成年人,日本还制定了一些特别刑法专门针对性侵未成年人犯罪的规定,主要体现在《买春儿童、儿童色情处罚法》《儿童福祉法》《青少年保护育成条例》以及《规制利用网上介绍异性的业务引诱儿童的法律》等相关法律的条文中。这些法律规定的保护法益是作为弱者的未成年人健全地性发育的权利。

日本的刑法虽然规定了强奸罪和强制猥亵罪,但由于这两类犯罪的既遂与未遂均为亲告罪(《日本刑法典》第 180 第 1 款);被害者不告诉的话,犯罪人将不会被公诉。所以,考虑到这类犯罪的特殊性,仅仅靠刑法并不能对性侵未成年人的行为进行有效规制,遭受到了来自国内和国际上的强烈批判。因此,为了弥补刑法规定的缺陷,日本于 1999 年 5 月制定了《买春儿童、儿童色情处罚法》。该法是日本用以保护儿童不受性榨取的主要法律,其目的是防止性榨取以及性虐待儿童,以拥护儿童的性权利(该法第 1 条)。为了实现该目的,该法在规定处罚买春儿童、散布儿童色情物的同时,还规定了一些保护被害儿童的措施。该法中的"儿童"是指未满 18 周岁的人(该法第 2 条),相当于我国法律中的未成年人,而且该法第 9 条明文规定不能以不知道儿童的年龄为由逃避法律责任,除非行为人关于年龄的误判连过失都不存在。处罚的主要内容则以下几个方面为主要内容。

(1)买春儿童罪

《买春儿童、儿童色情处罚法》的第 4 条规定,买春儿童的,成立买春儿童罪,处 5 年以下有期徒刑或者 300 万日元以下罚金。根据本法第 2 条第 2 款的定义,"买春儿童"是指给儿童本人、儿童性交斡旋者、儿童监护人或儿童支配人提供报酬,或者是约定提供报酬,与该儿童进行性交等行为。"性交等行为"包括性交、性交类似行为或为了满足自己的性好奇心,触摸儿童的性器官(包括性器官、肛门以及乳头等)或让儿童触摸自己的性器官的行为。本罪中的"买春"并不仅限于性交,而且还包括性交类似行为以及其他的猥亵行为。与刑法中的强奸罪相比,显然其大大扩大了对未成年人的保护范围。这可能是因为考虑到只要支付了报酬,这些行为都会容易引发该法所规定的性榨取或性虐待,所以没有必要将其限定为性交行为。

由于该法对"买春儿童"的定义做了明文界定,所以它与"猥亵"的关系还是比较清晰的,即通过行为者与被害者儿童需通过性器官进行身体接触这一要件进行限定。只有符合该要件的,才是该罪所规定的"买春"行为。比如,以付费为手段让儿童在行为人的面前露出性器官或者与其进行接吻,不符合该要件,就不能成立本罪。

(2)买春儿童斡旋、劝诱罪

《买春儿童、儿童色情处罚法》第 5 条规定,为买春儿童提供斡旋的,处 5 年以下有期徒刑,单处或并处 500 万日元以下罚金。以此为业的,处 7 年以下有期徒刑,并处 1000 万日元以下罚金。该法第 6 条规定,以斡旋买春儿童为目的,劝诱他人买春儿童的,处 5 年以下有期徒刑单处或并处 500 万日元以下罚金。以此为业的,处 7 年以下有期徒刑,并处 1000 万日元以下罚金。据此可见,该法不仅处罚直接的买春儿童行为,还把助长儿童买春的斡旋和劝诱行为也规定为犯罪。

(3)提供儿童色情物等罪

《买春儿童、儿童色情处罚法》第 7 条规定,提供儿童色情物,处 3 年以下有期徒刑或 300 万日元以下罚金。依据该法第 2 条第 3 款的定义,"儿童色情"是指通过能够实现视觉再认的方法所进行的针对下列各项所列举的儿童的形态进行记录的照片、电磁记录或其他媒介:与以儿童为对象或儿童相互之间实施的性交或类似性交行为相关联的儿童形态(以下简称"1 号色情");能够满足或刺激性欲的,他人触摸儿童性器官或者是儿童触摸他人性器官的相关的儿童的形态(以下简称"2 号色情");能够满足或刺激性欲的,没穿或只穿很少衣服的儿童的形态(以下简称"3 号色情")。根据此定义,该罪所规定的"儿童色情"与刑法上的猥亵犯罪中的"猥亵性"相比,显然范围十分明确。2 号色情与 3 号色情的规定均附有"能够满足或刺激性欲"这一限定要件,从防止儿童被性榨取或性虐待的立法目的出发,其判断标准应该是客观标准而不是纯粹的主观标准。

(4)以买春儿童为目的的人身买卖罪

《买春儿童、儿童色情处罚法》第 8 条规定,以买春儿童或制造儿童色情为目的,买卖儿童的,处 1 年以上 10 年以下的有期徒刑。以同样的目的,将被抢夺、诱拐或买卖的儿童移送往居住国之外的日本国民,处 2 年以上有期徒刑。未遂的也处罚。显然该罪处罚的是买春儿童罪的上游犯罪,以期减少买春儿童犯罪的发生。

除《买春儿童、儿童色情处罪法》,日本《儿童福祉法》第 34 条第 6 款规定,禁止让儿童从事淫行的行为。违反该规定,根据该法第 60 条第 1 款,将被处以 10 年以下有期徒刑或 50 万日元以下罚金。与此相关联,日本很多地方政府的《青少年保护育成条例》均规定,禁止与儿童发生淫行行为,如果违反该规定的,最高可处以 2 年以下有期徒刑。作为判例,针对中学教师利用其身份向一女学生说明某电动性玩具的使用方法,并让该女学生用其在桌子下面(下半身在桌子里,桌子四周有布遮挡)实行自慰行为的案件,最高法院认定该行为违反《儿童福祉法》第 34 条第 6 款,维持了原判。

《规制利用网上介绍异性的业务引诱儿童的法律》是日本针对性侵未成年人而制定的最新法律。该法第 6 条规定,任何人都不得利用网上介绍异性的业务从事以下行为:(1)引诱儿童成为性交等行为的对象;(2)引诱成年人成为与儿童进行性交等行为的对象;(3)表示愿意提供报酬,引诱儿童成为与他人进行异性交际(性交等除外)的对象;(4)表示愿意接受报酬,引诱他人成为与儿童进行异性交际(性交等除外)的对象。如果违反该规定的,依据该法第 33 条,将会被处以 100 万日元以下的罚金。该法主要是为了处罚"援助交际"的中介行为。所谓"援助交际",最初是指少女为获得金钱而答应与男士约会,不一定伴有性行为,现今一般是指日本社会对少女与成年男性从事色情交易的委婉说法。"援助交际"是一种双向行为,少女接受成年男子的物质援助(金钱、服装、食品等),成年男子接受少女的交往援助(陪喝酒、唱卡拉 OK 甚至性行为)。由于日本文化对"性自由"的宽容,且取证比较困难,仅仅依靠上述《买春儿童、儿童色情处罚法》,并不能有效取缔这类行为,所以该法的制定是寄希望于通过处罚这种中介行为来预防和减少"援助交际"的发生。

3. 对儿童的保护措施

为了实现保护儿童权利的目的,该法不仅针对以上几种性侵未成年人的行为做出了处罚规定,而且为了实现保护儿童权利的立法目标,还规定了 6 种专门保护儿童的措施。第一,搜查、审判中的保护。在参与搜查、审判涉及上述犯罪类型的案件中,相关职务人员要在考虑儿童的人权和特性的同时,必须要注意不得伤害儿童的名誉以及尊严。国家及地方政府应加强对相关职务人员进行启发和训导,以加深他们对儿童的人权和特性的理解(第 12 条)。第二,关于媒体报道的禁止。媒体在报道与本法相关的案件时,不得刊登、报道、播放包含姓名、年龄、职业、就读学校的名称、住所、容貌等能够推断出该案儿童当事人的照片、新闻或者广播电视节目(第 13 条)。第三,教育、启发及调查研究。考虑到买春儿童及提供儿童色情等行为对儿童的身心成长所带来的重大伤害,为了事前预防这类行为的发生,国家和地方政府应对国民加强教育和启发,以深化国民对儿童权利的理解。为了实现这一目标,国家和地方政府应该推进与此相关的调查和研究(第 14 条)。第四,保护身心遭受有害影响的儿童。针对因买春儿童以及儿童色情犯罪而身心遭受有害影响的儿童,相关行政机关应该相互配合,以实现根据受害儿童的身心状况以及所处的环境,帮助其从受害阴影中恢复身体和心理健康,使其在保护个人尊严的状态下成长为目标,适当采取交谈、指导、临时保护、送进各类福利机构等必要的保护措施。为了实现这个目标,相关的行政机关为了保护儿童,认为在必要的时候可以针对儿童的监护人采取相谈以及指导等措施(第 15 条)。第五,改善针对身心遭受有害影响儿童的保护体制。国家和地方政府为了能够以专门知识理论为基础,切实保护因买春儿童以及儿童色情犯罪而身心遭受有害影响的儿童,应该推进有关保护这类儿童的调查研究,努力提高那些去执行保护这类儿童的工作人员的素质,强化在需要对儿童进行紧急保护时的相关行政机关应该相互协力合作的体制,努力完善加强与保护这类儿童的团体的协力合作等体制建设(第 16 条)。第六,推进国际合作。为了防止该法所规定的犯罪行为的发生以及迅速而恰当地展开对已发案件的搜查,应该确保与国外进行紧密配合,努力推进国际性的调查研究等国际合作(第 17 条)。

(二)日本规制性侵未成年人犯罪的司法实践现状及最新动向

日本政府最新统计数据显示,日本强奸案件的认知数在 2004 年达到峰值(2500 多件)后呈逐年递减趋势,至 2011 减为近 20 年来最低数值 1185 件,2012 年为 1240 件,与前年相比略有回升(增 4.6%)。而强制猥亵案件的认知件数从 2004 年的近万件,至 2009 年时递减至 6000 多件,之后呈现小幅上下变动,2012 年为 7263 件,与 2010 年相比增加了 393 件(增 5.7%)。此外,违反《防止卖春法》的案件数,从 2003 年起,大致呈现递减状态,2012 年的案件受理人员数为 967 人。而违反《关于规制跟踪行为等法律》的案件,则整体呈现增长趋势,由 2003 年的 170 多件增至 2012 年的 328 件。整体看来,近 10 年来,日本的一般性犯罪案件数除违反《关于规制跟踪行为等法律》的案件,整体处于下降趋势之中。违反《青少年保护育成条例》的人数,从 2003 年起一直处于增长趋势,但从 2010 年起则呈现连续递减趋势,2012 年的受理人员为 2310 人。违反《儿童福祉法》的人数从 2004 年起处于缓慢递减状态,2012 年的受理人员为 437 人。违反《规制利用网上介绍异性的业务引诱儿童的法律》的人数从 2003 年起一直维持在 100 人以内,2012 年减为 88 人。而违反《买春儿童、儿童色情处罚法》的案件,从 2003 年以来,整体呈现增加趋势,

2012 年的涉案人员为 2205 人。这主要是因为随着因特网普及率的不断提高,助长了利用网络来实现买春儿童、儿童色情犯罪的发生。综上所述,在近 10 年中,日本性侵未成年人的案件虽然整体有增长的趋势,但全国每年平均发生的案件总量在 5000 件左右,在总人口中所占的比重还是比较低的。

（1）惩治:日本通过刑法与特别刑法相互配合,在惩治性侵未成年人犯罪上形成全方位、多层次、极具操作性的法律规制体系。特别刑法主要体现在 2013 年 10 月,两高、两部出台的《关于依法惩治性侵害未成年人犯罪的意见》强化了《买春儿童、儿童色情处罚法》《儿童福祉法》等相关法律的条文中。《买春儿童、儿童色情处罚法》第 9 条规定不能以不知道儿童的年龄为由逃避法律责任,除非行为人关于年龄的误判连过失都不存在。同时,该法处罚买春儿童罪的上游犯罪、扩大了儿童色情相关行为的处罚范围。比如,在网上上传以儿童色情为内容的电磁记录的行为、向特定的少数对象提供儿童色情的行为、制造儿童色情的行为等均成为本法的处罚对象。《儿童福祉法》第 34 条第 6 款规定,禁止让儿童从事淫行的行为。《规制利用网上介绍异性的业务引诱儿童的法律》处罚"援助交际"的中介行为,通过处罚这种中介行为来预防和减少"援助交际"的发生。

（2）预防:《买春儿童、儿童色情处罚法》强调,在办理此类案件时,相关职务人员不得伤害儿童的名誉及尊严,媒体在报道相关案件时要保护未成年被害人的隐私。针对身心遭受有害影响的儿童,相关行政机关应该适当采取交谈、指导、临时保护、送进各类福利机构等有必要的保护措施。国家和地方政府应该推进有关保护这类儿童的调查研究,在需要对儿童进行紧急保护时,相关行政机关应该相互协力合作。

（3）政府及社会预防:2012 年之前,日本政府面对性侵害问题有一个特殊的规定,即女性被强暴导致怀孕,如果本人同意,那么受害人居住地政府就要负责出钱给她堕胎。但是于 2012 年被废止。

危机意识最能激发消费冲动。保险公司立马推出了"性侵害保险"的商机,从经济方面保障女性被侵害者利益。保险公司通过在女性家里安装摄像头的办法实行。他们与女性参保人签订合约,在女性家门口、卧室里安装多个摄像头。这样就算她们被人跟踪,哪怕是被闯进家里,也能在"事后"确认事实、擒住元凶。

二、韩国对未成年人性侵害的应对机制

根据韩国大警察厅 3 月 9 日发表的统计数据[①],2009 年韩国共发生了 1017 起针对 12 岁以下少年儿童的性侵犯案件,几乎达到每天发生 3 起的程度。这一数据与 2007 年(1081 件)、2008 年(1220 件)相比稍微有减少,但减幅不大。特别是对 7 至 12 岁儿童的犯罪达到 890 多件,占未成年人性犯罪的大部分。韩国社会各界纷纷发起保护儿童的活动,并组建儿童安全保护协会等,预防儿童性犯罪的努力初显成效。但统计数据还显示,针对 13 至 20 岁青少年的性侵害犯罪,仍然在不断增加。以 13 至 15 岁青少年为对象的性侵犯犯罪,2007 年为 1220 起,2008 年为 1456 起,去年增至 1477 起。16 至 20 岁的性犯罪事件在 2007 年为 3159 起,2008 年为 3663 起,去年急剧增至 4288 起。

(一)相关法律规定

1. 韩国法律对于性侵害的一般法律规定

韩国《刑法》《关于处罚性侵犯和保护被害者的特别法》及《儿童青少年法》规定,对于有前科并再次对未成年人实施性暴力的犯罪分子,将判处 10 年以上的重刑,刑罚力度超过故意杀人。对初中生(16 岁)以下儿童的强奸犯罪被排除在缓期执行对象之外,一切性暴力罪犯不得假释。以饮酒为由减轻对儿童、青少年性暴力罪犯刑罚的"饮酒减刑"一律不适用。对儿童、青少年为对象的性暴力罪行,任何情况下都不适用"未经受害人同意不能处罚"的原则。对未满 13 岁女孩或残疾女性进行强奸的性犯罪者的公诉时效被废除。

韩国法务部就在考虑修改相关法律,重点是强化针对未成年人犯罪分子处罚力度的《刑法》修订案和《关于处罚性侵犯和保护被害者的特别法》。根据修订案,针对儿童性侵犯等严重犯罪,将上调有期徒刑的上限,由目前的 15 年调至 20 年,若累进加重处罚时,法院有权判处最长 30 年。

而大国家党国会议员安商守、李柱荣、朴敏植议员等在《刑法》修正案中,还提出把监禁的上限从 25 年延长至 30 到 50 年,以加重处罚力度。在《性暴力犯罪处罚法修正案》中排除了在醉酒状态下实施犯罪减轻处罚的条款,反而需要加重处罚。

---

① 《法制日报》/2010 年 /5 月 /18 日第 009 版"环球法治"《严刑重典遏制对未成年人犯罪》本报驻首尔记者王刚。

此外,韩国法务部对儿童性暴力犯罪、破坏家庭犯罪和人身买卖犯罪等不实行假释。法务部分类审查科长金永权说:"鉴于国民希望严惩儿童性暴力犯罪分子的情绪,假释审查委员会决定全面排除对反人伦的犯罪分子的假释机会。"假释审查委员会由法官、律师、教授等外部人员和法务部局长级干部等9人组成。按照韩国法律原先的规定,在收容所里服满宣判刑期三分之一后可以申请假释。

韩国强化了《电子脚镣法》适用范围。在韩国前总理郑云灿主持的国会会议上,审议通过了《有关特定犯罪人员佩戴电子脚镣的法律》修订案,修订案规定,对于性暴力罪犯等暴力犯罪人员佩戴电子脚镣的年限从目前的10年延长至30年,且最短佩戴时间为1年。对于对未满13岁儿童为对象进行的犯罪,佩戴时间下限延长至2倍。根据韩国统计厅发表的调查结果显示,从韩国引进电子脚镣的2008年9月起,截至去年年底共有535名罪犯戴上了电子脚镣,其中只有一人再犯,表明电子脚镣效果显著。以"釜山女中学生被害案"为契机,韩国政府向国会提出了《电子脚镣法》修正案,规定对性犯罪者,佩戴电子脚镣最长可达30年(现行法规定最长10年)。釜山地区的国会议员张济元甚至要提出议案,要求电子脚镣佩戴时间最长延长至50年。大国家党议员安商守在国会举行的会议上表示:"应及早召开国会法制司法委员会,迅速处理有关儿童性暴力犯罪的惩罚法案。应当迅速解决电子脚镣法适用前科犯罪事件。"如果该法案得到通过,即使是初犯的性暴力犯罪分子,也将可能被强制要求戴上电子脚镣。

韩国规定重犯将被提取基因样本,在韩国前总理郑云灿主持的国务会议上,通过了法务部与行政安全部共同提出的《DNA身份确认信息及保护的相关法律》,该法律提出被确定为重犯而被拘留的囚犯或嫌疑人,将被提取其基因样本,储存到数据库,作为侦查和破案用途。依据法案的内容,提取并保管DNA的对象只限于再次犯罪可能性较高、造成较大危害的14岁以上罪犯。犯罪的种类包括对青少年儿童的性暴力、杀人、强奸、抢劫、放火、引诱、勒索、非法拘禁、有组织犯罪、贩毒、特殊盗窃等共12种。经过被检察机关、警察机关确定犯罪的被告人及拘留的嫌疑犯的同意,用棉签在口腔黏膜中提取DNA。在当事人不同意的情况下,将由法院下达"DNA鉴定材料提取令"强制提取。DNA数据库由检察机关和警察机关共同管理,信息共享。由生命科学、医学、伦理学等各界专家组成的国务总理下属管理委员会将对DNA数据库的使用和管理予以监督。法务部相关人士表示,实施该法律后,预计每年将有3万名左右的严重犯罪分子的DNA被储存。据了解,目前严重犯罪分子的DNA管理制度在美国、英国、德国等 70 多个国家施行。2005 年,欧盟各成员国间也签订了共享 DNA 信息的条约。

2. 对于未成年人性侵犯的特殊规定

在针对未成年人性侵犯方面韩国还进行了一些特殊规定,以此来保证未成年人的安全。

(1)韩国警方扩大儿童性犯罪监管对象的数量。韩国大警察厅警方管理的"对儿童、青少年实施性犯罪的前科者"数量将从现有的 1340 名增至 5000 多名。同时,如果因对青少年实施性犯罪而被判处了徒刑,哪怕只有一次,都将成为警方监管的对象。

(2)性侵犯罪个人信息网上公开。韩国保健福祉家庭部的主导下,从 2010 年 1 月 1 日起施行的《青少年性保护法施行令修订案》,规定 20 岁以上成年人均可在网上查阅儿童、青少年性侵犯的姓名、年龄、住址、实际居住地、照片、犯罪内容等个人信息。为此,韩国保健福祉家庭部开通了"性侵犯告知网",并正在完善运行。2010 年 4 月 23 日,韩国法务部表示将全面修订《保护人权之搜查准则》,允许在调查过程中向媒体公开性犯罪者等重案犯的照片和个人信息。修订后的《特定重犯罪处罚特别法》《性犯罪处罚特别法》规定,在得到司法部门的提前认可后,媒体不仅可以在调查过程进行拍摄、录像、播放,还可以对外公开罪犯的照片、名字、年龄等个人信息。公开对象为犯罪手段残忍、造成重大损失、有明确证据的重案犯和性罪犯。

(3)积极废除性侵害犯罪诉讼时效。韩国女性部长官白喜英 3 月 17 日在接受韩国媒体采访时表示:"将积极考虑通过'限制性适用溯及力',在网上公布 2010 年 1 月以前因性犯罪而被判处的犯人的个人资料。"现行的《儿童青少年性保护法》规定,仅允许对 2010 年 1 月以后被判有罪的性罪犯,在网上公开其个人资料。白喜英还表示,将积极与法务部协商,废除针对未成年人性罪犯的诉讼时效,并争取在国会通过相关法律修订案。

(4)规范受侵害儿童可不出庭作证制度。韩国大检察厅 2010 年 4 月 15 日表示,已经修订了《性侵犯对策法律》,该修订案自当天起施行,并已向全国 18 个地方检察厅下达了"性侵犯犯罪事件处理指南"。"指南"的核心内容为,性侵犯犯罪受害者可不用写陈述书。也就是说,性侵犯受害儿童可不出席庭审作供词,以最大程度预防受害儿童再次受到伤害。根据以前的做法,为了确保证据,法院会要求受害儿童写陈述书,还录制陈述视频。如果认为证据还不够,便传唤受害儿童到法庭作证。根据修订后的"指南",若受害者同意,检察或搜查官将会亲自访问受害者家庭进行调查。

（二）积极做好预防工作

在积极预防犯罪方面,韩国政府进行了大量的工作。动员一切力量将对未成年人实施犯罪者绳之以法,使用各种技术手段预防校园惨案的发生,同时对受侵害孩子给予最大限度的保护,这便是韩国政府为遏制针对未成年人犯罪所祭出的一套"组合拳"。也正是通过这一系列的严刑重典,政府正在尽一切努力,给每个家庭的孩子们营造一个更加安全的环境。

首先,是针对儿童进行方位追踪,确保安全。韩国政府还扩大了追踪方位的"U–首尔儿童安全系统"的适用范围。首尔市官员 2010 年 3 月 11 日表示:"自去年 9 月开始,以道峰区和九老区的两所小学、396 名小学生为对象,进行了试点运行'U–首尔儿童安全系统',2010 年上半年将扩展试点学校至 7 所,对象小学生也将超过 2000 名。"

U–首尔儿童安全系统是一种高科技信息技术的定位系统。该系统平时通过小学周边设置的监控录像和感应装置,实时传送儿童上学、放学以及是否回家和上补习班的信息。如果儿童脱离预定的移动路线,该系统会向父母等监护人发送文字信息进行通知。儿童携带的具有定位功能的手机、项链型或手镯型电子设备,可向监护人定期传送儿童方位。首尔市政府计划在 2013 年将该系统的适用范围扩展至全市的所有区域。

其次,通过针对控制犯罪分子,提醒家长等方式,减少再犯率。韩国是亚洲第一个通过《对性犯罪者进行防止性冲动的药物治疗相关法案》的国家,该法案核心内容是允许对性犯罪者进行抑制性冲动的药物治疗。适用对象是对未满 16 岁的少年儿童实施性犯罪且难以克服这种非正常性冲动的犯人。韩国检察机关可以根据罪犯重新犯罪的可能性向法院提出药物治疗的申请,如果法院认定检方的理由充分,最多可以对罪犯判决实施最长 15 年的药物治疗。针对以儿童和青少年为对象的性暴力犯罪者或以未满 13 周岁儿童、青少年为对象的性犯罪人,韩国法务部可以通过网络或媒体定期向社会公开登记信息,并向其居住地社区有未满 19 周岁儿童或青少年的家庭发送信件。

（三）社会自发组织预防

在韩国,性犯罪不仅对个人造成伤害,而且对构建社会安全网络也会产生极其消极的影响。2009 年,由于针对儿童的性犯罪现象激增,各地方自治体开始采取有效措施来应对。在地方制定预算时将在全部中小学配备警务人员,学校进行来访者登记。学校通过手机短信的方式向家长提供随时报告学生上、下课时所处位置的服务。

普通居民组成自行车巡逻队,在儿童上学时执行护送任务。一些退休警察也加入其中。

三、美国对未成年人性侵害的应对机制

美国对于未成年人性侵害方面的应对机制已经是比较完善的,从法律规制、预防措施、对于被侵害者的治疗,都有着全方面的比较细致的措施。

（一）美国法律对未成年人性侵害的相关规定

美国对性侵未成年人犯罪的惩治体现出三大特点。

一是加重处罚。《杰西卡法案》要求对性侵对象为未满 14 周岁者,最少判处 25 年有期徒刑,最高可至无期徒刑,终身不得假释。《亚当沃尔什儿童保护及安全法》规定,与低于 12 岁的儿童发生性关系或性侵 13 ~ 17 岁儿童的最低刑期是 30 年。在美国,因为每个州都有自己的立法权,惩处同类犯罪的法律并不完全相同,但是在涉及 14 岁(有的州是 16 岁)以下儿童性侵害时都列为重罪,大部分都以强奸罪论处,有五个州对强奸幼童最高可适用死刑。

二是细化量刑。德克萨斯州刑法规定,任何男人同 18 周岁以下不是其妻子的女性性交的,以及任何妇女同 18 岁以下不是其丈夫的男孩性交的,孩子的年龄在 10 岁以下,处终身监禁;孩子的年龄在 10 岁以上 15 岁以下,处 20 年以下监禁;孩子年龄在 15 岁以上 18 岁以下,处 15 年以下监禁。纽约州刑法规定,与年龄不满 11 岁的妇女性交的,定为最严重的一级强奸罪;18 岁以上的男性与不满 14 岁的未成年女性性交的,定二级强奸罪;21 岁以上男性与不满 17 岁的未成年女性性交的,定为三级强奸,处罚最轻。

三是立体打击。美国对可能引发性侵未成年人犯罪的周边违法行为始终严厉打击,甚至连家中藏有儿童色情照片都属于犯罪行为,通过打击周边违法行为来预防或减少性侵未成年人犯罪。

美国还增加附加自由刑和羞辱刑。在美国,1996 年 5 月 17 日,克林顿总统签署了《梅根法案》,将正式建档的性犯罪案件资料放到网上以供

读取,罪犯刑满释放之后档案(指纹、气味和 DNA 等资料)仍然予以保存;2004 年,《梅根法案》又增加了新的内容,即各州可以在互联网上张贴性侵犯者的照片以及其他相关信息,以保护周围邻居免受其侵害;儿童性侵罪犯在假释期间必须佩戴手腕警告标志和电子追踪器。若系重犯或累犯,出狱后必须每 3 个月前往当地警察局接受一次询问,其胡须、发型等体貌特征改变时,也必须及时向警方报告。

美国部分州实行"化学阉割",其就是对男性强奸罪犯注射一系列雌性荷尔蒙药物使其降低性冲动或失去性欲,最早被美国用于处罚屡教不改的男性罪犯。从 20 世纪 30 年代开始,美国各州就陆续有法律出台以辅助刑法的方式对性侵害者施行强制治疗,到 20 世纪 70 年代,人权运动呼吁废止此类医疗性辅助惩罚;而到 1996 年之后,又有一些州立法通过用折中的方式推行药物治疗屡教不改的性罪犯,即先将性侵害罪犯监禁,待假释或刑期届满后再接受强制治疗;目前美国加利福尼亚、蒙大拿、路易斯安那、俄勒冈等州皆立法通过自愿性"化学阉割"疗法。当然,从人道和人权方面对其质疑的声音也没有中断。其中,德国也有着相似的刑罚。在德国,儿童性侵害的累犯亦被视为有生理和心理变态的罪犯,在传统的刑罚难以阻止其再犯的情况下,法院允许罪犯自愿选择通过"药物治疗"的方式降低其性冲动,达到"化学去势"、预防犯罪的效果,并以减刑和假释加以鼓励。在施行"化学阉割"的国家中,多数是采用自愿、告知、专家建议的方式进行,也有少数国家是采取强制性的"药物去势"处罚。

(二)对于未成年人性侵害案件的预防及治疗

1. 联合各方做好预防工作

(1)通过网站宣传应对性侵者的安全知识。一些基本事实包括:亚利桑那州约有 1.45 万名注册性侵者,性侵者可能来自不同的社会群体而非拘泥于某类人,认识受害者的性侵者比纯粹的陌生人性侵者更多,常见的受害者是被家庭忽视或离家出走的未成年人,性侵者偏爱游乐园等未成年人聚集场所。需要引起警惕的信号包括:配备玩具和游戏等其他稍后可以用来交易性的东西;给予礼物和承诺并提供酒精和色情以降低受害人禁忌;参与不包括其他成年人的活动或去往没有其他成年人的场所;塑造好人形象带未成年人吃喝玩乐,尤其是外出郊游;开办大量聘用未成年人的企业并要求个别员工晚上加班或上门工作;去能有机会与未成年人接触的机构工作或当志愿者等。另外,网站上有一个在线的性侵者信息中心,可以按姓名字母顺序浏览所有注册的性侵者名单,也可以通过输入姓名、住址、邮政编码或电子 ID 查找注册性侵者。

（2）美国综合运用司法、教育等举措预防性侵儿童犯罪。司法措施包括社区通知、住处限制和强制性背景审查等。社区通知要求各州把性侵儿童犯罪者的个人信息对社区中的居民公开。住处限制是对有性侵儿童犯罪前科人员的住处进行限制，不能住在儿童集中的区域。强制性背景审查是对申请工作的人员进行背景审查，特别是从事和年轻人（儿童）有关的工作时，一些有犯罪前科的人是不允许申请的。

教育措施主要包括未成年人自我保护教育和强制报告制度。美国已发展了很多针对不同年龄未成年人如何预防性侵的教育项目，并逐渐被整合到学校的安全和健康教育课程中。强制报告制度即幼儿园老师、医师、邻居等群体一旦发现了可能存在的虐待、性侵未成年人的情况，都必须打电话报警，警方接报后必须依法登门调查确认。

2. 受害者与加害者的治疗

美国社会关注到了在受害者与加害者在心理方面的问题，而且进行了积极的治疗活动。在未成年人性侵害活动中遭受重大创伤的是未成年被害人，但是加害人也可能是因为存在某种心理疾病而进行此类犯罪行为的。因此，在美国的治疗活动中是针对了这二者。笔者认为这非常值得借鉴。

（1）针对受害者的治疗

美国学者 Nancy Kellogg, Paul Mc Pherson, Philip Scribano 和 Jack Stevens 采用认知行为疗法解决受害儿童经历的身心创伤，他们将认知行为疗法主要分为渐进暴露疗法和创伤聚焦疗法[1]。

第一种渐进暴露疗法是以动态发展的练习方式鼓励儿童面对记忆、想象和性虐待中无害的提示记号（浴缸、独睡、脱衣、洗浴等），通常以引导图像、玩具游戏、绘画、阅读、写作、诗歌、唱歌等形式达成。通过降低与虐待相关话题谈论中的焦虑水平及渐进式的暴露练习，帮助性受虐儿童更加大方地表达观点和情感，以此提高他（她）们理解和处理虐待经历的能力。

第二种创伤聚焦疗法旨在降低心理创伤程度和减少心理障碍的持续时间，且可预防儿童性虐待受害者长期的消极心理状态。聚焦疗法为受害者提供了了解身心感受的方法，通过深入觉察模糊感受中的细节信息，使得主体对原有虐待事件产生新的感受，产生对整个事件情境不同的看

---

[1] 王小红，杨倬东. 国外儿童性虐待解决之道——基于预防、教育、治疗三维系统视角[J]. 重庆文理学院学报，2015，（1）：114-119.

法。其包含了清理空间、感受感觉、标识感觉、询问答案、接纳变化等动态过程。此外,配合持续特定意象以宁心定神,具有自我安慰、孕育的积极作用。事实上,儿童性虐待受害者家庭也会体现出强烈的内疚感和难以治愈的痛苦,遭受强烈的厌恶感和无助感的折磨。因此,应关注源于儿童性虐待的动态性创伤影响,对受害者家庭开展治疗,使其获得帮助来处理孩子的情感创伤,给予孩子积极的支持。为此,需要从"生理—心理—家庭—法律—社会"这一体多维层面对儿童性虐待受害者实施创伤恢复,建立起统一整合的服务网络,杜绝受害者参与到零散分布的环节,以免遭受第二次乃至多次伤害。另外,治疗需要后续检测来评估创伤的治愈情况,提供持续的情感关怀,以确保儿童和家庭成员走出虐待事件的影响,恢复健康的情绪。

（2）儿童性虐待罪犯的治疗

性犯罪治疗学家 Prentky 等认为,可采取比较有效的四类疗法。

第一种疗法是唤起治疗法,其主要集中在帮助罪犯理解性行为的原因和动机,增加对受害者的同情。这可包括个体、团体、夫妻和家庭咨询。

第二种疗法是心理教育咨询,采用群体或者班级的形式来治疗社交能力的缺陷。这包括愤怒管理、预防再犯的原则等相关主题,即人类性行为知识及其有关性和社交的错误认知等。

第三种疗法是药物治疗,其旨在"通过使用抗雄性激素和抗抑郁药物来降低性唤起能力和减少频繁的失常性幻想"。

第四种疗法是认知行为治疗,集中构建转变态度、改变信念和为犯罪行为辩护的合理化认知。Prentky 等认为认知行为疗法对于短期阻止有动机的偏差性虐待行为是最有效的治疗技术。

正如前文所言,性行为是人性的本能欲求,性罪犯很容易陷入不同情境下的重复性施虐行为。因此,复发预防治疗方案则对性罪犯有着显著的效果。该方案是一个自我控制的计划,其目的是教给那些努力改变自己行为的人如何去预期和应对复发的问题,其重点在于帮助个人维持"治愈状态"。具体而言,复发预防教会主体有效应对高风险情境(任何威胁个人对自己行为的控制感,从而增加失误和复发可能性的情境),以及尽早发现和应对犯罪的欲望和一些看似明显无关的决策。如果个体学会了如何应对,并成功经受了考验而没有违反自己新遵循的原则,那么主体的自控能力增加了,复发可能性降低了,一旦主体体验到了自我控制感和自我效能,便能有效地应对不同的性犯罪风险情境。

儿童性侵害是一个世界性的难题,目前仍旧没有全面统一的理论解释为什么一些人对别人施加性侵害或者为什么该类事件在一些社区或家庭更频繁地发生,所知晓的是侵害源于构成人类社会的经济、政治、教育、文化、法制以及个人生理、心理等复杂因素的相互作用。儿童性侵害是一种影响家庭结构的破坏性行为,广泛的社会支持,高效而且专业化的预防、教育措施,直接的事件相关主体的康复治疗,间接地对受害者和家庭的关爱等多元因子构成了一个良性的而且充满人性善美的处理儿童性虐待的有机系统。诚如生态视域下,只有当构建起了一个不断完善的积极阳光的生态系统时,消极阴暗的黑暗生物才能因缺少生长的环境而逐渐消亡。

(三)美国高校积极应对

美国高校对于性侵害的应对主要包括政府行政监督、民事诉讼和学校内部申诉体系[①]。而这些手段都并非强制性的,主动接受或建立的规制措施,其遵循的是自愿的契约原则。

1. 民事诉讼制度

对高校性骚扰的民法规制,主要法律依据是 1972 年《教育修正案》第九章,该法案规定:"合众国内的全体民众,在接受联邦财政援助的所有教育体系或活动中,不得因性别差异,被排除参与、利益被忽视或成为歧视的对象。"美国高校基于自治传统,一般拒绝国家权力干预,该法案以"政府契约"模式解决了这个问题,即规定学校如希望获得联邦财政援助,必须遵守第九章法案。1988 年,国会又出台了《民权修复法案》,认定只要某组织机构的任意一部门接受了联邦财政援助,该组织整体就要受第九章的约束,这将大部分私立学校也纳入规制范围。

据 1997 年对美国高校的一项调查,100% 的公立高校和 98% 的私立高校都遵守联邦的反性骚扰政策。该法案获得法院实际适用始于 1979 年坎农诉芝加哥大学一案,该案中受到性别歧视的学生第一次获得了诉权,使得该法案得以在司法中普遍适用。该法案对性骚扰产生约束力,则始于 1980 年亚历山大诉耶鲁大学一案,该案中一名教师以提高分数为条件,向女生提出性要求,几位女生因此提起诉讼,虽然原告因事实问题败诉,但康涅狄格州地方法院法官接受了女权主义理论,认定第九章对性别歧视的规定,对校园性骚扰行为同样适用。对该法案的适用进一步为学校设置了连带责任。

在 1992 年"富兰克林诉格威纳特县公学"一案中,美国最高法院再

---

① 杜维超,蔡志良. 美国对高校师生不正当关系的规制及其启示[J]. 比较教育研究,2015,37(7):44-50.

次认定,由于同为"权力不对等语境下,强加的违背意愿的性要求",学校中多数教师对学生的性骚扰可以类比为工作场所的性骚扰。法院据此为受害人创设了赔偿请求权,对学校设置了连带责任,如果学生受到性骚扰,而学校实际知情(actual notice)或推定知情,却没有采取措施阻止,则校方应承担赔偿责任。

当然,对学校性骚扰的规制,不同于对工作场所性骚扰的规制,后者适用雇主严格责任,即只要雇主未采取充分合理的预防措施,就要承担培养责任,而前者是基于"政府契约"设立的故意责任,在1998年"盖普瑟诉拉戈维斯塔独立校区"一案中,最高法院再次确认只有校方明确知情,且蓄意忽视教师性骚扰行为的,才需承担赔偿责任。

2. 行政监督制度

对高校性骚扰进行行政监督的主要行政机构是美国教育部内部设立的"民权事务办公室"(ORC)。ORC的主要任务就是消除教育领域的歧视,同样依据1972年《教育修正案》第九章的规定,而且承认了女权主义理论的通说,将性骚扰视为性别歧视的一种。

在美国小政府大社会背景下,教育部是服务性机构,而其对美国高校拥有的权力,也仅仅是决定联邦财政援助的发放,因此ORC对高校仅有较弱的"行政监督"功能,并无行政强制权和执法权,其监督权来自高校自身为了获取联邦财政援助而对其的承诺,本质是一种"政府契约"。根据ORC官方文件《确保优质教育机会均等》,ORC针对消除高校性骚扰目标具体有以下措施。

（1）调查研究

ORC的重要工作内容之一就是定期进行各项相关数据的统计,并将统计结果向全社会公布。ORC也会视情况不定时地针对某一区域或某一事项进行调查统计。ORC因此拥有大量与性骚扰防治相关的数据,这些数据会成为政府、教育行政机构及高校下一步决策的重要依据。

（2）协助与促进

ORC的一个重要任务就是提供协助,使教育机构、受教育者及民众更好地了解民权相关法案及受教育者权利。ORC成立了客户服务小组,提供各种法律、政策及程序相关方面的咨询服务,在性骚扰投诉过程中,也会持续给予投诉人专业建议。另外,ORC也会不定期地使用咨询、培训、举办会议、集会等方式,宣传民权保障的内容及相关权利。ORC还会以联邦财政援助为条件,与各高校进行谈判,寻求与高校达成各项协议,使高校对消除性骚扰的制度建设和框架目标做出承诺。

（3）前期调解

在收到性骚扰投诉后，ORC会进行初步调查，并与被投诉人进行协商，以寻求双方达成对解决方案的共识，并协助双方自愿落实。这种调解结果并无强制约束力。

（4）行政审查

第一种为"依申请审查"，如投诉人提出投诉，而经ORC调解无效，则ORC视情况对被投诉人发起调查。审查中，要以公正的听证程序了解各方的观点和证据。第二种为"依法规审查"，对特别尖锐的、涉及全国范围的或近期发生的重大问题，在没有特定投诉人的情况下，ORC也可能会主动发起调查。

（5）惩戒措施

如果调查结果显示侵权行为确实存在，而高校未尽到承诺的预防义务，则ORC会提出具体的损害赔偿方案及整改要求。如该高校拒不接受该要求，则ORC可能会削减甚至撤销联邦财政援助；亦可能将案件移交美国司法部，由其视情况决定是否进入司法诉讼程序。

3. 高校内部申诉制度

美国高校内部消除性骚扰的措施虽然各有差异，但基本遵循了ORC的要求。据ORC文件《了解你的权利》显示，主要包括以下几条。

（1）所有学校均应指定至少一名工作人员担任"第九章协调员"，并将其名单及联系方式向全校公布。协调员负责协调所有与第九章相关的事务，其中也包括性骚扰相关问题。其工作职责包括：提供相关咨询服务、负责监督相关投诉、发现和处理投诉制度问题。

（2）所有学校均应制定禁止性别歧视行为的政策，其中也包括反性骚扰措施。该政策应对全校公布，广泛宣传，应当使学校成员知悉一切相关问题可提交学校协调员或民权办公室处理。

（3）所有学校均应制定对性别歧视（性骚扰）提出申诉的程序，并向学生公布。投诉中双方均有权获得充分及公正的调查，享有平等机会提出证人和证据，并拥有相同的上诉权利。应当明确告知投诉人下列程序的时间范围：其一，收到投诉后，学校启动调查的期限；其二，通知双方调查结果的期限；其三，双方提出上诉的期限。投诉人有权获得书面形式的投诉结果通知，双方应被告知投诉结果，且投诉人有权公开该结果。投诉人可随时终止非正式的调解程序，开始正式投诉程序。性侵犯案件不适用调解。

（4）学校应对性骚扰等性别歧视行为有效地做出反应。不管学生及家属有无投诉，只要学校对性骚扰等行为知情，都应当立即采取调查，并采取措施予以消除。相关的刑事调查并不能免除学校该项职责。

4.高校制定明确政策

高校最主要的规制手段就是在员工手册或学校政策文件中对师生合意性关系做出明确禁止性规定，而这种规制的适用基本上是以师生"职业关系"为界定标准的。这些规制按强度有三种类型：完全禁止型、基于监管关系的部分禁止、强烈建议避免。其中适用最普遍的规制原则是基于师生监管关系的部分禁止。以印第安纳大学为例，该校《大学教师手册》中关于"合意性关系的政策"一章中规定：在教育语境下的关系——如某学生选修了某教工所讲授的课程，或某学生的表现由某教工监督或评价，不管双方同意与否，该教工都不得与该学生发生恋爱或性关系；而在教育语境外的关系，如某教工在教学环境外与学生发生恋爱或性关系，教工也应当非常谨慎，避免参与涉及对该生奖惩的决定，尤其是教工与该学生处于同一教学单位时或双方单位有学术联系时。这里只要教师与学生存在着教育职业关系及教师对学生拥有教育、评价、监督等权力时，师生合意性关系就是完全禁止的。完全禁止所有师生合意性关系的学校比较少见，如俄亥俄州北部大学要求，所有教职工不得与未与其结婚的学生发生性关系。有的学校针对特定身份学生部分实行完全禁止原则，如耶鲁大学规定本科生由于年龄相对更不成熟，更有易伤害性，因此应予以额外保护，不管教师是否对本科生具有监督或教育责任，都禁止与其发生性关系。"强烈建议避免"的原则最为宽松，也最为少见，如密歇根大学并没有禁止任何师生合意性关系，但在相关规定中指出这种关系具有潜在的剥削性，应当尽量予以避免。

高校自治规制既有预防和教育措施，也有刚性规制。高校会对教工及新生进行伦理教育，阐明学校对师生关系的政策。高校通常还会在与新教工签订的合同中，列明伦理条款，而教师必须遵守校规，否则可能面临惩戒措施。例如，华盛顿大学规定师生产生恋情时，必须中止教师所处的"受尊重的权威位置"，具体措施包括：学生中止选课、更换任课教师、更换班级、更换教室、学生退课等，否则系主任或院长可以强行对双方加以制裁。具体惩戒措施包括：口头警告、解雇、开除等，知情但作伪证者也会受到相应的处罚。作为程序性保护措施，教师如认为学校的惩戒不公，可以提起民事诉讼。法院会对事实进行审查，但如事实无误，法院的判例一般会支持高校禁止师生合意性关系的自治权。通过这种方式，公权力为自治权背书，并与其对接。

5. 教师职业共同体的横向规制

除了高校内部纵向的制度规制,教师职业自治共同体也在横向上以职业伦理进行自我规制。美国社会职业化运动以来,产生了不同层次的教师职业共同体自治组织,这些组织大部分都有自行制定的职业伦理制度,其成员一般自愿承诺遵守。影响力和覆盖范围较大的典型代表是成员超过 200 万人的美国"全国教育协会",该组织发布了《教育职业伦理准则》,只有签署认同这一准则,才能成为该组织成员。该准则中规定,教师"不得利用职业关系的便利,获取私人利益",其中也包括了性利益。而"美国高校教授协会"的主要成员是高校教师,该组织 2002 年发布的《性骚扰政策》中也专门对师生合意性关系做出规定,认为"由于教师角色所掌握的权力,使得学生的自愿同意是可疑的",因此教师应当注意自身职业责任,谨慎处理师生关系。另外,教师内部分工不同的次级群体也有着各种自治组织,且制定了各种伦理准则。例如,主要成员为高校学生工作者的美国高校人力协会在其《伦理原则标准》中明确要求,应当避免与存在职业关系的学生发生不正当关系;而美国咨询联合会的成员包含了高校辅导教师,其伦理委员会发布的《伦理准则和实践标准》中明确禁止了师生间的恋情;而美国心理学联合会成员包含了高校的心理辅导教师在其颁布的《心理学家伦理原则和行为准则》中指出,心理辅导教师在使用自身职业权利时,应尊重自己的职业身份,不能与其辅导的学生发生性关系。

第二节 我国应对未成年人性侵害的应对机制

随着时代的发展,文化更加开放,思维更加活跃,被害人逐渐勇于面对性侵害事件,因此很多学者通过访谈等形式,记录下了很多相关资料。这让我们对于未成年人如何应对该类事件及其家庭的应对方式等都可以进行更加深入的研究。本文选用以下 20 位被侵害者信息进行分析。

(1)小 A,女,20 世纪 70 年代出生于北京知识分子家庭,未婚,同性恋取向,家中有一姐姐,家庭关系一般,大学毕业后在图书馆工作,期间通过网络接触进入同性恋群体,后留学俄罗斯,未完成学业便归国。家居住在某知名大学内,五六岁时被校内陌生人性侵犯,侵犯地点为户外操场。

(2)小 B,女,20 世纪 70 年代出生于东北某城镇家庭,家中独生女,离婚,有一子,父母对小 B 十分关爱,毕业回到东北工作,母亲病重后进入性工作者行业,现为职业妈妈。17 岁左右走丢,后被四位陌生男性轮流性侵犯。侵犯后被其中一位侵犯者送回学校,侵犯带来严重的宫颈糜烂。

（3）小 C,女,20 世纪 80 年代出生于湖南农村家庭,未婚,家中有四个孩子,小 C 为老大,15 岁辍学到北京打工,现为职业性工作者。7 ~ 15 岁被村中的一位老人多次性侵犯,侵犯地点为野外树林、山洞,同时有一位和她同龄的女孩也被老人侵犯的,两人 15 岁时逃离。

（4）小 D,女,20 世纪 80 年代出生于农村家庭,未婚,父母关系不和,家中八个兄弟姐妹,14 岁被犯罪团伙控制,逃离后为职业性工作者。14 岁左右被犯罪团伙以打工为由骗出家庭,其后被强行控制与客人发生性关系,期间有三次逃离。第一次逃离后主动回去,第二次被发现,第三次在一位老人的帮助下逃离成功。

（5）小 E,女,20 世纪 70 年代出生于农村家庭,离婚,并有一子,小 E 父亲早年去世,与母亲关系良好,家中有一姐姐,小 E 被侵犯后辍学在家,离婚后为职业性工作者。14 岁左右放学路上被陌生人性侵犯,侵犯地为玉米地。

（6）小 F,女,90 后,出生于农村家庭,未婚,父母关系不和,12 岁左右母亲离家,家中有一弟弟,15 岁父亲自杀,现为职业性工作者。5 ~ 15 岁左右被父亲性侵犯,并一度怀孕,父亲去世后侵犯行为才得以终止,是父亲主动要求她从事性工作。

（7）小 G,女,70 后,出生于城市干部家庭,离婚,父母关系不和,家中有一弟弟,小 G 为某企业员工,并读在职研究生。7 ~ 12 岁左右被父亲侵犯,母亲知此事,却任其发展。后在职场上,多次遭遇领导的性侵犯。

（8）小 H,女,90 后,出生于农村家庭,未婚,家中有一姐一弟,从小寄养在外婆家,对父母很陌生。12 时,被比她大两岁的同村男孩性抚摸。15 时,一男性朋友强行与其发生关系,因小 H 来月经而成功逃脱。

（9）小 I,女,90 后,出生于城镇家庭,独生女,未婚,现为在校大学生。七八岁时被五姨父抚摸阴部。

（10）小 J,女,80 后,出生于城镇家庭,独生女,未婚。12 岁左右,被比她大四五岁的邻居男孩性侵犯,时间为两年,侵犯形式为生殖器接触,后阴部瘙痒。

（11）小 K,女,80 后,出生于某城镇家庭,家中有一姐姐,在校大学生,未婚。8 岁时多次被表哥抚摸阴部。几年后,当告知父母此事时遭到父母的责备,患有神经性呕吐已十年。

（12）小 L,女,80 后,出生于部队家庭,未婚。7 岁左右被一新兵抚摸身体,第二次是在电影院里被一民工抚摸阴部,第三次被值班军人抚摸阴部。

（13）小 M,女,90 后,出生于某城镇家庭,未婚。小学四年级时,第一次被父亲性抚摸,后又多次被父亲性抚摸,很害怕父亲。

（14）小 N,男,70 后,出生于农村家庭,离婚,有一子一女,女儿幼年死亡。小 N 家中有 4 个兄弟姐妹,小 N 最小。受侵犯后到北京,并以自考形式进入某知名大学学习。因工厂倒闭失业,现职业为跨性别文艺演出者,双性恋取向。高中时被一位纺织工人多次性侵犯,侵犯形式为肛交插入。

（15）小 O,男,90 后,出生于某城镇家庭,未婚,父母离异,离异后跟随母亲,母亲再婚,14 岁左右母亲去世,小 O 在母亲去世后来到北京,同性恋取向。小学四年级被表哥多次侵犯,第一次并不知情,其余为自己主动要求,侵犯形式为肛交插入。

（16）小 P,男,80 后,出生于农村家庭,未婚,家中有一哥哥,初中毕业外出打工,然后进入同性恋圈,并改变男性身体特征,现为跨性别文艺演出者,同性恋取向。12 岁被表哥侵犯,14 岁再次被同学哥哥侵犯,侵犯形式为肛交插入。

（17）小 Q,男,80 后,出生于城镇家庭,未婚,家中有一姐,现为在校大学生,同性恋取向,13 岁左右被男性邻居多次性侵犯,侵犯形式为肛交插入。

（18）小 R,男,80 后,出生于城市家庭,未婚,家中独子,父母离异,现职业为医生,同性恋取向。16 岁左右被表哥多次侵犯,侵犯形式为肛交插入。

（19）小 S,男,80 后,出生于东北,现在福建,家中有一妹妹,20 岁时出家至今,同性恋取向。5 ~ 7 岁时被表哥性侵犯,侵犯形式为抚摸、咬生殖器。

（20）小 T,男,80 后,未婚,父母离异,家中独子,现在父亲公司上班,与父母关系不好。9 岁时被母亲同厂女工要求吸吮乳房,后因母亲在外喊其名而终止。

一、被害人自救机制

（一）与自我相关的应对经历

1. 自我封闭

性侵犯遭遇者有意将自己与外界隔离。

小 B：挺孤僻的那个时候，不爱搭理人。

小 E：好多同学我不愿跟他们说话，不愿跟他们聊天，刚开始不上学，那会儿谁来我们家找我，我说赶紧走吧，去撵人家，甚至发脾气去撵人家，你们赶紧走啊，你们干嘛来上我们家？

2. 自我否定和自我放弃

性侵犯遭遇者常常贬低自己，觉得自己不如别人。自我否定常常伴随其他两种应对方式，一种是自我重塑，一种是自我放弃。当他们被别人否定，也被自己否定时，他们会无能为力或者报复。

3. 自我重塑

自我重塑是他们对现有的自我形象不满，从而改变自己，使自己和他人能够接纳。他们的重塑常常倾向于两个方面，一是提升或改变自己以得到社会或者亚文化群体的认可，二是改变自己的认知和行为，使自己对侵犯行为的可接纳性提高，如改变对性的态度、改变价值观等。

小 E：就觉得反正已经结完婚了，这件事儿也就过去了。

小 G：找到星空网（化名，心理咨询机构）帮助，我想要改变……（伤心、哭泣）。

小 L：被退学了，这个怎么办，后来就复习吧，就在家看书看了一年，就玩命地学，就考上了。

4. 自我探索

侵犯事件发生后，对于儿童阶段的他们会主动探索性在自己生命中的意义，探索自己与家人的关系等，也会去探索这件事情对自己的影响。

小 F：因为就想，我是他（爸爸）亲生的吗？最后就一直被这些问题缠绕着，如果再见妈妈，我很想问问。

小 O：被同性侵犯后，交第二女朋友时候的想法，其实我当时想极力证明我不是（同性恋），我也觉得开始，这样很不好，挺不为人认同的。

小 A：觉得想法和任何人都无法沟通，到底是什么原因呢？哪个最好解决就先解决哪个。所以,我认为这个问题(儿童期性侵犯)可能是最好解决的,我可能是这么想的,所以才会先从这个问题入手吧!

5. 自我发泄

当侵犯事件的影响让他们无法面对时,喝酒、哭泣等自我发泄的方式成为他们惯用的应对经历。

小 B:这以前好像不是这样的啊,然后还会抽烟了,还会喝酒。就在宿舍把自己灌醉了,脾气也变得特别坏,经常砸东西。

小 D:自己就哭。

小 E:就自己一个人喝酒,把自己灌醉了。

6. 自我接纳

对于被侵犯者来说,并非所有人对侵犯事件后的自己都持否定态度,特别是孩子们,他们在很长一段时间都无法理解侵犯的实质而对侵犯下的自我形象表示接纳。即便是了解事件之后,他们对性和生命的重塑、理解也使得他们愿意接纳自己,并与那个受到伤害的自己和平相处。

小 F:就觉得所有的孩子和爸爸都是这样(发生性关系)的啊。

小 B:觉得不是什么丢人的事了,没什么了。

与身体的共同接纳,有的只是基于一种反抗无效的身体接纳。但是为了看到整体的状况,我们不做细致的分类。

(二)与他人和社会相关的应对经历

1. 隐瞒与拒绝帮助

侵犯事件发生后,所有的被害者都有一个相同的应对经历,就是——对其他人隐瞒。无论是出于他自己的意愿,还是像小 F 一样出于听父亲的话,他们都在与此事件无直接关系的他人面前保持过或多或少的沉默。

小 B:不说,连我妈都不说……后来我结婚的时候,我老公问我怎么不是处女,我说上体育时,运动太大,撑破了。

2. 对特定人群倾诉与求助

在接受访问的人群当中,他们都有或多或少的倾诉经历,其对象都是对被侵犯者来说比较特殊的群体,他们包括亲密好友、有相同经历者、圈内人、家人、专业人士。

小 A:和一个朋友说了,也就属于那种关系(同性伴侣)。

小 G:结婚前,我和老公说了。

小 K：和群（同性恋群）里的人一讨论，原来大家都有相似的经历。

小 H：和一个朋友说了，和我关系特别好的一个女生。

小 J：我就去找心理咨询的人。

小 I：我就告诉妈妈了。

3. 憎恨与伤害他人

在我们访谈的对象中，他们会选择憎恨甚至伤害和侵犯事件无直接关系的他人，最多的就是家人，其次是那些在发现自己被侵犯后对自己造成再次伤害的人，如小 L 和小 B 对学校管理人员的憎恨，小 E 丈夫再提起自己被侵犯的事件时，小 E 十分受伤，说道："当时心里的感受哈？那会儿我都想拿刀子把他给杀了。我就觉得特别地……我觉得要是再跟他过下去的话，我可能会伤害到他。"另外一些与侵犯者有相似特质的人群也是他们憎恨的对象，如小 C 对她的客人就十分厌恶："我坐台的时候都带着恨意，我都会狠狠掐他们，他们都有媳妇为什么还要摸我呢？我觉得他们好肮脏。"

小 E 说："觉得现在男人太可恶了！我就是不相信男人的话，我现在报复不了我当年的事情，但是呢，所有的男人我都恨！我从你身上来骗钱！"

4. 防备相关行为再次发生

受到过侵犯行为的他们，会对社会和他人产生一种警觉和防备，避免相关事件的发生。例如，小 B 工作时宁愿洗盘子也不愿意接待客人，小 K 会害怕和其他普通男性有较为亲密的关系，小 E 绕道而行，小 J 会对身材魁梧的人留个心眼，睡觉前也要对门窗特别检查以防备相同事件发生。

5. 炫耀

在我们的被访对象中，只有小 I 在一段时间内炫耀此行为。她说道："我很骄傲啊，其他同学他们不会（同性之间的性交）。"

6. 关注或保护他人

因为自己的受害经历，他们会对类似的事件和内容加以关注。小 B 说她现在都会很关注那些受到侵犯的新闻，自己的博客上收集了很多；小 G 长大后对职场的性侵犯特别关注；小 K 从那次以后，特别关注同性之间的人群；小 L 在被侵犯时大量出血，后来自己的性伴侣出血时她十分紧张，她说："都会觉得无所谓，后面可能粘膜破了会出血，我就会很紧张马上停止让她上药，她去卫生间我就会跟进去看一下，排的时候有没有血，她都会说没事不用看，我就会说那也不行，我得看一下，必须要看。"

7. 实施以利益交换为目的的性行为

他们认为性就是一种可以用来交换利益的工具。

小 H：对同性方面当时有这种想法，以同性名义看能不能交到朋友、交到自己可利用的朋友。

8. 进入边缘性群体

在本研究中主要指进入同性恋群体或者性工作者群体。

9. 模仿侵犯行为

他们自己有能力和机会时，会模仿其中的一些情节。小 I 说她被侵犯后，自己觉得不错，就用同样的方式去对待他的邻居男孩。小 O 在描述自己的行为方式时说："这么多年就已经成为一种刻意的，非常娴熟的一个动作（像表哥当年捆绑自己一样），与其他人发生性行为时马上就要这样捆绑起来。"

10. 寻求幸福婚姻与接纳

在受过伤害后，他们中的一些人更加渴望被人接纳，更加渴望幸福的婚姻和爱来温暖他们的生活。

小 G：温暖、怀抱，我觉得这是我目前最需要的，一个关爱我的人，很疼爱我的人。

11. 忧心和拒绝婚姻

虽然他们对婚姻渴望，但是也忧心忡忡，甚至拒绝婚姻。

小 C：我不敢结婚，没打算结婚，感觉自己不可能得到幸福。

12. 厌恶或拒绝与他人性行为

他们经历过侵犯后，厌恶性行为而拒绝与他人发生关系。小 B 因为不愿意与丈夫发生性关系而离婚，小 C 说她与客人发生关系后都会狠狠地洗，她觉得脏。小 K 也说道："我经历这些事以后，我对这些事还算蛮排斥的吧。"

13. 建立新的社会关系

他们逐步脱离原有的社会生活圈，建立新的交往圈，以满足自己的需求。他们中男性寻找到同性恋人群，女性也开始去寻找新的可以接纳和帮助自己、隐藏自己的群体。

小 B：工作的时候我就是不喜欢跟原来的同学在一起了，因为他们都知道我的事儿。我同事是和我一起从四川招来的，他们本身就比我们大，而且他们说不是学校招的,他们是自己来的,是社会上混过的人,不知道我的事,也不会看不起我。

(三)与侵犯事件本身相关的应对经历

1. 接纳侵犯行为

受害者对侵犯的接纳可以分为主动与被动,主动的接纳主要基于儿童的无知、身心需求和成年同性恋性交中扮演女性角色的一方。被动的接纳主要基于儿童的无可奈何和成年后的自我概念整合。两者其实很难分清界限,但都或多或少地表现出对侵犯行为的不反抗。

小 F:他做(父亲侵犯)的时候就是说我有时候在看书看电视。就感觉挺随便的一样。

小 C:每一次他有这种欲望,他都会在高一点的山上咳嗽或唱歌,当作一种暗号,每次我和我那个女朋友都乖乖地去。

小 I:刚开始完全没这个概念(性行为),他和我说有什么好处,我慢慢地发现我挺喜欢这个的,后来还主动找过他。

2. 拒绝与反抗侵犯者和侵犯行为

他们对侵犯行为所表现出的抗拒,这种抗拒有身体上的反抗,也有侵犯方式上的改变,总之他们让侵犯行为在一定程度上持续受阻。从长远来看,这种拒绝和反抗也表现为他们抗拒侵犯者、侵犯行为和侵犯事件再次出现在他们的生活,如主动遗忘、回避。

小 D:我把门锁上,三个小时我就没出来,我就蹲在那厕所,蹲着不出来,那男的就敲了半天门……那男的敲门进来把我拽出去,把我衣服给脱了,硬把我放到床上……我可劲闹。

小 H:我结婚那年他带着钱过去,我说不要你的钱,我不希望你出现在我的婚礼上,咱们俩已经过去了。

小 C:我不愿回家,我害怕。我想等那个老头子死了再回家。

3. 憎恨与报复侵犯者

当侵犯行为发生时或者发生后(对性侵犯认知不足的儿童在当时并未有此情绪,往往产生在事后),受害者对侵犯者表现出厌恶、仇恨等情绪,但是并非所有憎恨都演变成报复行为,一部分受害者止步于憎恨,一部分人以报复行为的方式表现出来。

小 I 在描述他被侵犯后报复的事件时说:正上学刚放完学,在路上接人家,拿着棍子敲了(侵犯者)两下就跑了。肯定有恨的。

小 D 在描述自己被控制时说：心里仇恨挺大的，但是当时也忍了……就觉得买点耗子或是什么药的把他们毒死。

4. 与侵犯者进行利益交换或补偿

受害者将性作为一种交换利益的工具来完成与侵犯对象的交换。

小 F：因为那会儿小，怎么这样的事就可以换来钱，当时挺开心的。

小 I：我就想你愿意给（钱）就给，就是你欠的我，你把我怎么样，就当成一种补偿给我吧。

5. 探索事件

他们在经历侵犯后对事件、性等行为进行澄清和探索。在我们的访谈对象中，他们在侵犯事件发生前对性不了解或者不完全了解，事件发生后，他们常常借助于网络或者带着好奇心了解事实真相。小 F：（圈内姐妹和客人）然后就慢慢地说，慢慢给我说，然后就慢慢地开始相信了，然后我就查了有关这一方面的详细资料。

小 I：就在网上接触了一些同志圈子的就算进了这个圈子吧，在网上查资料，交了几个朋友，做了几次之后，就搞清楚了。这些应对经历即便有着相同的字眼，但是其程度是不同的，以接纳为例，有的接纳是一种心理修复等原因，选择自我放弃。

自我放弃包括不被社会认可的言行，如包括小 B 开始所谓的"变坏"，也包括小 E 所选择的自杀行为。

小 G：如果是很优秀的男子，我只会很欣赏你，认同你，但不会主动去接近，我觉得自己不配，配不上。

小 E：我就觉得就算不怪我，我在人前也抬不起头来。

小 B：就是那件事之前啊，特别听话。后来，就开始了，特叛逆，跟老师打架，跟谁就勾搭谁。

小 C：到现在为止我都有种自卑感，感觉自己很脏。

小 F：就是想死，赶紧解脱，不用烦恼了。

（四）应对经历横向比较

在对自我的应对中，出现最多的是自我否定和自我放弃，其次是自我探索和自我发泄，接下来是自我接纳和自我重塑。可见，在侵犯事件发生后，他们对自我的否定明显多于对自我的肯定。

在对他人的应对中，出现最多的是对特定人群倾诉与求助，其次是隐瞒与拒绝帮助，第三是进入边缘性群体，出现较少的应对经历是对他人模仿侵犯行为，出现最多的是拒绝和反抗，其次是接纳侵犯行为、憎恨与报复侵犯者,出现最少是与侵犯者进行利益交换。

（五）应对经历男女比较

在自我方面,男性被侵犯者的自我整合整体好于女性被侵犯者,他们在自我否定、自我封闭、自我发泄等相对负面的应对项上要少于和轻于女性,在自我探索和自我重塑应对项上要多于女性。

在对他人和社会方面,男性对社会和与事件无关的他人憎恨程度少于女性,实施以利益为交换的性行为、寻求幸福婚姻与接纳应对项上,女性多于男性。在拒绝婚姻方面,女性多以心理原因拒绝居多,男性多以性取向原因拒绝。

在应对侵犯事件本身上,男性在接纳性侵犯行为、探索侵犯事件上面明显多于女性,在反抗项目的反抗力度上也远远弱于女性。

正如我们在综述时所述,学者们已经研究表明个人的应对选择与个人特质、事件情境、社会环境及相互作用等多种因素密切联系。在本文的分析中,我们承认个人特质和事件特点对他们的应对经历产生了不可忽视的作用,且所有的行为都应该是三者共同作用的结果,但是鉴于本文的分析视角侧重于宏观的社会文化背景,因此我们下面的部分将着重分析文化对个人应对经历的影响。

二、家庭应对方式

家庭应对方式在我国实践中并没有一个统一的模式,但是已经有学者对这方面进行了一定的研究。

在李生兰[①]所著的《幼儿家庭教育》一书中,李生兰对幼儿教育界学者们界定的幼儿家庭教育概念进行了总结概述,李生兰认为对幼儿家庭教育概念的认识可分为广义和狭义两类。广义的幼儿家庭教育主要是指在家庭生活中,父母对孩子、长者对幼者实施的教育。与此同时,孩子对父母、幼者对长者也有一定的影响,即家庭成员之间相互施与的一种教育和影响。狭义的幼儿家庭教育主要是指在家庭生活中,父母（或其他年长的家庭成员）对年幼的孩子（三至六七周岁）进行教育和施加影响,即我们在一般意义上所说的幼儿家庭教育。

幼儿家长预防儿童性侵犯教育是指在家庭这个背景下,父母（或其他

---

① 狄晓先. 幼儿家长预防儿童性侵犯教育的调查研究 [D]. 石家庄：河北师范大学硕士学位论文，2014.

家长)为了提高幼儿(三至六七周岁的孩子)的性安全防范意识、增强幼儿的自我保护能力,有计划地对幼儿所进行的教育活动。89.7%的家长选择的是带孩子报警,83.6%的家长选择的是带孩子看医生。幼儿家长面对如果孩子遭受了性侵犯的处理方法多集中在带孩子报警和带孩子看医生这两方面,一方面说明家长有较强的法律意识,另一方面说明家长对孩子的身体健康十分重视。12.9%的家长面对此事件选择了让孩子转园,远离现在的朋友圈,这部分家长的做法看似消极,其实则不然,这样可以让孩子远离周围社会舆论的伤害,对孩子的心理健康发展是十分有利的。只有30.2%的家长选择了带孩子看心理医生,看来多数幼儿家长对孩子的心理健康重视不够。此外,2.6%的家长选择了自认倒霉,帮孩子隐瞒事实,这部分家长选择了忍气吞声隐瞒事实,这是对儿童性侵犯者的纵容,表面上什么事也没发生一样,实际上隐瞒事实对孩子的伤害更大,对这部分家长的想法应加以引导。

三、司法系统应对机制

(一)法律的相关规定

针对儿童性侵害,特别是女性未成年人的性侵害,无论我们进行何种形式的道德反思都首先要确保法制的正义性惩戒和社会综合治理的预防作用[①]。因此,惩戒和预防这类犯罪的法制保障和社会综合治理也应该聚焦于我们现有的法制环境,检讨其制度和实施中的缺失,以便从立法、司法、守法和普法等方面改进我们法制环境,针对突出问题,切实贯彻好中央"依法治国"的基本精神。根据1997年颁布的《中华人民共和国刑法》(修订版)第236条和第237条的规定,对未成年女性或幼童实施性侵害或猥亵都属于严重犯罪,分别以"强奸罪"和"猥亵儿童罪"论处。就"强奸罪"而言,刑法采取的是"奸淫不满十四岁幼女的,以强奸论,从重处罚",情节严重的可以适用死刑。对于"猥亵儿童罪",刑法的解释是"依照强制猥亵、侮辱妇女罪,从重处罚",即可处5年以上有期徒刑。《刑法》修正案(七)对此罪的解释是:就"猥亵儿童而言,猥亵方式上则没有强制性的要求,只要有猥亵儿童的行为即构成本罪"。我国刑法将奸淫幼女作为强奸罪的一种从重处罚,对猥亵儿童的犯罪人依强制猥亵罪和侮辱

---

① 涂欣筠. 我国未成年人性侵案件现状及其对策[J]. 江苏警官学院学报, 2015, 30(1): 54-62.

妇女罪的规定从重处罚,对于强迫幼女卖淫和引诱幼女卖淫的,也比普通的强迫卖淫和引诱卖淫规定了更重的刑罚。可见,我国对于未成年人性侵害,尤其是针对幼女、儿童实施的性侵害,采取的是严厉惩治的态度。

2003年,教育部、公安部和司法部联合发布了《关于辽宁等地相继发生教师强奸猥亵学生事件的情况通报》,要求学校方面采取行政措施,强化学校负责人的领导责任、建立严格的教师准入制度、要求教师对学生性侵案及时报告并加强校园安全管理等。

2006年,教育部会同公安、司法等9部局,颁发了《中小学幼儿园安全管理办法》,对校园安全管理提出了明确、具体的要求,预防包括性侵害在内的学生安全事故。

针对儿童性侵害案件高发、频发的状况,我们的立法和行政部门也在不断地总结经验,出台相应的对策。2006年,全国人民代表大会修订了《未成年人保护法》第41条的规定,严厉禁止对未成年人实施性侵害,成为国家层面针对儿童性安全的专门立法。2007年,国务院又转发了教育部《中小学公共安全教育指导纲要》,明确规定学校在预防对学生的性侵害方面负有教育责任,要求在学校的教育内容中增加对低年级学生、小学生、中学生进行性生理、性安全和法律保障方面的知识,提出了具体的实施途径和保障机制,规范了教育行政部门和学校的职责,在制定的评价标准中,《中小学公共安全教育指导纲要》把学生的性安全意识和维权方法作为考核学校工作的重点指标,列入学校督导和校长考核的范围。

2013年9月出台的由教育部、公安部、共青团中央、全国妇联联合发布的《关于做好预防少年儿童遭受性侵工作的意见》,重申了涉及防止儿童性侵犯罪的原则和方法,主要内容有:防止儿童性侵害犯罪是一个社会系统工程,明确了社会、学校和家庭三方面带有区别的共同责任,要求社会环境、舆论宣传、校园教育和管理、家庭养育和教化在儿童性教育、儿童自护能力以及无空隙监护方面要有明确的针对性;重视对遭受性侵害儿童的全面救助和康复,将受害对象的隐私保护、心理辅导、家庭帮助和事后身心修复融入法治和人道体系,持续性和实体性地关爱受害当事人的全面与平衡康复;对易受性侵害的儿童实施特别保护和重点监控,将针对农村留守女童的家庭实施特别的保护,包括儿童性教育、法制维权和家庭困难救济等,形成"教育、公安、共青团、妇联、家庭、社会六位一体"的中小学生保护机制,做到安全监管全覆盖。

2013年10月23日,最高人民法院、最高人民检察院、公安部、司法部印发《关于依法惩治性侵害未成年人犯罪的意见》,意见充分体现对未成年人进行特殊、优先保护的司法理念,明确办理性侵害未成年人犯罪案件的一些突出法律适用和政策把握问题,对于进一步统一司法机关办理此类案件的思想认识、提高惩治性侵害犯罪和保护未成年人权益的司法水平具有重要指导意义。意见第9条规定:对未成年人负有监护、教育、训练、救助、看护、医疗等特殊职责的人员(以下简称"负有特殊职责的人员")以及其他公民和单位,发现未成年人受到性侵害的,有权利也有义务向公安机关、人民检察院、人民法院报案或者举报。第21条和第25条规定,对幼女负有特殊职责的人员与幼女发生性关系的,以强奸罪论处;对已满十四周岁的未成年女性负有特殊职责的人员,利用其优势地位或者被害人孤立无援的境地,迫使未成年被害人就范,而与其发生性关系的,以强奸罪定罪处罚;对未成年人负有特殊职责的人员实施强奸、猥亵犯罪或者组织、强迫、引诱、容留、介绍未成年人卖淫等性侵害犯罪的,在从重处罚的基础上再依法从严惩处。这说明承担教育、监护等特殊职责的人员强奸、猥亵未成年人,进入学生宿舍等实施强奸、猥亵,奸淫、猥亵农村留守儿童,对强奸未成年人的成年犯罪分子,一般不适用缓刑。同时,意见强化了办案机关及时立案和收集、固定证据职责,重点明确了奸淫幼女等性侵害犯罪的认定原则。另外,意见体现对未成年被害人的特殊、优先保护,要求避免对被害人造成二次伤害、为被害人提供法律援助、法定代理人代为出庭陈述意见、加大民事赔偿和司法救助力度等方面,为未成年被害人提供最大限度的司法关怀与呵护,为保护未成年人权益架起一道不容触碰、逾越的高压线。

（二）司法程序中的应对方式

无论是对身体伤害还是对心理伤害的治疗,对性侵害被害人及其家庭而言都是沉重的负担。虽然犯罪人对其侵害的被害人具有民事上的侵权赔偿责任,但现实中被害人常因种种原因不能获得应有赔偿。因此,不能将未成年被害人治疗的责任完全交由犯罪人和被害人的监护人承担。政府有关部门和社会组织应在未成年人性侵害治疗的机构设置、人员配备、场所提供、技术支持等方面承担起应有的责任和义务。我国一些地方法院、检察院在办理未成年人性侵案件时,已经开始尝试着通过与有关部门、专业人士合作,对被害人提供心理辅导,并为无法获得赔偿的被害人提供司法救助资金。例如,北京市第二中级人民法院对于未成年人遭受性侵害的案件,会以内部通报的形式向北京市高级人民法院提出审批申请。高院根据具体案件的情况和被害人的情况,选择合适的地点,在不暴露被害未成年人身份的情况下进行心理疏导,以期将受害人所受伤害程度降到最低,重新建立他们的爱情观和价值观。除了精神上的心理疏导,法院对受害未成年人在物质上的法律援助也没有缺失。法院设有专门的司法救助金,会根据案件的具体情况申请不同数额,让得不到实际赔偿的未成年被害人得到一定程度的物质补偿。

除了给未成年人性侵案件的被害人提供心理辅导和救助金,司法机关在办理此类案件时还注意到在案件侦查、审查起诉、审判的过程中尽量减少对被害未成年人的二次伤害。《关于依法惩治性侵害未成年人犯罪的意见》第13条规定:"办案人员到未成年被害人及其亲属,未成年证人所在学校、单位、居住地调查取证的,应当避免驾驶警车、穿着制服或者采取其他可能暴露被害人身份,影响被害人名誉、隐私的方式。"第14条规定:"询问未成年被害人,应当考虑其身心特点,采取和缓的方式进行。对与性侵害犯罪有关的事实应当进行全面询问,以一次询问为原则,尽可能避免反复询问。"在具体的施行上,上海市青浦区检察院在接到公安机关有关未成年被害人遭性侵的情况报告后会提前介入,引导公安机关侦查取证,由检察官、警察、心理咨询师、社工等组成取证小组,争取一次完成证据采集固定,严格保护被害人的隐私,防止泄露个人及家庭信息,防止二次伤害。

四、学校应对机制

目前,大多数农村学校没有建立切实有效的学校安全制度,其原因在于农村学校本身并无制定这些安全制度的能力与技术。大多数农村中小学的管理人员从未接受过相关培训,管理者不清楚学校存在的安全隐患,更不知道如何预防和消除这些安全隐患。管理者惯性的操作方式是将安全责任和义务转移到老师头上,这样势必难以取得预期效果。相关部门加强对学校管理者的教育培训,督促学校建立全方位的安全制度,是预防校园性侵害的重要方法之一。

第七章　未成年人性侵害的法律探讨

第一节　目前我国关于未成年人性侵害情况的法律检讨

　　针对儿童性侵害,特别是女性未成年人的性侵害,无论我们进行何种形式的道德反思都首先要确保法制的正义性惩戒和社会综合治理的预防作用。因此,惩戒和预防这类犯罪的法制保障和社会综合治理,也应该聚焦于我们现有的法制环境,检讨其制度和实施中的缺失,以便从立法、司法、守法和普法等方面改进法制环境,针对突出问题,切实贯彻好中央"依法治国"的基本精神。根据1997年颁布的《中华人民共和国刑法》(修订版)(以下简称《刑法》)第236条和第237条的规定,对未成年女性或幼童实施性侵害或猥亵都属于严重犯罪,分别以"强奸罪"和"猥亵儿童罪"论处。就"强奸罪"而言,刑法采取的是"奸淫不满14岁幼女的,以强奸论,从重处罚",情节严重的可以适用死刑。对于"猥亵儿童罪",刑法的解释是"依照强制猥亵、侮辱妇女罪,从重处罚",即可处5年以上有期徒刑。《刑法》修正案(七)对此罪的解释是:就"猥亵儿童而言,猥亵方式上则没有强制性的要求,只要有猥亵儿童的行为即构成本罪"。这两条解释,对于"奸淫和猥亵幼女"采取了更严格的认定标准,在操作层面增大了对女童性权利的司法保障。但对14岁至18岁的未成年少女的司法保障方面仍有缺失,以至于对此年龄段的性侵害行为难以实施公正的司法保障,容易让罪犯钻法律的空子。

　　2003年,教育部、公安部和司法部联合发布了《关于辽宁等地相继发生教师强奸猥亵学生事件的情况通报》,要求学校方面采取行政措施,强化学校负责人的领导责任、建立严格的教师准入制度、要求教师对学生性侵案及时报告并加强校园安全管理等,但是,从之后各地学校频发的女性学生遭性侵害案件看,这项行政通报在不少学校成了一纸具文,并没有得到有力的贯彻执行,原因显然是没有建立配套的追责惩戒制度。2006年,教育部会同公安、司法等 9 部局,颁发了《中小学幼儿园安全管理办法》,也对校园安全管理提出了明确、具体的要求,预防包括性侵害在内的学生安全事故,但是,校园相关领导和工作人员在认识上和工作中仍然没有对性侵害作为严重犯罪对待,更多关注的是传统意义上的人身安全,只要没有身体上的伤残病死就可以应付常规的行政检查了。因此,发生在幼儿园和校园里的女童性侵案件仍然处于频发状态,特别是偏远地区和城乡结合部的校园经常爆出相关的丑闻和案情。针对儿童性侵害案件高发、频发的状况,立法和行政部门也在不断总结经验,出台相应的对策。2006年,全国人民代表大会修订了《未成年人保护法》第 41 条的规定,严厉禁止对未成年人实施性侵害,成为国家层面针对儿童性安全的专门立法。2007 年,国务院又转发了教育部《中小学公共安全教育指导纲要》(以下称简《纲要》),明确规定学校在预防对学生的性侵害方面负有教育责任,要求在学校的教育内容中增加对低年级学生,小学、中学和高中学生进行性生理、性安全和法律保障方面的知识,提出了具体的实施途径和保障机制,规范了教育行政部门和学校的职责。在制定的评价标准中,《纲要》把学生的性安全意识和维权方法作为考核学校工作的重点指标,列入学校督导和校长考核的范围。但是,这些法律和行政规范在学校的实施过程中,没有得到很好的贯彻,通过不断发生的性侵害案件暴露出的问题依然是:有法不依,执法不严,行政不力,问责不明。相比而言,2013 年 9 月出台的由教育部、公安部、共青团中央、全国妇联联合发布的《关于做好预防少年儿童遭受性侵工作的意见》,重申了涉及防止儿童性侵犯罪的原则和方法,主要内容有:

防止儿童性侵害犯罪是一个社会系统工程,明确了社会、学校和家庭三方面带有区别的共同责任,要求社会环境、舆论宣传、校园教育和管理、家庭养育和教化在儿童性教育、儿童自护能力以及无空隙监护方面要有明确的针对性;

重视对遭受性侵害儿童的全面救助和康复,将受害对象的隐私保护、心理辅导、家庭帮助和事后身心修复融入法治和人道体系,持续性和实体性地关爱受害当事人的全面与平衡康复;

对易受性侵害的儿童实施特别保护和重点监控,将针对农村留守女童的家庭实施特别的保护,包括儿童性教育、法制维权和家庭困难救济等,形成"教育、公安、共青团、妇联、家庭、社会六位一体"的中小学生保护机制,做到安全监管全覆盖。上述原则和措施对于预防和惩治针对儿童的性侵害在理论上将起到积极的作用,但是,鉴于已有的相关法律、法规并没有得到有效贯彻执行,严格执法,特别是创造性的以儿童为本、社会综合治理为重的司法、行政和监管仍然面临许多难题亟待解决。

现行的法律法规的缺陷主要体现在如下几个方面。

一、性侵害未成年犯罪的罪名中存在的问题

（一）年龄设定和性别设定的缺陷

2013 年 10 月 23 日，最高人民法院、最高人民检察院、公安部、司法部联合发布了《关于依法惩治性侵害未成年人犯罪的意见》（以下简称《意见》），要求各地各级公检法司机关依法严惩性侵害未成年人犯罪，加大对未成年人合法权益的保护。《意见》要求的是"依法"惩治性侵害未成年人犯罪，这种"依法"自然包括"依同意年龄法"，因为同意年龄法在儿童性保护方面起着至关重要的作用。然而，与世界其他法域的同意年龄法相比，中国同意年龄法缺陷甚多，依这样的同意年龄法，远不能对性侵害未成年人犯罪给予有效惩治，也远不能对所有儿童给予充分的性保护。所谓同意年龄法，即规定同意年龄的诸法律之统称。所谓"同意年龄"，即由法律设定的一个或多个年龄，对达到该年龄的人，法律承认其对相关行为有同意的能力；反过来，未达法定年龄的人对相关行为所给出的同意，在法律上是无效的。单纯从字面上来看，同意年龄当然不限于性同意年龄，也可用来指婚姻同意年龄等。不过，在现代语境下，同意年龄已经约定俗成为性同意年龄，因此英文维基百科将"同意年龄"定义为"一个人被认为对性行为具有法定同意能力的年龄，因而也是一个人的最低年龄——只有该人达到这一最低年龄——另一人才可以合法地与之进行性行为"。需要指出的是，这一定义的后半段有一定问题，那就是，如果一种性行为本身就是违法的，则一个人即使达到同意年龄，另一人也不能"合法地"与之从事这种性行为。同意年龄可以是单一的、固定的，也可以因当事人的性别、当事人之间的身份地位关系以及性行为的种类而变化。

与传统法律相比，现代法律大幅提高了同意年龄。1928 年《中华民国刑法》将同意年龄提到 16 岁，1935 年《中华民国刑法》保持不变，并在台湾地区适用至今。中华人民共和国成立后，与民国法律进行了彻底决裂，一度废除了同意年龄，参照苏联的做法，以被害女性实际发育成熟与否作为确定幼女的标准。1955 年 1 月 19 日，最高人民法院专门发文关于处理奸淫幼女案件不得以 14 岁为幼女年龄标准的通知，要求各地法院在处理奸淫幼女案件时，"应就被害幼女是否发育成熟以及被害幼女在身

体和精神上所造成的后果等考虑量刑"。然而,在司法实践中,鉴定幼女"是否发育成熟"极为困难。此外,北京、天津两市法院根据办案体会,认为不满 14 周岁的幼女一般"发育尚不成熟",原则上均认定未满 14 周岁的未成年女子为幼女,凡奸淫不满 14 周岁的幼女,不论被害幼女"是否同意或是否抗拒",原则上都以奸淫幼女论罪。这种做法在 1957 年得到最高法院的肯定。最高法院联合司法部于同年 5 月 24 日发布《关于城市中当前几类刑事案件审判工作的指示》,规定"凡奸淫未满 14 周岁女子,不论采用什么手段,均应按奸淫幼女论罪"。但是,正是在这里,一种严重的法理错误出现了:"不满 14 周岁的幼女一般发育尚不成熟,原则上均认定未满 14 周岁的未成年女子为幼女"中的"14 周岁",是"发育年龄",指不满 14 周岁的幼女发育尚不成熟,而"凡奸淫未满 14 周岁女子,均应按奸淫幼女论罪"中的"14 周岁",是"同意年龄",指不满 14 周岁的幼女"不具有性同意能力",两者完全是两回事,却被混为一谈了。换言之,中国 14 周岁"同意年龄"的确立竟是以女性的"发育程度"为依据的,这从一开始就错了。当代中国同意年龄法存在相当多的错误、矛盾和混乱,这也是非常明显的。

首先,从世界法制史上看,中国南宋庆元条法事类设定的同意年龄为 10 岁,而同期稍晚的英国最早同意年龄法——《1275 年威斯敏斯特法》规定的同意年龄为 12 岁。在当代,与其他法域的同意年龄相比,中国 14 岁的同意年龄明显偏低。据学者在 2003 年进行的统计,在有相关资料的 200 多个法域中,法定强奸的意思表示年龄为 16 岁以上的有 154 个法域,14 岁或 15 岁的有 41 个,12 ~ 13 岁的有 12 个。联合国五大常任理事国的同意年龄从低到高依次为:中国,14 岁;法国,15 岁;英国,16 岁;俄罗斯,16 岁;美国各州均不低于 16 岁 。与中国同为发展中大国的印度,在 2012 年将其同意年龄由 16 周岁提高到 18 周岁,香港、澳门、台湾作为中国的一部分,其同意年龄均为 16 岁。中国同意年龄偏低的事实,绝不表明"中国的法律更尊重儿童作为性主体的权利",相反,偏低的同意年龄恰恰是中国同意年龄法的一大缺陷,大量性侵 14 ~ 18 岁儿童的行为因 14 岁的同意年龄而为法律所豁免,导致法律对儿童的性保护严重不足,也无疑从另一方面大大放纵了性侵儿童的犯罪行为。退一步说,即使假定中国以女性的发育程度来确定同意年龄的做法是科学的,中国 14 岁的同意年龄也与《儿童权利公约》保护所有儿童免于性剥削和性虐待的宗旨有背离之嫌。《儿童权利公约》从保护主义的角度出发,确立"儿童的最大利益"之基本原则,规定"关于儿童的一切行为,不论是由公私社会福利机构、法院、行政当局或立法机构执行,均应以儿童的最大利益为一种首要考虑"。这就意味着,按照中国已经加入的《儿童权利公约》,行为人与已满 14 岁不满 18 岁的儿童进行性行为,即使这样的性行为是儿童"同意的"甚或是其"主动发起的",但如果这样的性行为被有关的立法、司法机关认为有违"儿童的最大利益",行为人的行为照样应作为性侵害儿童的犯罪予以制裁,不能因儿童的"同意"而予以豁免,即使这种"同意"在法律上是有效的。总之,将同意年龄定在 14 岁,无论怎么看,都是中国同意年龄法的一大缺陷。

其次,中国同意年龄法带有明显的性别歧视色彩,这是由中国性法律的性别特色决定的。在强奸领域,同意年龄只与女性相关,所有男性都被排除在强奸法的保护之外;在猥亵领域,同意年龄对所有女性都有意义,但只对 14 周岁以下的幼童有意义,14 周岁以上的男性被剥夺了强制猥亵犯罪受害人的资格。众所周知,"不歧视原则"是《儿童权利公约》的另一项基本原则,所有儿童不分性别,皆有权受《儿童权利公约》的平等保护以免于一切形式的性剥削和性虐待。《中华人民共和国未成年人保护法》禁止对一切未成年人(不分性别)实施性侵害。因此,具有明显性别歧视色彩的中国同意年龄法便与《儿童权利公约》以及《中华人民共和国未成年人保护法》形成了对立,在保护男童方面严重缺位。从某种程度上来说,当代中国同意年龄法甚至不如清代法律先进,因为清代法律曾将强奸幼女与强奸幼童同等治罪,对幼女和幼童给予了同等保护。

再次,中国同意年龄法只规定了 14 周岁的同意年龄,与其他法域的同意年龄法相比,至少在以下三个方面显得过于简单。

其一,中国同意年龄法缺少"年龄相近豁免条款"。所谓"年龄相近豁免条款",又称"罗密欧与朱丽叶法",是其他同意年龄法中的常见条款,规定行为人如果与未达同意年龄的儿童年龄相近,则其与儿童发生性行为或者不为罪,或者虽为罪但减轻、免除其刑罚。例如,加拿大的同意年龄为 16 岁,但如果行为人比 12 ~ 13 岁的儿童大 2 岁之内,或者比 14 ~ 15 岁的儿童大 5 岁之内,则其与儿童发生性行为时,儿童的同意构成辩护理由。中国元代法律也明文规定不满 15 岁的未成年男子奸淫幼女减轻其刑。中国同意年龄法缺少"年龄相近豁免条款",很可能会将应予豁免的儿童入罪,有失公平。

其二,中国同意年龄法在 14 周岁的同意年龄之下再无进一步的年龄分段,缺乏对儿童的分级保护。在同意年龄之下进一步划分不同的年龄段、对不同年龄段的儿童实施分级保护,是其他同意年龄法的一个普遍做法。例如,美国绝大多数州采取的是两级制:已满 16 岁或 18 岁的行为人,与不满 12 岁或 13 岁的儿童发生性行为构成"一级"罪,通常称为"儿童性虐待"；与不满 16 岁的儿童发生性行为则构成程度较轻的"二级"罪，通常称为"法定强奸"。中国香港也在 16 岁的同意年龄之下再分为 13 岁以下和 16 岁以下两个年龄段，对儿童实施分级保护。无疑，分级保护比不分级保护更显公平与优越。

其三，中国同意年龄法没有滥用权威／信任地位条款。研究其他法域的同意年龄法不难发现，不少法律订有"滥用权威／信任地位条款"，规定行为人如与儿童之间存在监督、扶助、教育、医疗、矫正、看护等特殊关系，对儿童处于权威／信任地位，则提高同意年龄，即不再适用一般的同意年龄。例如，《德国刑法典》第 176 条"对儿童的性滥用"规定了 14 岁的同意年龄，但其第 174 条"对被保护人的性滥用"则将同意年龄提高到 18 岁。在中国澳门，同意年龄为 16 岁，但若行为人滥用其执行之职务或担任之职位对交托其教育或扶助之儿童进行性侵犯，则同意年龄提高到 18 岁。之所以有这样的规定，是因为在这样的情况下儿童的意志容易被行为人所控制，儿童的同意未必是其真实的意思表示。这样的规定自然是合理的。中国目前教师性侵学生的问题比较严重，应该与同意年龄法缺少这样的条款有一定关系。

最后，中国同意年龄法在卖淫领域的适用，是以"嫖宿幼女，以强奸论"开始的。这就将女性同意卖淫的能力与女性同意性交的能力混同起来，从一开始就是一个错误。卖淫是商业化、职业化、公共化的性行为，与一般性行为完全不同。即使已满 14 周岁的少女具有同意性交的能力，也绝不等于已满 14 周岁的少女具有同意卖淫的能力。按照相关国际人权公约，不满 18 岁的儿童不具有同意卖淫的能力，而且，"儿童卖淫"一词的真正意思是"在性活动中利用儿童以换取报酬或其他补偿"，系"最恶劣形式的童工劳动之一种"，与其字面意思完全不是一回事。因此，不少同意年龄低于 18 岁的法域，在卖淫领域另外适用 18 岁的同意年龄，或者说在卖淫领域将同意年龄提高到 18 岁。法国、德国、加拿大、俄罗斯、新西兰等国均如此。例如，法国的同意年龄为 15 岁，但《法国新刑法典》规定有"利用未成年人卖淫罪"，其第 225-12-1 条规定：以给予报酬或者许诺给予报酬作为交换，要求、接受或获得与从事卖淫的未成年人发生性性质的关系，其中包括偶然为之，处 3 年监禁并处 45000 欧元罚金。显然，该条规定类似于中国刑法中的"嫖宿幼女"条款，但比"嫖宿幼女"先进的地方在于其是性别中立的，并且采用的是 18 岁的同意年龄。在并不禁止成人卖淫嫖娼的法国，利用 18 岁以下的未成年人卖淫（嫖宿 18 岁以下未成年人）倒是犯罪，在严禁卖淫嫖娼的中国，嫖宿 14 周岁以上的未成年女性和 18 周岁以下的未成年男性倒不是犯罪，这是颇具讽刺意味的。中国作为《儿童权利公约》《儿童权利公约关于买卖儿童、儿童卖淫和儿童色情制品问题的任择议定书》以及《禁止和立即行动消除最恶劣形式的童工劳动公约》的加入国，如今在卖淫领域仍适用 14 周岁的同意年龄，属于严重误用，使保护所有儿童免于性剥削的目的根本无法实现。

（二）性侵害的行为方式界定不准确

《未成年人保护法》第 41 条的规定，禁止对未成年人实施性侵害。该法中虽然出现了"性侵害"一词，但并没有明确界定性侵害的具体表现，相关法律解释也没有明确的规定。我国《刑法》中涉及性侵害未成年人的罪名有：第 236 条规定的强奸罪；第 237 条规定的猥亵儿童罪；第 358 条规定的强迫卖淫罪；第 359 条规定的引诱幼女卖淫罪。

1. 性交

强奸是强行发生性交的行为，我国的司法实践中一般对性交的认定是男性将生殖器插入女性生殖器内。但随着女权运动的发展，同性恋的增多，性交观念的转变，这种传统"性交"概念必然受到挑战。非阳具对女性阴道插入，同样能侵犯被害人的性权利，使其生理和心理都造成严重伤害，甚至传播疾病，具有严重的社会危害性。英国 2003 年《性犯罪法》将性行为指向由受害人的阴道和肛门扩大到受害人的阴道、肛门和口腔。香港法律改革委员会也在 2012 年 9 月 16 日建议"只要未经同意下进行的性行为，无论是男的和女的，抑或是男的和男的，只要是使用阳具插入受害人阴道、肛门或口腔均属强奸"。因性交观念的转变，特别是同性恋的出现，"性交"不再仅仅发生于男女之间，也可能在男男之间、女女之间，甚至于女对男之间发生，所以现行刑法和传统的性交定义，不能全面准确解释社会观念变革后的性交行为，致使男女性权利得不到平等保护。可见，"强奸"男性未成年受害人是可能的，强奸罪中对男性未成年受害人的保护是必须要完善的。

2. 猥亵

在猥亵儿童罪中，猥亵是指用性交以外方法对不满 14 周岁的儿童实施的淫秽行为。通常认为猥亵的手段有：抠摸、舌舔、吸吮、亲吻、搂抱、手淫、鸡奸等行为。法律所界定的猥亵行为还不足以涵盖实践中对未成年人实施的其他性侵害行为。例如，犯罪行为人要求未成年人抚摸其生殖器、要求未成年人做色情表演、强制未成年人看色情信息等行为。根据联合国《儿童权利公约》的规定，上述行为都是性侵害儿童的行为。再有，《刑法》一般认为的对 14 周岁以下的男性未成年人实施鸡奸行为的，属于猥亵儿童罪的客观表现。对此,笔者以为值得商榷。首先,对于强奸罪中"性交"概念的理解和界定应当与时俱进。传统的包括我国的司法实践中对性交的认定,是指男性将生殖器插入女性生殖器内。倘若犯罪行为人将生殖器插入受害人口腔或者肛门,司法实践一般将其认定为猥亵行为。近年来,无论是 2003 年英国的《性犯罪法》,还是 2012 年香港法律改革委员会的建议,都将性行为指向无论男女,"只要是使用阳具插入受害人阴道、肛门或口腔均属强奸"。其次,对男性未成年人实施的鸡奸行为对男性未成年受害人造成的身体和心灵伤害并不低于对女性未成年受害人实施的生殖器性交行为。将其认定为强奸罪的客观表现更为符合行为的社会危害性,更有利于平等地保护男性未成年人的合法权益。最后,《刑法》在猥亵儿童罪的加重情节中,规定为"聚众或者在公共场所当众犯前款罪的",仅限于"聚众"和"当众"两种表现,范围过于狭窄。这使得那些猥亵多人、长期猥亵未成年人、造成被害人严重损害的行为得不到有力的打击,没有很好地体现罪责刑相适应原则,致使罪犯更肆无忌惮。同时我们注意到,我国《治安管理处罚法》第 44 条规定:"猥亵他人的,或者在公共场所故意裸露身体,情节恶劣的,处 5 日以上 10 日以下拘留。"在此使用的是"猥亵他人",说明男性也成了治安管理处罚法保护的对象。然而,《刑法》并未将已满 14 周岁的男性作为猥亵罪的侵害对象,从处罚力度和威慑力考虑,《治安管理处罚法》还难以满足全面保护男性性自主权的要求。

3. 性交易行为

卖淫嫖娼即性交易行为,其基本含义就是向不特定对象提供性服务并以此收取报酬。2001 年公安部《关于对同性之间以钱财为媒介的性行为定性处理问题的批复》指出:"不特定的异性之间或者同性之间以金钱、财物为媒介发生不正当性关系的行为,包括口淫、手淫、鸡奸等行为,都属于卖淫嫖娼行为,对行为人应当依法处理。"然而,对于未成年人特别是不满 14 周岁的儿童,进行的性交易行为是否属于卖淫嫖娼行为? 如果答案肯定,与未成年人进行性交易则不构成犯罪,因为我国《刑法》并不处罚单纯的卖淫嫖娼行为本身,而是处罚与卖淫嫖娼相关的组织、强迫、引诱、容留等行为。如果答案是否定的,也就是说与未成年人进行性交易不被认可为自主的交易行为,而是对未成年人进行的性侵害。确认未成年人卖淫的自主性,将认知能力有限的未成年人与成年人等而视之,是忽略了未成年人年龄、身份、辨认能力、控制能力的特殊性,使得本该由成年犯罪人承担的全部法律责任,硬生生地划分出部分责任由未成年人来承担,从而降低了对犯罪人的惩罚力度,这对保护未成年人的合法权益是极为不利的。可喜的是,《意见》第二十条第二款,将明知强迫卖淫而嫖宿幼女行为界定为强奸罪。这至少说明幼女性交易行为并非都是自主的交易行为。

香港社会福利署做出的《处理虐待儿童个案程序指引—2007年修订本》将儿童性侵犯定义为:指牵涉儿童的非法性活动(如强奸、口交),儿童不能做出知情同意的性活动,包括直接或间接地对儿童做出性方面的利用或侵犯(如制作色情物品)。性侵犯可能发生在家中或其他地方,侵犯者可能是儿童的父母、照顾者、其他成年人甚或其他儿童,侵犯行为可以个别或有组织的方式进行。性侵犯包括以奖赏或其他方式引诱儿童加以侵犯,侵犯者可能是儿童认识的人或陌生人。(儿童性侵犯有异于随便的性关系,后者不涉及一方对另一方性方面的利用,如男童与女童之间随便的性关系,虽然男童可能会因此触犯猥亵侵犯(非礼)或与未成年少女性交的罪行)与香港社会福利署在上述《处理虐待儿童个案程序指引—2007年修订本》中界定的性侵犯相比,我国法律体系中存在以下缺陷:第一,未有明确的性侵害未成年人的界定与警示;第二,我国刑法对性侵害未成年人的犯罪客观表现采用列举的方式进行界定,范围过窄。

二、对被害人的法律救济规定不完善

(一)法律救济方式单一且力度不足

目前,我国的救济性立法存在过度重视刑事司法的救济,而忽略政府救济的问题。我国现阶段的救济性立法与美国早期立法类似,具有重追诉轻保护的典型特征。

首先,缺乏对未成年被害人的案件具有针对性的特别程序。《意见》中规定的一次询问原则以及不伤害原则具有进步意义,然而落实上述原则尚须设置专门的办案机构并配备专业的办案人员。实践中,大多涉及未成年人的案件都是由未成年人检察专门机构和少年法庭负责办理,这在一定程度上为未成年被害人提供了有针对性的保护和照顾。但不容忽视的是,公安机关作为性侵害未成年人案件的侦查机关,其专门机构建设相对滞后,并未制定针对未成年被害人的全面保护措施。在重追诉轻保护的大环境下,公安机关很可能为追求破案对未成年被害人造成二次伤害。其次,未成年被害人的隐私权未得到充分保障。《意见》规定了保密原则,并要求办案人员到未成年被害人及其亲属、未成年证人所在学校、单位、居住地调查取证的,应当避免驾驶警车、穿着制服或者采取其他可能暴露被害人身份、影响被害人名誉、隐私的方式。然而，仅对司法工作人员调查取证的出行方式做出要求还远远不够，还应当对所有了解案情的人员施以必要的法律约束。最后，侦查笔录、法庭记录等文书记载未成年被害人的基本信息以及遇害细节，一旦泄露，必将严重侵犯未成年人的隐私。《意见》规定人民法院应当在依法保护被害人隐私的前提下公开判决，却不对侦查笔录、法庭记录等文书加以特殊约束，难以充分保护被害人隐私。

（二）权利救济主要体现为事后救济，缺乏事前的预防救济立法

美国于 1994 年颁布《雅各伯威特灵法案》设立了性犯罪者信息登记制度，要求各州为性犯罪者建立信息登记册，记录其基本信息。虽然信息登记制度的本意并非预防，而是方便警方快速识别、追踪性犯罪者，但该制度为美国的预防性立法的完善奠定了基础。1994 年，7 岁的梅根坎尔被她的邻居诱骗至家中，遭遇了残酷的性侵害后被杀害，而这位性侵者是两次被定罪的性犯罪者。该案件引起了美国社会的广泛关注，人们认为由于社区没有对已知的性犯罪者进行公告，使梅根的父母不知道邻居是多次实施性侵害的性犯罪者，放松了警惕，酿成悲剧。单纯地进行信息登记已不能满足美国社会预防性侵害未成年人的紧迫需要，美国 1996 年通过的《梅根法案》设立性犯罪者社区公告制度，公开性犯罪者信息，以便公众及时查询相关内容，随时提高警惕。《梅根法案》对社区公告制度的规定不够具体，导致实践中出现了信息登记内容不一致、信息更新不及时、公开标准不一、过度侵害隐私权等诸多问题。为应对上述问题，美国于 2006 年颁布《亚当·沃尔什法案》设立了信息更新制度，并对信息登记制度以及社区公告制度做出了更为细致的要求。为纪念梅根案件在美国法制史上的里程碑地位，美国将上述一系列制度统称为"梅根法"。"梅根法"的主要内容包括四个部分：首先，性犯罪者信息登记制度。规定信息登记的具体内容，要求性犯罪者向政府提供姓名、住址、工作地、学习地以及驾照等基本信息以便备案。其次，性犯罪者信息更新制度。根据性侵行为的严重程度将性犯罪者分为三级（1 级最轻，3 级最重），就不同等级的性犯罪者规定了不同的信息更新期，要求性犯罪者在规定期限内自动更新个人信息，没有自动更新的可能被判处监禁刑。再次，性犯罪者社区公告制度。建立专门的性犯罪者信息公开网站，并且对公开的内容进行了限制，将限制公开的内容分为强制性不予公开的信息和选择性不予公开的信息，强制性不予公开的信息有被害人的身份、性犯罪者的社会保障号码、尚未定罪的案底；选择性不予公开的信息有被界定为 1 级的性

犯罪者的信息、性犯罪者雇主姓名以及性犯罪者就读学校的名称。最后，设置专门的性犯罪者量刑、监控、逮捕、登记及追踪办公室，全权负责上述各项制度的具体实施。为预防教师、医生等与未成年人有紧密接触的特殊工作人员对未成年人实施性侵，美国建立了性犯罪历史审查制度，要求司法部对儿童福利机构、公立或私立学校的员工进行犯罪历史审查，允许有关机关使用国家犯罪信息数据库对上述单位的工作人员进行指纹查询，了解犯罪历史。由于人力资源的限制，司法部难以对所有特殊工作人员进行犯罪历史审查，严重影响了犯罪历史审查制度的可操作性。为解决这一问题，宾夕法尼亚州于 2014 年通过了《停止教育者性侵，不当行为和剥削法案》，将犯罪历史审查的具体职责下放到学校层面，要求学校对应聘者进行犯罪历史审查。此外，学校应在审查时联系应聘者的前任雇主，了解应聘者的品行与作风，禁止学校雇佣基本信息不详或有性侵记录的人员。

　　与美国的预防救济立法相比，现阶段我国关于性侵害未成年人的预防性立法尚为粗略，只在《未成年人保护法》（以下简称《未保法》）与《意见》中的零星条文中涉及。造成这一现象的主要原因是我国立法欠缺预防意识，多重视此类犯罪的治理工作而忽略预防可能发生的性侵行为。分析美国经验可知，有效的预防性立法应以性犯罪者为中心，根据性犯罪者作案的主要规律设置预防措施。如上所述，我国性侵害未成年人案件的主要特征是性侵犯罪者重复作案可能性较高，熟人作案比重畸高。我国现行立法忽略上述特征，未规定针对性的预防性措施，导致预防效果不佳。

　　首先，我国立法对于性犯罪者重复作案的现象不够重视，忽视了对此类现象的预防。《意见》第 28 条规定的禁止令制度虽然在一定程度上具有预防重复性侵的效果，但禁止令的效力期间限于缓刑考验期，对于预防考验期结束后的性犯罪者重复作案现象，其预防作用具有局限性。美国立法为应对重复性侵，颁布了"梅根法"，设立了较为完善的信息登记、社区公告以及信息更新等一系列制度。"梅根法"不仅能长期预防重复作案，还能吸纳家长以及社会的力量，为预防性侵害未成年人增添有力屏障。与美国细致入微的"梅根法"相比，我国的禁止令制度显得比较苍白单一。近年来，我国开始在实践中对预防性立法进行探索与尝试。浙江省慈溪市人民检察院于 2016 年 6 月牵头出台了《性侵害未成年人犯罪人员信息公开实施办法》（以下简称《办法》），试图借鉴美国的社区公告制度预防重复作案的现象。积极的探索与创新值得肯定，但其实施效果有待进一步考察，具体制度设置方面亦有值得商榷之处：第一，信息登记制度、信息更新制度以及社区公告制度三者相辅相成,仅引进社区公告制度无法起到良好的预防作用。如果不对性犯罪者进行分级登记,如何把控《办法》中的"严重性侵害"将会成为实践中的难题。此外,不及时更新信息难以确保信息的准确性,社区公告制度的实施效果将大打折扣。第二,社区公告应当有明确的边界以及专门的渠道,《办法》通过多种渠道广泛公开性犯罪者的个人信息,具有严重侵害性犯罪者的隐私权的可能性。

其次,对于熟人性侵比重畸高的现象,我国立法未予以足够的重视。《意见》对预防熟人作案未予涉及,《未保法》的预防性规定重在治理校园周边治安,而忽略了校园内、社区附近等熟人出没的场所。《刑法修正案(九)》中关于职业禁止的规定对于预防熟人作案有一定的积极作用,职业禁止令与美国的性犯罪历史审查都是通过禁止有性侵前科的人从事相关工作,达到预防熟人性侵的目的。应当看到,职业禁止令对性侵未成年人案件的预防作用具有局限性,职业禁止令只能禁止曾经利用职业便利实施性侵的人从事相关职业,并不能禁止所有有性侵前科的人从事相关职业。此外,职业禁止令具有一定的期限,并不能达到长期预防的效果。因此,与性犯罪历史审查制度相比,职业禁制令在预防范围与预防期限两方面均存在局限性。

最后,专门机构的缺失阻碍预防性立法的具体落实。《意见》第 7 条规定各级人民法院、人民检察院、公安机关和司法行政机关应当加强与民政、教育、妇联、共青团等部门及未成年人保护组织的联系和协作,共同做好性侵害未成年人犯罪的预防工作。但是,这一规定并未明晰上述组织的具体责任以及权限划分,各组织之间也未形成一定的分工协作机制,容易造成各部门之间相互推诿的现象,使预防性立法的落实困难重重。

三、未确立性侵害犯罪的精神损害赔偿

2015 年 10 月 28 日,宁夏教师性侵 12 名幼女案二审开庭。灵武市乡村教师黄振辛,因犯强奸罪、猥亵儿童罪,一审被判处无期徒刑。庭审中,12 名受害儿童的代理人提起了每人约 18 万元的心理康复费等诉求。囿于法庭只支持"已经发生"的费用,而前期心理康复费只有 1800 元。依照判决,每个家庭得到的赔偿将不足两千元。如果接受调解,则可得到 5 万元的调解款。最终,12 名受害儿童家长,选择撤回诉求,签约调解。

笔者理解受害儿童家长接受调解的决定。对他们来说,5 万元不是小数字,足以砌起一座房了。确实如此,有户受害家庭就用这笔钱建了座新房。尽管他们的女儿身心受到了严重挫伤,说好这笔钱用在女儿的心

理康复治疗上,但贫穷使然,12位家长都把钱用在了其他地方。

这能怪他们无知愚昧吗? 不能。如果法院支持代理人提起的每人约18万元的心理康复费等诉求,相信他们会将其中一部分拿出来用于女儿的康复治疗。无奈,法院只支持"已经发生"的费用,他们只能拿到1800元的赔偿。如果想多拿点,就得按照今后产生的实际费用,再次提起诉讼。他们耗不起时间精力,也出不起诉讼费。他们之所以接受调解,及受制于现行法律之故。修订后的刑事诉讼法明确规定,对附带民事诉讼的只赔偿因犯罪造成的物质损失,"被害人由于被告的犯罪行为而遭受物质损失的,在刑事诉讼过程中,有权提起附带民事诉讼。"而对于精神损失的附带民事诉讼,法院则不予受理,并且在刑事案件审结之后另行提出的精神损害赔偿民事诉讼也不予受理。

可能这条规定太"深入人心",即便2013年四部委发布了《关于依法惩治性侵害未成年人犯罪的意见》,首次将性侵儿童的精神诊治费用,纳入赔偿范围,并不为多少人所知,甚至连很多法官也不知有此"意见",因而迄今为止全国鲜有判例。

为什么《意见》得不到落实? 除了宣传不够,没有配套的实施细则外,还要加上一条:规定本身不够明确。且看相关规定:对于未成年人因被性侵害而造成的人身损害,为进行康复治疗所支付的医疗费、护理费、交通费、误工费等合理费用,未成年被害人及其法定代理人、近亲属提出赔偿请求的,人民法院依法予以支持。"人身损害"是否包含精神损害? 康复治疗是否包含"心理康复"治疗? "意见"不明确。尤其在列举的四种费用中,漏掉了精神赔偿费这一关键费用,导致"意见"模糊,缺乏强制力和操作性。这也反映了四部委在制定这条"意见"时意见不一、举棋不定的矛盾心态。

但从报道披露的12位受害女童的心理和精神受伤害情形看,《意见》的上述规定契合了民众的普遍诉求:法院应该支持心理康复治疗的赔偿诉求。当然,态度可以更鲜明些,措辞还可更明确些。

与侵财案件及其他侵犯人身权利的刑事案件相比,性侵案件被害人心理精神遭受的创伤要远远高。而对于未成年人来讲,由于其正处身体和精神的成熟期,这种心理和精神上的创伤可能会伴随其终身。虽然《意见》第31条将"精神康复治疗费用"纳入民事赔偿范围,但其与精神损害赔偿存在本质差别。精神损害是给被害人造成的生理或精神上的痛苦,这些痛苦往往不具有外在依附客体,因此无法通过直接方式来弥补损害。精神损害赔偿是通过对被害人给予经济赔偿来缓解其遭受的生理或精神痛苦。而精神康复治疗费用是被害人实际支出费用,其包括在精神损害之内,但并不能涵盖精神损害的全部范畴。因此,《意见》将"精神康复治疗费用"纳入民事赔偿范围,虽打开了我国刑事司法领域精神损害赔偿尘封已久的大门,但这扇门仅仅开了一个缝隙。"精神康复治疗费用"远不能涵盖性侵未成年人案件中被害人遭受的精神损害。

中央财经大学法律援助中心主任李轩指出,在保护未成年人的权益上,当前的法律制度仍然有进一步完善的空间。李轩注意到,这些被性侵的儿童,很难获得精神赔偿。"有很多受到性侵的儿童,单纯从身体上看不到受到多大伤害,但其心理创伤极为严重。在司法实践中,关于损害赔偿,法院的判决金额往往只是医药费等直接经济损失,而不支持精神损害赔偿,这显然与受害儿童的心理伤害和生活受到的严重影响不相适应。"孙雪梅说。中国人民大学法学院教授、中国民法学研究会秘书长王轶认为,事实上,并不存在对被性侵女童精神损害救济的法律障碍。侵权责任法第 22 条专门对精神损害赔偿这种责任的承担方式做出规定,其中就提到,如果自然人的人身权利遭受严重侵害,可以主张精神损害赔偿。"什么算是人身权利遭受严重侵害? 在我看来,对于儿童尤其是女童而言,如果他们受到性侵,就应当认定为人身权利遭受了严重侵害,也理应支持他们精神损害赔偿的请求。"王轶说。王轶同时指出,在侵权责任法第 16 条关于损害赔偿的一般规定中,并没有把损害救济的对象仅限于治疗所支出的费用,而是明确把康复所支付的费用都包括在内,只要准确理解和把握了法律,完全可以把精神遭受损害的康复费用包含在进行救济的范围之内。李轩指出,现行司法解释对精神损害赔偿的规定很局限,一般是根据身体伤残等级来确定相应的赔偿金额,然而法官无法根据自由裁量权对纯粹心理伤害进行高额的酌定赔偿。因此,司法实践中即使有少数精神损害赔偿的案例,也只有象征性的几千元而已,这对被性侵儿童遭受的精神伤害和将来可能用于心理恢复需要的救济而言,完全不成正比。"针对儿童被性侵后难以获得精神损害赔偿的问题,可以考虑对此进行专门立法。当然,也可以通过修改现行司法解释,或者制定专门针对被性侵儿童的新的司法解释,明确赔偿的金额与标准,来更好地维护未成年人的合法权益。"

对于性侵未成年人案件中遭受的精神损害,被害人可通过两种途径解决。第一,在司法领域外选择与犯罪人"私了"。选择"私了"意味着对性侵犯罪的放纵,这会激励犯罪人再次实施性侵未成年人犯罪。第二,在刑事司法领域内选择与犯罪人刑事和解。但犯罪人愿意赔偿精神损害的前提是其能够获得从宽处罚,否则其就不具有达成和解的积极性。我国《刑事诉讼法》并不排斥被害人与被告人在刑事和解中就精神损害赔偿进行协商,但犯罪人愿意赔偿精神损害的前提是其能够获得从宽量刑,否则就不具有达成和解的积极性。因此,两种途径都意味着对犯罪分子的放纵,有悖于《意见》"依法从严惩治"的初衷。另外,将对被害人精神损害的救济限定于"精神康复治疗费用",可能导致司法公正的地域性失衡。精神康复治疗机构的设置在我国城乡、发达与欠发达地区存在天壤之别,农村、欠发达地区几乎没有此类机构。对于农村偏远地区留守儿童实施的性侵犯罪,"精神康复治疗费用"无异于镜花水月。我国存在城市化背景下刑罚结构性失衡的问题,而精神康复治疗费用可能导致司法公正的地域性失衡,加剧社会分层带来的司法不公。

性侵害儿童行为给受害儿童造成严重的肉体和精神损害,精神上的损害甚至可能影响其成长,损害后果要比单独侵害名誉权等严重得多。侵害名誉权尚且可以获得精神损害赔偿,对于这种严重损害反而不能请求精神损害赔偿,我国在立法上没有对此提出明确且单独的法律规定,显然是不合理的。

四、性侵害男性未成年人的立法空白

随着我国社会发展进程的加快,成年人对追求性权利的态度已经越来越开放,在一些城市甚至出现了专门为女性或男同性恋者提供性服务的场所。某些成年女性在成年男性那里无法得到性满足,就可能转向性侵害男性未成年人。同时,社会上存在对男性未成年人有特殊癖好的成年女性以及同性恋现象的客观存在,日常生活中,男性未成年人遭到性侵害犯罪的案例也时有发生,所以男性未成年人极有可能受到成年女性或男同性恋者的性侵害。不能只依靠男性未成年人自身的力量去抵抗性侵害,更重要的是从法律的角度去防止性侵害男性未成年人的发生,达到保护男性未成年人的目的。

关于对未成年人的性侵害犯罪,《刑法》第 236 条、237 条、358 条、359 条、360 条相关条款进行了规定,其内容具体包括对妇女实施猥亵、侮辱犯罪情形,对儿童实施猥亵犯罪情形,进行卖淫组织活动犯罪情形,强迫他人卖淫犯罪情形,伙同、容留卖淫犯罪情形,哄骗未成年女性卖淫犯罪情形等,这些相关的罪名中涉及男性未成年人的罪名仅有猥亵儿童罪,其犯罪对象仅限于年龄小于 14 岁的未成年的男性,而超过 14 岁的男性不在此之列。至于强奸罪,男性更是被排除在法律规定的对象范围之内。除了《刑法》第 237 条猥亵儿童罪没有详细的区分性别外,其他涉及性侵害未成年人犯罪的罪名都主要是保护未成年女性。《意见》指出,如果 14

岁以上的男童被他人猥亵,在法律上一般以故意伤害罪来论处,严重者则以故意杀人罪论处,至于未成年男性被性侵害是否构成强奸,《意见》并没有明确说明。可以看出,当前我国的刑事法律法规和刑事司法解释都直接反映出现行的法律制度对遭受性侵害的男性未成年人提供法律救济的空白。有学者提出可单独设立"性侵害儿童罪"来解决性侵害男性未成年人的立法空白问题,但是笔者认为这样的罪名设立是不合理的,会与强奸罪、猥亵儿童罪等罪名产生法条竞合,到时候怎么界定几项罪名也在司法实务中可能会遇到棘手的法律难题。强奸罪的犯罪对象是女性,其中已经包含了未成年女性,奸淫幼女属于从重情节,也属于儿童的范畴,而猥亵儿童罪的犯罪对象在《意见》出台以前是指不满 14 周岁的未成年人,包括男孩和女孩,并没有包括 14 ~ 18 周岁的男性未成年人,《意见》中也没有扩大猥亵儿童罪的犯罪对象,只是规定了如果 14 岁以上的男童被他人猥亵,在法律上一般以故意伤害罪来论处,严重者则以故意杀人罪论处。可见,根据我国的国情和现行刑法,要解决性侵害男性未成年人的立法空白,最好的办法不是借鉴国外设立"性侵害儿童罪"的做法,因为司法体系根本不同,设立这项罪名的国家大多把涉及侵害儿童权益的罪名都归到一个大类,再通过细则去进行例举式的个罪设定,这在我国根本行不通,这样的设定就意味着整个立法规则和体系的改变。综上所述,笔者认为,当前关于性侵害男性的法律盲点,最好的解决办法就是扩充关于强奸罪和猥亵儿童罪的犯罪对象范围的司法解释,把 14 ~ 18 周岁的男性未成年人涵盖进去,将犯罪对象扩大至所有的性别。

第二节　法律对策的完善

一、惩治性侵害未成年人犯罪的立法完善

(一)扩大性侵害对象的法律保护范围

现行刑法规定中涉及性侵害未成年人的罪名有:强奸罪、猥亵儿童罪、强迫幼女卖淫罪、引诱幼女卖淫罪。在强奸罪、强迫幼女卖淫罪、引诱幼女卖淫罪中,法律予以特别保护的未成年受害人限于未满 14 周岁的女性未成年,猥亵儿童罪中法律特别保护的对象是未满 14 周岁的未成年人。从平等保护男性和女性未成年人合法权益的角度出发,应将上述罪

名中的未成年受害人的性别限定予以取消,不再限定为女性,受法律保护的未成年人年龄提高到 18 周岁,这与我国整体的未成年人保护法律制度也是相一致的。当然,未成年人在不同阶段,其行为能力有明显的不同,在扩大上述性侵害犯罪的犯罪对象时,从未成年人的行为能力发展和保护未成年人权益的角度出发,可以将性侵害犯罪中受特殊保护的未成年人受害人划分年龄阶段并给予不同的刑事处罚。比如,《香港刑事罪行条例》第 118 条规定,任何男子强奸一名女子,即属犯罪,一经循公诉程序定罪,可处终身监禁;第 123 条规定,任何男子与一名年龄在 13 岁以下的女童非法性交,即属犯罪,一经循公诉程序定罪,可处终身监禁;第 124 条规定,任何男子与一名年龄在 16 周岁以下的女童非法性交,即属犯罪,一经循公诉程序定罪,可处监禁 5 年。根据我国未成年人的行为能力发展阶段特征,可以将性侵害中受害未成年人的年龄划分为三个阶段:14 周岁以下,14 ~ 16 周岁,16 ~ 18 周岁,并针对三个不同年龄阶段的未成年受害人规定不同的刑罚幅度。同时,要将性侵害犯罪中的未成年受害人扩大至未满 18 周岁的所有未成年人,还应对性侵害犯罪做以下两个方面的修改。

1. 修改罪名

在将未成年受害人的性别不予限定并提高未成年受害人的年龄之后,应相应地修改上述罪名:强奸罪的犯罪对象扩大后,不影响罪名,无须修改;猥亵儿童罪中的"儿童",可修改为"未成年人";强迫幼女卖淫罪、引诱幼女卖淫罪中应将"幼女"一词修改为"未成年人"。

2. 修改客观表现

强奸罪、强迫幼女卖淫罪、引诱幼女卖淫罪的客观表现中都强调犯罪行为是针对"妇女""未满十四周岁的幼女"实施的,因此在上述犯罪的客观表现中应将犯罪对象进行修改,不再强调性别,仅强调行为本身的犯罪特征。例如,强奸罪中,可以将其客观表现修改为"违背他人意志,强行与他人发生性关系的行为。"

(二)性侵害未成年人犯罪的方式可进行扩大

1. 扩大强奸罪的行为方式

我国现行刑法中强奸的客观表现为:违背妇女意志,强行与妇女发生性关系。司法实践中,对于性交的界定也以传统的生殖器性交为准,面对社会生活中出现的多样化的性交方式,我国刑法对强奸行为方式的现有规定显然已不能满足惩罚犯罪的需要。我国香港和台湾地区均在强奸一罪中规定了多样化的性交行为方式。例如,我国台湾地区的强奸罪的行为方式除了阴道性交外还包括口交和肛交,甚至还包括以性器以外之其他身体部位或器物进入他人之性器、肛门或口腔之行为。我国刑法中对强奸行为方式的规定可以采取概括与列举并用的方式进行,即将强奸概括为:违背受害人意志,强行与受害人发生性关系的行为。同时,在法条中列举常见的强行性交行为方式:阴道性交、肛交、口交等。这样的规定方式能够使法律规定更好地适应社会发展,更有利于惩治新型的强奸犯罪,保护受害人。

2. 扩大猥亵儿童罪的行为方式

在现行刑法中,猥亵儿童罪的客观方面表现为以刺激或满足性欲为目的,用性交以外方法对儿童实施的淫秽行为。猥亵儿童的行为界定是以儿童为行为接受对象,侧重点是犯罪行为人对儿童的身体实施了一定的抚摸、亲吻等猥亵行为。实践中,以性交以外的方法实施的猥亵行为不仅仅局限于上述对未成年人身体直接实施的猥亵行为,还包括了其他的损害未成年人身心健康的猥亵行为,如强迫儿童看色情电影、录像带,用猥亵言语挑逗儿童,吩咐儿童露体,向儿童露体和拍摄儿童裸体照片等。因此,应在法律规定中扩大猥亵儿童罪的客观表现,采取概括式和列举式并用的方法来规定猥亵儿童罪的客观表现:可以将猥亵儿童的客观表现概括为以刺激或满足性欲为目的,用性交以外方法对儿童实施的淫秽行为;同时将实践中常见的猥亵儿童的行为列举出来,但应注明不限于上述列举行为。另外,我国刑法中对猥亵儿童罪的加重情节只规定了两种情况:聚众实施猥亵或者在公共场所实施猥亵的,处 5 年以上有期徒刑。实践中,猥亵儿童的犯罪行为的加重情节有多种,如猥亵儿童多人的、猥亵持续时间较长、造成受害人严重损害等。因此,在猥亵儿童罪的加重情节部分应作扩充规定,将多种严重的猥亵情节列入其中加以从重处罚。

(三)设立性侵儿童罪

美国 1962 年的《模范刑法典》中规定的强制性侵未成年人罪,是指强制与他人或使他人和自己进行性行为的行为,并没有设立单独的性侵害儿童罪,而是采用了"强制性侵害未成年人罪"这一名称。该刑法典采用了严格责任说,即一旦犯罪主体对未成年人实施了性侵害的行为,就构成强制性侵未成年人罪。如果被性侵害的对象是 10 周岁以下的儿童,且不法分子不明知被性侵害对象是 10 周岁以下儿童或者有足够理由相信被性侵害对象是 10 周岁以上儿童的,按照严格责任原则,其强制性侵未成年人的罪名依然成立。在 20 世纪 90 年代,根据司法实践的需要,美国对《模范刑法典》进行了修改,其中重要的一点是将强制性侵未成年罪纳入强奸罪,新修订的法律条款对于强制性侵害未成年人罪有了更明确的规定。而我国应当借鉴国外立法经验对儿童的性侵行为单独定罪量刑,设立性侵儿童罪,真正体现对儿童的特别保护。笔者认为,具体条文可以表述为:"与不满 14 岁的儿童发生性关系的,处三年以上有期徒刑。犯前款罪,有下列情形之一的,处十年以上有期徒刑、无期徒刑或者死刑:性侵儿童情节恶劣的;性侵儿童多人的;在公共场所当众性侵儿童的;二人以上共同轮流性侵的;性侵行为致使被害人重伤、死亡或者造成其他严重后果的。猥亵不满 14 岁的儿童的,处五年以下有期徒刑。聚众或者在公共场所当众猥亵儿童的,处五年以上有期徒刑。"

二、对未成年男性性权利刑法保护的立法完善建议

　　女性的性权利固然会受到侵害,但男性的性权利同样会受到侵害。从全球范围来看,有许多国家均把男子列为强奸罪的受害对象。从罪刑法定原则看,我国现行刑法对于性侵男童的犯罪行为,包括奸淫男童的行为,只能依据《刑法》第 237 条按猥亵儿童罪进行处罚。换言之,现行刑法并未将奸淫男童的行为与奸淫幼女的行为一样作为特殊保护客体,这不仅违背了对儿童平等保护的原则,而且该犯罪行为只能依照《刑法》第 237 条处理,处"五年以下有期徒刑或者拘役",显然量刑偏低。为了保障男性未成年人的权益,不仅要严厉打击性侵害男性未成年人的犯罪行为,有效地预防性侵害男性未成年人行为的制度建立也尤为重要。

　　(一)扩大强奸罪的犯罪主体、犯罪对象和行为方式

　　(1)扩大强奸罪的犯罪主体:强奸罪的实行主体不再局限于男性,应当包括女性。

　　(2)扩大强奸罪的犯罪对象:强奸罪的犯罪对象不做性别限制,既包括女性,也包括男性。同时,不仅要对不满 14 周岁的幼女予以特别保护,还应对不满 14 周岁的男童予以同等的保护。因此,强奸罪应该是指,违背他人意志,以暴力、胁迫或者其他手段,强奸他人的行为。奸淫不满 14 周岁的儿童的,以强奸论,从重处罚。

　　(3)增加强奸罪的行为方式:本法所称强奸,包括自然性交、肛交和

口交等行为。

（二）扩大强制猥亵罪的犯罪对象和行为方式

（1）扩大强制猥亵罪的犯罪对象：强制猥亵罪的犯罪对象不做性别限制，既包括女性，也包括男性。同时，不仅要对不满14周岁的幼女予以特别保护，还应对不满14周岁的男童予以同等的保护。因此，强制猥亵罪应该是指，违背他人意志，以暴力、胁迫或者其他方法强制猥亵他人的行为。猥亵儿童的，从重处罚。

（2）增加强制猥亵罪的行为方式：通常认为猥亵行为有：抠摸、舌舔、吸吮、亲吻、搂抱、手淫等行为。对未成年人实施的猥亵行为还有：犯罪行为人要求未成年人抚摸其生殖器、要求未成年人做色情表演、强制未成年人看色情信息等行为等。

（3）增加强制猥亵罪加重处罚的情形：聚众或者在公共场所当众强制猥亵他人或者侮辱他人的；强制猥亵或者侮辱多人的；强制猥亵他人或者侮辱他人持续时间较长、造成受害人严重损害的。

（三）完善聚众淫乱罪、传播淫秽物品罪、组织淫秽表演罪的处罚

对引诱未成年人参加聚众淫乱活动，向未成年人传播淫秽物品，组织未成年人淫秽表演的，分别作为聚众淫乱罪、传播淫秽物品罪、组织淫秽表演罪的加重情节，加重处罚，切实保障未成年人的合法权益。同时，进一步明确聚众淫乱的行为方式，增加儿童色情制品的内容，厘清淫秽表演和卖淫行为的界限。

第八章　未成年人性侵害应对的司法保护制度

第一节　目前未成年人性侵害的司法制度的缺陷

一、司法机关立法程序中的缺陷

儿童性侵犯案件发生后,因为某些原因,很多案件没有进入司法程序。一方面是家长的因素,有些家长受传统意识影响,认为"家丑不能外扬";有些家长担心案件公开后,孩子今后会受到歧视或无法做人;有些家长采取私了手段解决等。另一方面是司法实践中,有些家长及被害儿童在向公安机关报案寻求司法帮助的过程中,得不到立案侦查。2002年,青少年法律援助与研究中心协作律师接到当事人的反映:河北省某市一名3岁幼女受到养父多次猥亵,养母发现后,向公安机关报案。民警分别向该女及其养父母了解了情况,该女及其养母陈述了养父每次作案的时间和情节,并提交了该女患有阴道炎的医院诊断意见。但其养父拒不承认对养女有过猥亵或者奸淫行为。经过法医鉴定,该女处女膜未破裂。公安机关认为其养父不承认有犯罪行为、受害女童及其养母的陈述不能作为证明养父犯罪的证据、法医鉴定该女处女膜未破裂、本案又没有其他证据,而一直不予正式立案。

《刑事诉讼法》第84条规定:被害人对侵犯其人身、财产权利的犯罪事实或者犯罪嫌疑人,有权向公安机关、人民检察院或者人民法院报案或者控告。第86条规定:人民法院、人民检察院或者公安机关对于报案、控告、举报和自首的材料,应当按照管辖范围,迅速进行审查,认为有犯罪事实需要追究刑事责任的时候,应当立案。从上述规定可看出,公安机关立案的前提是对报案、控告、举报和自首的材料,按照管辖范围进行审查,认为有犯罪事实需要追究刑事责任的,应当立案。那么如何证明有犯罪事实呢? 根据《刑事诉讼法》第42条规定:证明案件真实情况的一切事实,都是证据,被害人陈述是证据的一种。同时,第43条规定:审判人员、检察人员、侦查人员必须依照法定程序,收集能够证实犯罪嫌疑人、被告人有罪或者无罪、犯罪情节轻重的各种证据。由此,被害人的陈述也是证据,公安机关审查是否有犯罪事实,就需要公安机关认真审查报案材料,听取被害人及知情人的陈述,尤其对于儿童受到性侵害的案件,应当调查取证,而不能依赖被害人自己去提供证据。儿童性侵犯案件是一种特殊案件,公安机关必须重视,在接到报案、控告、举报和自首的材料后,尤其是听取了被害人的陈述,只要排除捏造事实、诬告、陷害他人的情况,公安机关就必须立案,展开侦查和取证,不能以证据不足为由不予立案。根据《公安机关办理未成年人违法犯罪案件的规定》,公安机关对于未成年人违法犯罪的案件在接到报案后,必须立即审查,依法做出是否立案的决定。而对于未成年被害人的刑事犯罪案件却缺乏这样的规定。笔者认为,对于未成年被害人的刑事犯罪案件,公安机关在接到报案后,更应当立即审查,做出是否立案的决定,如果不予立案,应当向被害人及其监护人说明理由和申请复议及可以向人民检察院反映的权利,最好采用书面的形式。一方面可以使受害人了解自己不服不予立案的决定该如何处理,另一方面可以减少被害人及其监护人在申请复议或向人民检察院反映过程中的不必要的麻烦。

二、我国关于性侵害受害儿童作证保护的司法操作缺陷

儿童性侵案件发生后,意味着将要启动冗长又艰辛的诉讼过程。我国性侵害案件的刑事司法程序,包括侦查阶段、审判阶段、执行阶段。其中,侦查阶段之询问、搜集证据,以及在审判程序阶段的质证、相互诘问等程序中,被害人在期间皆为举足轻重的角色。然而我国刑事司法程序较偏重犯罪人权益之保障,被害人则通常仅能以证人身份协助司法人员发现犯罪事实,作为弱势群体的儿童受害人在侦查及审判程序中作证的权益保护更是备受忽视。

（一）侦查阶段缺乏对受害儿童特殊保护

龙迪博士曾描述过有这么一个案例。一个小学教师对班级里的数个女生进行了性侵犯。案发之后,当天上午,鸣着警笛的警车开到教室门口,警察当着全班学生的面,把那个老师从课堂上带走了。不明内情的孩子们在哄堂大笑,对着那几个受到性侵犯的女生指指点点。女生们趴在桌面呜呜地哭,但在整个过程中,没有一个人来给她们解释原因或进行安

慰,只有校长进教室喝道:"不许闹!以后这个老师的课程由我来代教!"随后,警察将这几个女生带到派出所录口供,但侵犯者就在隔壁房间接受审讯,声音听得一清二楚。在审讯侵犯者的过程中,侵犯者的父母得知了消息,冲进了派出所,指着那些女生骂道:"我的娃要是出了什么事,我就和你们没完了。"尽管他们最后被警察拦下并赶出房间,但女生们都吓得面无人色。晚上5点多钟,录了七八个小时口供后,女生们又被塞入警车,带到当地的医院验伤。医生边检查女生的身体,嘴里边骂骂咧咧:"这个畜生,怎么能对娃儿们干这种事,叫她们以后怎么出去见人啊!"验完伤,家长们想要急切地知道结果,却被医生断然拒绝:"上面吩咐了,结果现在不能给你们看,只能给领导看。"

"这就是典型的内地处理该类案件的程序和方式,我们仅是从成人的角度一厢情愿地去做,没有考虑到孩子的实际感受。"龙迪博士无可奈何地笑笑,反问道,"但是,当从头到尾的每一个环节都演变为一种伤害,我们是否应当重新审视自身的文化?我们的儿童司法保护制度与程序是否合理?"

而且,在造成被侵犯儿童"二次伤害"的过程中,媒体报道也经常有意无意地起到负面作用。

龙迪曾目睹某家电视台采访一个遭受性侵犯的女童,记者让女童对着镜头,回忆当时发生的场景。女童满脸涨得通红地说:"我不敢说。""说吧,没啥事。"那个记者顺口说道。还有一些媒体,在曝光儿童性侵犯的案件后,总要贴上"耻辱"的标签。曾有一家电视台的解说词是:"伤害是永远的,对孩子的身心摧残,无论我们采取多少补救措施,都无法挽回,无法弥补";另一家南方大报在揭露一起幼女性侵犯案件后,甚至称:"女孩被打上了'永远耻辱'的标记。"

性侵害案件发生后,儿童受害人作为犯罪行为的直接侵害对象,对整个犯罪过程感受最为深刻,往往能够对案件事实做出全面详尽的陈述,从而为侦查人员了解基本案情、获得有关线索以及确定侦查方向提供重要依据。因此,凡是有受害人的刑事案件,询问受害人通常都是侦查的第一手段和重要环节。但是,由于实践中侦查人员过于追求破案效率,他们一般更注重如何从被害人身上获得有价值的陈述,而很少关注被害人的人权,以至于在司法实践中出现了种种不当的操作方法。

(1)忽视儿童受害人的隐私。实践中,公安机关在接到报案后,为了尽快取证,甚至将警车直接开至事发地点,如学校,致使消息迅速传开,扩大了外界对被害人隐私的知晓,使得受害儿童感到更加蒙羞,心理留下阴影。

（2）办案人员不固定。不管是公安机关还是检察院法院,均未设立性侵害案件的专门办案部门,也未指定专人办理此类案件。从民警调查取证,到提请批准逮捕、移送审查起诉,再到开庭审理,这中间儿童受害人要接触不同的办案人员,也使得受害儿童可能因为侦查机关与检察人员对证据评价的不一,而须再三重复陈述被害经历,对他们来说无疑是一种痛苦的煎熬。

（3）询问环境不适宜。相较于成年人而言,儿童受害人的心理承受能力较弱,在严肃的环境下容易造成其心里紧张甚至排斥从而影响陈述的真实性。实践中,公安机关大多在办公成年人的专用询问室询问儿童受害人,使得处于陌生环境的受害儿童容易形成内心的压抑和恐惧。

（4）缺乏专门针对儿童的询问技巧。儿童受年龄的制约智力发育不成熟,不能理解作证的意义和如实陈述的义务,且语言的组织能力和表达能力弱;性侵受害儿童更是由于犯罪性质的特殊性,而胆怯害怕、羞于表达。但司法实践中,侦查人员没有考虑到这些特殊性,对待受害儿童向对待其他被害人一样,习惯以询问成年证人甚至是讯问犯罪嫌疑人的方式来询问被害人,凡事以方便自身取证为中心,这势必导致部分被害人不敢作证、不愿作证。有些询问人员的语气生硬、严肃,甚至利用儿童对警察权威的服从意识,故意歪曲儿童受害人的思维记忆,在急于获取受害人陈述的心理作用下,根据自身的目的取向采取暗示性、诱导性的询问方式,以获取符合其需要的回答。这些不适当的询问方法都将严重影响受害人陈述的真实性。

（二）审判阶段未能凸显案件特殊性

在我国,对于性犯罪案件的审理与一般刑事案件的审理几无二致。《刑事诉讼法》规定了质证程序,但并未对儿童受害人出庭质证的具体情况做详细规定,在有性侵害受害儿童出庭时,司法实践中的做法往往参差不齐,没能充分考虑儿童权益的特殊性,从而为其提供必要的保护措施。

（1）对审理法官没有要求。实践中,法院并未对儿童性侵害案件安排特殊资质的法官来审理,而是随机选任,一些没有经验的法官可能因为缺乏必要的知识和对儿童的了解,会采取严肃、不适当的询问方式,造成儿童受害人产生畏惧排斥心理而影响其正常陈述。尤其对于女性受害儿童而言,应该安排女法官来审理,从而减轻她们的压力和恐惧感。

（2）儿童出庭质证时未设置必要保障。儿童在遭受性侵害后,身心都受到严重创伤,不敢再回想"往事",让他们在庭审中直接面对被告人,显然超越了其心理承受能力,甚至可能因为再次看到罪犯而出现精神恍惚错乱等极端情形。这种情况下所做的陈述很可能出现颠三倒四、模棱两可的情况，非但不利于发现真实、揭露犯罪，反而使得证据的效力更难以确定。

（3）儿童受害人出庭缺乏必要陪伴。儿童出庭接受质证时，往往独自面对法官或者被告辩护人的提问，孤立无援。由于认知能力有限，加上严重的心理压力和紧张感，他们并不能理解法官或辩护人提出的所有问题。有必要允许合适的成年人陪伴其身边，向其解释问题的内容，进行必要的心理干预。

（4）判决书透露受害人隐私。尽管我国法律对涉及个人隐私案件有不公开审理的规定，但同时又明确要求宣告判决一律公开进行。有些判决书中虽然对受害人的姓名采用了化名形式，住址等其他相关信息却透露出了具体受害人，一旦判决书向社会公布，对于受害人自身及其家庭来说都将带来不可估量的打击，甚至引发新的悲剧。

第二节　现行司法保护制度的完善

一、为被性侵害未成年人提供特殊的法律援助

目前，世界上大多数国家都认识到允许被害人聘请诉讼代理人具有的重大意义。我国《刑事诉讼法》也规定：公诉案件的被害人有权委托诉讼代理人。性侵害犯罪中的受害儿童心智尚不成熟，监护人大多缺乏足够的法律知识，就更需要法律援助。但是与被告人的权益相比，二者是不平衡的，我国刑事诉讼法第267条明确规定，未成年犯罪嫌疑人、被告人没有委托辩护人的，人民法院、人民检察院、公安机关应当通知法律援助机构指派律师为其提供辩护。被告人辩护权的保障是执法机关应尽的义务，而被害人并不享有这一权利。这种不平衡将会导致受害人及家属因不懂法而不能及时提供证据，从而导致施暴者不能得到应有的追诉，加剧受害人及其亲属的痛苦。因此，我们应当考虑以立法的形式保证被性侵害儿童的法律援助，使其成为受害人的一项重要权利，一方面增强其揭发和指控犯罪的能力，另一方面助其获得适当的民事赔偿。

二、设立特别的保护程序

我国目前已经初步构建了少年刑事司法体系，以加强对未成年犯罪

嫌疑人、被告人的权益保护。遗憾的是,性侵害案件中的受害儿童同样作为未成年人,反而较少得到特殊保护,目前性侵害受害儿童作证保护机制处于缺失状态。这一现象是刑事案件中被害人权益受到漠视的表现,也是被害人权益无法得到切实保障在儿童遭受性侵害案件中的特定反映。为了加强保护性侵害案件中受害儿童的权益,避免受害儿童遭受二次伤害,有必要在吸收借鉴域外经验的基础上,结合我国刑事司法实践的实际需求,完善性侵害受害儿童作证保护机制,使该机制能够承担起既能查明案件事实,又能保护受害儿童合法权益的积极功能。笔者拟将刑事诉讼程序分为审前、审理和审后三个阶段进行分析说明,分别提出制度设计上的构想和司法操作的建议,以期能够全方位、全过程充分保证儿童的作证权益和利益,并使其尽快恢复到正常的生活轨迹中。

(一)审前阶段:以"一次性"及特殊询问规则贯穿始终

由于我国刑事诉讼侦查、批捕、公诉、审判程序相互分离和独立,公安机关至少要询问被害人两次,有的甚至多达三四次,检察机关在审查起诉时觉得证据不充分,需要核实性侵事实时,也有可能再次询问被害人。对于遭受性侵害的儿童,让他们在反复询问中不断回忆并叙述被侵害的过程与细节,无疑是对他们的伤痛雪上加霜,与儿童权益的保护背道而驰。因而,笔者认为,对于性侵害受害儿童的询问当以"一次性"为原则,并通过具体的细节规则设置来尽可能地保障询问过程的人性化和陈述内容的有效性。

1. 侦、审一站式复核固定被害人陈述

为了加强询问过程中对儿童受害人的权利保护,减少询问次数,检察机关应当提前介入。性侵儿童案件发生后,侦查人员需要询问受害人核实相关案情,即应立刻上报同级检察院,由检察院派出有儿童办案经验、了解儿童心理的检察人员与侦查人员一同对儿童受害人进行询问,并采用录音录像方式全程记录。如此一来,一方面,检察机关对侦查机关起到了监督作用,防止出现侵害儿童权益的言辞或行为;另一方面,侦检人员一同询问将受害人陈述一次性全面记录下来,保证了证据的完整连贯,也避免了检察机关对侦查询问结果的质疑,而无须再次对受害人进行询问。

2. 在一次询问中坚持全面询问

在美国证人心理研究中,具有法律意义的是应该尽可能快地访问目击证人,在事件后的几分钟遗忘的信息比随后几周遗忘的信息还要多,同时时间的延迟可能污染证人对于事件的记忆。儿童的记忆随着时间流逝比成人还要消逝得快,所以侦查人员在性侵害案件发后应当即刻向检察院汇报,会同检察人员一起迅速及时地开展对儿童受害人的询问工作,从而最大限度地保证受害儿童对事件记忆的完整性,以及儿童证言不受外界因素和人为干扰。与此同时,为了避免受害儿童受到多次询问的伤害,要在一次询问当中做到全面、具体。证据收集人员应当提早做足准备工作,列好询问提纲,询问时先让受害儿童自己全面地陈述其被侵害的经过和事实,再将其没有提及的与认定被告人罪行密切相关的问题向其提问。除此之外,还应当询问受害人自身的情况,关注其心理状况、情绪变化,以全面获取各方面证据。

3. 确立性侵受害儿童特殊询问规则

儿童的记忆、感知和表达能力均受年龄所限,对于询问内容的理解力与成人相去甚远。对于性侵害受害儿童,本身就处于作证弱势地位,再加上此类案件性质的特殊性,使他们身心受到伤害从而更加难以应对侦检人员的询问。因此,对于性侵害犯罪中的受害儿童应当设立详细具体的特殊询问规则,具体内容涉及以下几个方面。

(1)询问前的通知。侦询机关在保证效率的同时,需要注意确保受害儿童能够在其身心状况稳定、有陈述意愿的前提下接受侦询,为此,侦查机关应当至少提前两天通知受害人及其法定代理人询问地点、时间以及在场人员。

(2)询问环境的布置。适宜的环境不仅能够减轻儿童被害人的紧张和压力,而且更利于其轻松地陈述案情。在这方面,可借鉴我国香港的做法。香港警方在调查访问未成年人时一般都是在专门的"家居录影室"进行,选用普通民用住房,地址对外完全保密,室内装修模拟现实家庭环境。这一做法充分考虑到了儿童的身心特点,但是成本相对较高。大陆地区虽不必完全效仿,但可以为儿童设置专门的谈话室,摆放些简单的玩具,营造舒适温馨的氛围,并配备合适的摄像器材,以便全程录制询问过程。

(3)询问人员的安排。从儿童利益出发,应当选择有办理儿童性侵害案件经验和了解儿童心理的司法人员。且询问人员不得少于两人,也不宜过多,避免儿童紧张;若为女性受害者,则必须全部安排女性工作人员询问。此外,为提升侦办儿童性侵案件的能力,应当对侦询人员进行有关儿童心理学方面专业知识的培训。

(4)询问技巧的设定。警察作为掌握公权力的权威人物,他们的言行风格、衣着仪容、举止体态无不影响着对儿童的询问效果。心理学实验研究发现,司法人员不恰当的询问策略、提问方式、询问态度会对儿童记忆造成严重污染,降低儿童证词的准确性,因此改进司法人员的提问方式对准确获取儿童证词具有重要意义。询问人员应尽量避免使用法律术语,与儿童沟通应使用最通俗、易于其理解的日常语言,以随意交谈的方式切入。可以从儿童感兴趣的话题,如某个卡通人物说起,以博取受害儿童的好感和信任,消除其抵触情绪,使其能够轻松地敞开心扉,随后以委婉的方式就案件情况向其发问,注意避免问不具体的问题,避免使用反义疑问句,避免问限制性选择的问题以及其他有碍真实陈述的诱导性问题。询问人员的态度应当和蔼可亲,保持微笑,语速不能过快。

（5）合适的陪同人在场。在侦查阶段对儿童的询问中,侦询人员是主动的一方,拥有国家赋予的权利,并且都是具备一定法律知识和受过专业训练的成年人,而作为被询问方的儿童,原本就是弱势方,再加上心智的不成熟和经验的欠缺,在没有合适成年人的帮助下独自面对警察的询问,其弱势地位更加明显。因此,笔者认为,询问儿童受害人时,应当保证其法定代理人或者该受害人所信任和同意的其他成年亲属在场陪伴,目的在于给予受害儿童以安定感。此外,应为受害儿童设置专门的辅佐人,在必要的时候,对儿童情绪进行疏导和心理安慰,还可以在受害儿童听不懂询问人员的问话时,将其转换成易于理解的语言再向儿童转达,但应注意在这一过程中不得妨碍询问的进行。该辅佐人应当由具备一定法律知识的心理专家担任,心理专家的参与在一定程度上可以提高询问的质量和效果。

（二）审理阶段:以不出庭质证为原则,以出庭质证为例外

刑事诉讼的正当程序要求被害人提供陈述证据时亲自出席法庭以满足被告人面对面对质的权利,但是对于性侵受害儿童这类特殊被害者来说,面对面的对质容易引发二次伤害,因此法庭在对这类受害人展开调查质证时,不能专注于被告人的质证权利与交叉询问的完美形式,而须通过替代措施或程序改良,对儿童受害人予以特殊照顾,以在程序公平与实质公平、被告人权利与被害人权利之间取得平衡。不可否认的是,对质询问权是被告人的一项重要权利,通过在庭审现场面对面的问话,可以观察到被害人的神态、动作等,从而发现其陈述上的漏洞和瑕疵,防止被告人承受"莫须有"的陷害。然而,对质询问制度设计之精神在于发现真实,但对于心理受有严重创伤且恐惧司法的儿童来说,他们出庭恐怕非但不能实现此精神,反而会让他们身心再次受到刺激。笔者认为,性侵害受害儿童不宜出庭质证至少有以下三点理由。

第一,性侵害儿童受害人作证所面临的最大恐惧来自直接面对被告

人。尤其对于年龄幼小、无法理解诉讼程序的孩子来说，被告人在法庭上的出现会让他们误以为侵害会再次发生。出庭作证很容易使其回想起以前的痛苦经历并受到进一步伤害，产生情感上的痛苦，甚至极易出现情绪失控、叙述不清的情形，而此时，对抗性询问的机制有可能变成辩护律师手中扭曲真实的武器，对受害人而言非常不利。

第二，法庭上陌生严肃的环境、规模和陈设都可能是儿童产生不安或焦虑的原因。受害儿童会对法庭人员不熟悉的衣着外貌感到害怕和迷惑，也会对当着众多人的面作证感到不安。法庭的威严以及将要面对检察官、法官、律师等众多陌生人，都会让儿童内心感到焦虑和排斥。他们害怕出庭会被别人看到，担心自己的安全问题，对再次回忆案情感动恐惧，在莫大的心理压力下，他们可能难以做出完整、正确的陈述，势必会有损质证程序发现真实之本意。

第三，儿童的记忆和表达能力受限，而出庭之日距离案发之时必然经过了相当长的时间，儿童回忆过去事情的能力更容易受影响。由于儿童的长期记忆能力不如成年人，随着时间的推移，证言的负面影响越来越大，特别是儿童的记忆能够被后来获得的信息所覆盖，诱导性问题对此影响很大，对儿童被要求在诉讼程序的不同阶段回忆其陈述时，其证言质量就下降得更快。一方面，儿童受害人对案发当时的具体情景已有所遗忘，抑或是会遗漏一些重要情节，导致庭上之陈述与审前之陈述存在出入；另一方面，在案件发生后的时间里，受害人可能正处于创伤恢复阶段，接受着心理安慰和治疗，此时传唤他们出庭接受询问不利于他们的健康成长。

综上所述，在儿童受害人出庭作证的问题上，既不能只片面考虑儿童利益而让儿童全部不出庭，也不能只为了发现真实或实现一个具体案件的公平正义而全然不顾儿童出庭可能对其身心造成的侵害。"人是主体而非手段"，对于这类特殊受害人，应当把刑事程序上的处理放在次要位置，以充保障被害儿童的权益。因此，法律应将"以不出庭质证为原则，以出庭质证为例外"确立为处理性侵害案件对儿童受害人的特殊保护原则，该例外情形包括：（1）14周岁以上性侵害儿童受害人，出庭质证不致加重其身心创伤的；（2）14周岁以下儿童受害人自愿出庭接受质证的；（3）被告人对儿童庭审前陈述提出有合理根据的质疑和反对，且经法院核实仍无法确证陈述真实性，确有必要让儿童出庭，且儿童的身心状况适合出庭的。符合上述情形的受害儿童可以出庭质证，法庭应当为其提供相应保护。

1.儿童受害人出庭质证的保护措施

在例外情形下,儿童受害人自愿或确有必要出庭作证的,为确保儿童不受伤害,仍然有义务采取必要的保护性措施或者对被告人的权利施以一定程度的限制,以求最大限度地保障儿童受害人的身心权益,使其尽可能在放松的状态下做到如实陈述。具体措施建议如下。

（1）建立庭前服务制度。儿童受害人由于对法庭环境不熟悉,不了解法官、律师、检察官这些角色,将不利于其作证。法院在庭审前,应当安排儿童参观法庭,向受害儿童介绍法庭的环境布局,细心讲解法庭审理程序,向其解释法官等重要人员所扮演的角色,缓解儿童受害人的心理压力。总之,在确保能为儿童受害人提供必要保护的、将伤害降到最低点的前提下,法庭才有权考虑在某些特殊案件中要求未成年儿童出庭作证,以真正保护他们的合法权益。此外,对于办理儿童性侵害犯罪案件之法官,应以资历较老、温和稳重、有相关审判经验之法官为优先选择。

（2）设立儿童辅佐人陪伴其出庭。辅佐人的作用主要有两点,一是陪伴在儿童受害人身边,对其心理起到安抚作用,减少对陌生环境的恐惧;二是帮助儿童受害人在其与法庭提问人员之间建立良好的沟通。庭审中,无论是法官、检察官还是律师,都是具备法律专业知识的人,他们不可避免地习惯使用法律术语。如果说经过遴选的法官和为受害人服务的检察官会尽量避免用语的专业性,注意提问和说话的方式,那么对于被告人的辩护律师而言,就不会以儿童利益为考量了,他们在向受害儿童提问时,可能有意设置一些刁钻刻薄的问题,并且涉及一些晦涩难懂的用语,导致儿童受害人听不懂而感到害怕,影响陈述真实性。此时,有必要设立一个了解儿童心理和语言习惯的辅佐人,帮助儿童受害人和其他人员建立有效的沟通。首先,辅佐人的主要作用是将法庭上提问者一些较为专业的问题用简单易懂的言语方式向受害儿童解释,同时可以向提问者转述儿童的回答。需要强调的是,辅佐人必须保持中立的态度,不得曲解愿意和擅自添加或删减,若有发现,法官应当即时制止。其次,对于辅佐人的选择最好与侦查阶段询问中的辅佐人一致,因为受害儿童在侦查阶段已经与其建立了良好的信任关系,该辅佐人对受害儿童的语言习惯也已经有了一定程度的了解,如此一来,辅佐人的陪同不但能有效缓解儿童心理压力,还能提供精神支持,对于儿童受害人顺利陈述和作答有着不可小觑的作用。

（3）为受害儿童设置屏障保护。即使在儿童受害人自愿出庭的情况下,法庭也应当注意对其进行全面保护。在儿童受害人出庭时,可以在其和被告人之间用屏风来遮蔽:受害人看不到被告人,避免了面对面的眼神接触造成恐惧和伤害；受害人能够看到法官，从而保证法官可以通过观察受害人陈述时的动作、神情等，来帮助其对受害人的回答作出更为周全的判断和心证。这种方式简单便捷，且成本低，是大多数法院都能实现的简易措施。

（4）禁止被告人亲自询问。《欧洲人权公约》将刑事被告人对质询问权作为公正审判的最低限度的标准。尽管如此，欧洲人权法院判例中也存在限制刑事被告人询问权的情况，主要发生在需要保护特定证人安全的场合中。欧洲人权法院判例所保护的特殊证人主要包括儿童、性犯罪被害人以及有认知障碍的成年人等三类人。对于本文所讨论的性侵害儿童受害人，笔者认为有必要借鉴此种做法。试想一下，让一个年龄幼小、懵懵懂懂的儿童去接受曾经残忍伤害过他的被告人的询问，并且通常情况下这种询问是带有对抗性质和充满恶意的，这无论如何从情感上和法理上都是说不过去的。如果审判的目的仅仅在于发现真实而无视被害人的痛苦，对其权益视若无睹，将不利于预防犯罪，甚至会引发被害人的"恶逆变"。因此，法庭应禁止被告人本人亲自对受害儿童进行交叉询问，而是允许其辩护律师发问，对于没有申请聘请辩护律师或坚持自己辩护的被告人，法院可以为其指定一名法律代理人对儿童被害人进行交叉询问，至于询问内容，被告人可以事先和他的律师商量定夺，以保证被告人的利益。

（5）隐私权绝对保护。法庭在审理过程中应当注意对受害人隐私的绝对保护，审判人员、检察人员、律师及其诉讼参与人对于涉及受害人身份信息及可能推断出其身份信息的资料应当予以保密，对涉及性侵害的细节等内容也不得泄露，对故意泄露的人员应当予以惩戒和处分；判决书中对受害人乃至其法定代理人的姓名都应当使用化名，并且要避免使用能够猜测出具体受害者或其住址的可推断性用语，对性侵害的事实注意以适当的方式叙述；媒体对于儿童性侵害案件不得对受害人及其家属进行采访，对已知晓的有重大影响案件的报道也应当使用化名，隐去当事人的身份住址等重要信息，并以不损害儿童受害人及其亲属的合法权益为限度，否则也应追究有关单位和媒体人员的相应责任。儿童受害人不出庭在一定程度上损害了被告人的对质询问权。这项权利存在的前提之一正是由于证言的真实性具有不确定性，而通过对质能使被告人有机会直接面对受害人，当面作证可以减少其虚假陈述的可能；通过询问不仅可以当面揭穿其虚假陈述，而且可以提醒和纠正受害人非出于故意的失忆和错误。对质询问权虽然对被告人来说非常重要，但该权利并非在任何情况下都是绝对的，在出现利益冲突和需要保全更重要利益的情况下就不得不让步,确立程序上的替代或保护措施,从而达到保护受害人权益和保障被告人对质询问权的平衡。

第一,利用双向视听传输技术手段作证。我国在《最高人民法院关于民事诉讼证据的若干规定》第 56 条第 2 款中规定了双向视听传输技术手段作证,主要适用于年迈体弱不便行动,路途遥远、交通不便,以及特殊岗位无法出庭的一类特殊情况。在刑事诉讼中,对于愿意接受交叉询问但不愿出席庭审现场直面被告人的儿童受害人可以采取这种方式作为替代保护措施。双向视听传输技术亦可称其为"远程作证",即利用高科技手段传输声音及活动图像而不必亲自到场。儿童受害人借此便能够非面对面接触式地出庭质证,只需在庭外的某一地点与法庭实现双向连接,远距离地提供言词证据并接受交叉询问即可,当然,此种替代措施的采用前提必须是儿童受害人身心状况良好,并且愿意接受"远程作证"方式。在有效保证儿童被害人权益下的"远程作证"方式,事实上也并未妨害被告人的对质询问权,因为"远程作证"的地点实际上可以视为法庭空间在逻辑上的有效拓展,而"远程作证"的时间与法院开庭审理的时间又具有一致性,并且法庭能听到受害儿童的声音、看到其表情和肢体动作,受害儿童亦能看见和听见询问自己的审判人员或公诉人、辩护人。换句话说,儿童受害人在法庭的拓展空间里远程提供陈述,法庭同步听取其陈述并对其进行质证、询问,从而实现了受害人的作证保护与被告人利益间的平衡。在科学技术和经济条件允许的情况下,"远程作证"方式不失为最优的选择。

第二,通过闭路电视作证替代出庭作证。在有条件的地区,法院可以设立专门的作证室,通过闭路电视与法庭连接,法庭上的人通过电视能看到受害儿童,但受害儿童看不到法庭上的整体情况,只能看到向其提问者的脸。这种方式的优点在于受害人不仅不用面对被告人,也不用面对陌生的法庭环境和严肃氛围,从而减轻了心理压力和紧张感,更有利于受害人接受询问。采用此种方式,虽然在作证的物理空间上与法庭隔离开来,但通过视频和音频的连接,受害儿童如同亲临法庭,可以实现同步作证,并接受控辩双方的交叉询问。因此,笔者以为通过此种方式代替直接出庭作证,实际上是通过科学技术的运用,达到了"两个空间,一种场景"的效果,并没有违背直接言词原则,同时实现了被告方和受害方之间利益的平衡,本质上与出席庭审现场并无二致。需要注意的是,通过此种方式作证,仍然需要禁止被告人对性侵害儿童受害人进行亲自询问,而是由其辩护律师代为询问。

第三,通过当庭播放录音录像代替出庭作证。所谓录音录像方式,是指通过录音录像,将儿童受害人就案件有关事实进行陈述的过程进行固定和保全,并在庭审现场当庭播放。该录音录像形成于侦查阶段,由侦查人员与检察人员在对性侵害受害儿童的询问中制作。在儿童受害人不出庭的情况下,录音录像不仅能够起到如实反映和固定言词证据的作用,而且可以对询问过程的合法性进行监督,相较于单纯的书面陈述而言,通过当庭播放录音录像至少能够观察到儿童在接受询问时的全部过程,以及在陈述和作答时的神态表情,通过观察后得到的综合判断要比书面证言更加可靠。此种方式虽然在一定程度上侵害了被告人的权利,但"两害相权取其轻",这对于儿童受害人而言无疑是最为有利的,能够使其早早就从繁杂的庭审程序中解脱,减少其受到二次伤害的可能。当然,这并不意味着法官就一定会对儿童受害人的陈述全然采信,更不意味着被告人就得不到丝毫救济。对于当庭播放的录音录像,被告人确有足够的理由提出质疑的,经法官认可可以宣布休庭,待进一步核实证据后再行开庭;但如若其他证据(物证、鉴定结果等)已经确实充分,足以证明被告人的罪行,那么即使受害儿童的陈述存在部分缺陷,也应当予以采纳。

2. 儿童受害人不出庭质证的证言采信规则

实践中,许多性侵害都是"一对一"案件,证据往往非常有限。案发地点多是一些封闭场所,不会有其他在场人员;受害儿童由于年龄幼小没有保存证据的意识;有些受害者出于害怕或者恐惧报案时间不及时,很多都是在事发很久之后才向警方报案。尤其近年来校长、老师在校园性侵幼童的案件不绝于耳,他们利用自身优势地位,支配控制甚至威胁受害儿童,使得这些可怜的孩子处于孤立无援的境地。此时,如果没有其他直接证据能够相佐证,受害儿童的庭外陈述构成了给被告人定罪的唯一证据或主要证据时,根据我国"孤证不能定案"的一贯传统,是否就无法给被告人定罪而只能任其逍遥法外呢? 从常理来看,首先,大多数人们都会认为小孩子是不会说假话的,更不可能捏造事实诬陷他人;其次,即使儿童受人指使编造假话,但毕竟逻辑思维能力有限,也很容易被戳穿;最后,在中国这样一个"谈性色变",社会舆论压力大的环境背景下,没有谁愿意去充当性侵害这样一个受害者的角色。 对于不适宜出庭的受害儿童在庭审前所作陈述,其真实性究竟如何判定无疑是最棘手的问题。笔者建议可以借鉴德国的有关制度设计来构建儿童受害人不出庭质证的证言采信规则。德国曾在1955年做过这样的规定:若儿童性虐待案件存在争议,那么就必须对其进行心理访谈并做出相应的可信度评价。在此基础上,德国发展出来一种评价陈述真实性的程序,即陈述有效性评价。这是一种专门用于检测言词准确性的技术。笔者认为,我国可以借鉴这种技术,专门针对儿童性侵害这样的特殊案件,构建性侵害儿童受害人证言采信规则,以期能够有助于解决"一对一案件"所面临的证明困境,更全面地呵护儿童受害人。结合外国的司法经验,对于儿童被害人陈述内容真实性的评估,可以从以下几个方面进行参照。(1)陈述内容的逻辑结构。对于一个说谎者,其陈述往往是按照时间顺序来组织语言;而通常情况下,儿童由于受到年龄限制,其逻辑性没有那么强,其陈述可能是不连贯的,或者不具有严密的组织性。所以,当陈述内容逻辑越通顺,其真实性往往越差。(2)语言的复述程度。说谎者往往复述流利,并且不会自发地重复先前陈述内容;而真实的陈述会不自觉地重复已经说过的话。(3)异常的细节。说谎者的陈述内容通常已事先规划好,且较为符合常理,没有什么特别之处;而真正的受害者可能会叙述出一些离奇的细节,比前者更为可信。(4)自发纠正的频率。说谎的人由于是编造的,会特别谨慎,不敢轻易纠正自己的话;而真实陈述的受害人可能由于记忆上的漏洞,会不自觉地修改先前的描述,如具体的事发时间。对儿童而言,由于记忆产生出入与先前叙述不符并不奇怪。(5)情绪的变化。真实的受害儿童可能往往对一些性侵细节难以启齿,并且情绪激动;而说谎的人情绪变化不那么明显。

以上的标准只是举例说明,并不是参照标准的全部,并且此种标准只能作为一种辅助证据审查的方式,当儿童受害人的陈述具备采信标准越多时,其陈述的真实性也就越高。要查明案件事实真相,必须收集更多更有效的证据,但是在一些特殊案件中,若要保护儿童的合法权益将导致难以获知案件的真实情况,这也是法律面对多种价值取向时必须做出的选择。毕竟儿童时期是人的生理、心理成长的关键时期,对其一生的发展都起着至关重要的作用,所以相比于了解案件的真实情况,保证一个孩子的健康发展显得更为重要。此外,为了终极性地避免出庭作证对儿童受害人造成二次伤害,应逐渐放弃"证言中心主义",更多地通过发展物证技术实现对案件事实的查明。当然,这一目标的实现有赖于物证技术的进步和刑事证据观念的更新,其实质是未成年人拒证权的体现。

（三）审后阶段:以跟踪服务实现受害儿童权利保护的延伸

《儿童权利公约》制定了"儿童利益最大化"的基本原则,《未成年人保护法》则以此为基础确立了儿童利益优先原则。由此可见,最大限度地保护儿童基本权益已经成为我国完善未成年人保护法律体系的重要目标。司法诉讼的结束意味着对犯罪行为的追究进入执行阶段,但是并不意味着受害儿童的权益也将由此得到充分的保护。从恢复性司法的角度看,为了加强对性侵害案件中受害儿童的保护,需要抛弃传统的惩罚罪犯即视作补偿被害人的观念,而是需要从恢复受害人身心出发,全面修复遭受犯罪侵害的个体及社会创伤。案件完结以后,可以通过跟踪服务制度的构建来完善儿童证人的后期保护问题,其中最关键的内容就是保证受害儿童及其家庭的正常生活。首先,相关部门要继续加强对儿童证人的隐私保护,包括对受害儿童家庭住址,就读过的学校或其他教育机构,父母工作单位等信息进行保密,尤其应当注意防范媒体肆意介入而给儿童受害人的生活带来干扰和负面影响,禁止将任何其他可能导致公众认出涉讼儿童的信息发表在任何出版物上。其次,在庭审结束后更要注重对儿童受害人及其亲属的人身安全保护,通常可以采取以下方式:派遣便衣警察等专员为儿童提供人身安全保护,护送儿童上下学;开通紧急求救电话等。为保证这些方式能够有效进行,还必须依赖社会各界力量的支持,尤其是社会工作者、医务人员、相关教育人员等的服务和帮助。最后,在有条件的情况下,可以设立专门针对性侵害儿童受害人的救助咨询服务机构,配备专业的辅导人员,对遭受性侵的儿童开展专业治疗,从而最大限度地降低相关案件对其生活可能造成的负面影响。许多儿童在案发之后长时间处在紧张、恐惧的状态中,年龄稍大的儿童甚至会有羞耻和罪恶感,为保证他们克服恐惧和阴影,避免这些孩子患上自闭症甚至更为严重的心理疾病,就需要儿童精神科医生和临床心理学家的治疗,使其在心理方面能够得到正确有效的引导。

此外,咨询服务机构应当免费对儿童进行性教育,包括提供生理及性方面的一些基本常识和自我保护知识等,以帮助其建立良好的社交关系,克服孤独自卑感,重拾友谊和自尊。跟踪服务制度的构建可以由法院牵头,并制订详细的跟踪服务计划和方案,以检察机关、公安机关为辅助,并吸纳妇女儿童保护机构和组织、民政部门以及其他社会公益机构共同参与。跟踪服务制度的建设与实施应注意如下几个方面。一是遵循受害儿童及其家庭自愿原则。如受害儿童及其家庭不愿被打扰,则跟踪服务不应开展,或仅仅通过社区获取有限的信息,以评估案件办理效果,以充分尊重受害儿童及其家庭的意愿。如受害儿童及其家庭愿意接受跟踪服务,有关部门应制订方案,积极介入,并提供包括心理辅导等在内的多元化服务。二是应建立隐私保护制度,避免工作人员在跟踪服务过程中由于接触到隐私而导致隐私信息的扩散,如以匿名化的方式实现跟踪服务,而不必获取与受害儿童及其家庭有关的隐私信息。三是参与跟踪服务的部门应实现分工和资源上的优化配置,避免职责冲突或角色错位。四是做好档案制备和情况反馈工作,为性侵害案件受害儿童的跟踪服务建立数据库,为将来跟踪服务机制的完善提供基础。庭审的结束并不意味着对受害儿童的保护结束,要想尽可能地维护儿童权益,就必须坚持能动司法,延伸儿童权益保护工作,并积极进行后续援助。以跟踪服务为中心的多元化方法的合理运用可以让儿童的心理和身体状况尽快得到恢复,并回归正常生活。

三、建立性侵害未成年人犯罪人员信息公开制度

2016 年,浙江省慈溪市检察院联合当地公安机关、法院、司法局等部门,制定了《性侵害未成年人犯罪人员信息公开制度》(以下简称慈溪办法)。办法规定,对符合条件的实施严重性侵害未成年人行为的犯罪人员,在其刑满释放后或者假释、缓刑期间,通过司法机关门户网站、微信公众号、微博等渠道对其个人信息进行公开,方便公众随时查询。这是我国首次关于公开性侵儿童犯罪人员身份信息的地方性探索,被称为中国版的"梅根法案"。办法一公布,就引起社会的正反两方面的热议。

肯定者认为,办法符合儿童利益最大化的原则,对于公众知晓性侵罪犯信息,做好预防未成年人遭受性侵起到关键的作用,具有十分重要的价值;否定者认为,对于犯罪人员的信息公开,不但违反了一事二罚的基本原理,而且是一种侵犯个人隐私的行为,毕竟公开他们的信息,不利于性侵罪犯回归社会。裘菊红检察官等认为,在性侵未成年人案件多发、性犯罪者心理一般具有成瘾性、性侵手段一般具有隐蔽性、性侵实施者一般为熟人而未成年人自我保护能力的欠缺等情况下,借鉴美国关于强制登记性侵犯罪人员信息的梅根法案,引入慈溪的地方探索,尝试建立性侵未成年人犯罪信息公开制度,符合儿童利益最大化原则,是我国运用国家亲权原则在少年司法制度上的探索与创新,有助于推动我国未成年人刑事司法制度创新发展。当然,对于慈溪办法的不足,我们应该从办法内容完整性、权限合法性、本土适应性、分层设计科学性等角度或细节进行完善,充分考虑未成年人被害人的合法权益和性侵罪犯的合法权益,从而避免对未成年被害人的二次伤害和保障公众知情权。姚建龙教授等从介绍美国"梅根法案"、英国"披露制"入手,介绍了西方发达国家对于性侵犯罪进行规制的模式。在当前我国性侵未成年人犯罪高发的情形下,慈溪版"梅根法案"通过地方探索,在性侵犯罪公开期限、公开内容、公开范围、公开渠道、公开条件与西方的制度有所差异,在程序和实体两个角度,兼顾了充分法律之间的协调,平衡保护了性侵罪犯和性侵未成年被害人的合法权益。而针对质疑者关于慈溪办法可能违反"一事二罚原理"、侵犯"公

民隐私权"、不利于罪犯重新回归社会等质疑,姚建龙、刘昊认为,儿童权益是法律的高压线,在儿童利益最大化原则面前,性侵儿童罪犯的隐私利益应受到一定限制;同时,从社会保护与未成年人特殊保护双向保护原则的平衡出发,国家应该对未成年人进行特殊保护。而社会公众对于性侵儿童罪犯存在排斥心理,性侵儿童罪犯再犯风险高、预防和矫治手段明显不足更从正反两个角度印证了慈溪办法的合理性。从制度风险的角度出发,龙敏博士通过考量秩序与规范之间的互动关系,认为社会规范与社会秩序之间是互相影响的。秩序的变化,必然引发社会规范的更改;而社会规范的修订,必然在一定程度上给秩序带来风险。预防和保护未成年人合法权益,防止他们遭受性侵,这是公众最朴素的秩序需求,慈溪办法作为制度规范,其出台回应了公众关于保护未成年人性权益的秩序期待,这是规范的正面效果。然而,不应该否认慈溪办法作为规范可能引发的对性侵罪犯隐私权侵害、性侵被害人心理二次伤害等风险。而犯罪风险评估工具、相关的配套制度等其他合理实施机制均不完备,说明在实务上不具备信息公开的制度。由此,龙敏博士认为,性侵未成年人犯罪人员信息公开制度不宜操之过急。针对性侵未成年被害人的保护,慈溪办法并非唯一的地方探索。上海市检察机关早在 2010 年即将性侵未成年人案件纳入未检部门办理,通过专业化办案机制和一站式调查取证机制,推动建立了办理性侵害案件中未成年被害人"一站式"保护体系和一站式预防体系的上海模式。樊荣庆检察官等从"一站式"保护体系的基本特征、基本要求、体系设计等角度,具体介绍了上海未检部门多年来办理未成年任性侵案件的具体操作和流程。这对于推动构建我国性侵害案件未成年被害人"一站式"保护体系的构建具有重要的参考和指导价值。

四、化学阉割的引入

(一)化学阉割概述

"化学阉割"(chemical castration)又称"荷尔蒙治疗""药物去势",它不同于"物理阉割"(surgical castration),它是一种药物治疗,是运用医学生物上的方法使男性的荷尔蒙发生改变,降低性欲和性行为次数,以达到预防强奸、恋童癖、性骚扰等犯罪的方法。"化学阉割"是一种非手术式的、可逆的化学过程,包括每周注射抑制睾丸激素产生的荷尔蒙抑制剂。这个过程对有性幻想冲动的性犯罪分子能起到很好的作用。其运用的原理是注射荷尔蒙抑制剂能减少睾丸激素的生产,随后降低性犯罪分子的性欲。研究表明注射能够减少性兴趣、性幻想、勃起和性活动，这些被研究人员称为"性平静"（sexual calm）。而这种性的平静被认为能够减少重复犯罪的发生。"化学阉割"最常用的药物是醋酸甲羟孕酮片（Depo-Provera Medroxyprogesteroneacetate，MPA），该药物是一种女性激素化合物，模仿女性的荷尔蒙雌激素来运作，可以有效抑制睾丸素的产生；尽管这种药物会降低性欲，但仍然可以勃起以及继续进行性交；研究表明该药物会干扰脑下垂体和中枢神经系统，让大脑认为体内雄激素已经足够；研究还表明有效剂量的药物导致生殖器功能几乎完全丧失、阴茎不能够勃起、精液不能够产生以及不能产生性高潮；副作用包括高血压、疲劳、体重增加、出冷汗、做噩梦以及肌肉松弛。尽管醋酸甲羟孕酮会在体内持续六到九个星期，但随着每天的注射，药物水平会显著减少。

病人必须每周接受治疗。治疗的过程包括给性犯罪者提供每10天300到400毫克的注射量。在一个月内，这个剂量会使细胞内的睾丸激素降到一名女性的水平。这个治疗过程创造了一个可逆转的"荷尔蒙去势"的效果。或者，使用其他药物同样可以用来实现降低荷尔蒙产生的量的预期效果。例如，在加拿大和欧洲是使用一种叫醋酸环丙孕酮（cyproterone acetate）的药剂；吩噻嗪（Phenothiazine）也可以降低睾丸激素水平，而且不会产生如醋酸甲羟孕酮片列明的那样的副作用。治疗和药物的结合被认为能对累犯起到威慑效果。事实上，根据报道犯罪分子更愿意接受行为上的治疗与这样的药物抑制相结合。治疗不仅可以检测导致不正常的性行为的各种因素，而且可以确认性犯罪分子的焦虑等各种问题的来源。此外，治疗师能检测这种不正常的神经质结构，继而认识他们大脑中的性混乱思维。因此，在没有治疗的情况下纯粹运用手术过程或是激素剂量而有效防止性犯罪分子再犯是很少见的。

"化学阉割"始于美国，当时针对儿童的性侵犯案频繁发生，虽然有刑法和相关的法律来惩治和监控他们，但刑罚制度很少长时间地监禁这些性犯罪分子，一旦被释放后，高达75%的儿童性犯罪分子会再犯。于是，一些专家就建议考虑结合其他措施，对性犯罪分子采取有效的治疗。从各国化学阉割的立法情况来看，化学阉割的对象主要是以儿童为性侵对象的犯罪分子，包括初犯和累犯，除了韩国在2012年决定将对所有性罪犯分子实施化学阉割，之前其性冲动药物治疗仅仅针对那些对未满16岁的受害者实施性暴力的人群。

（二）韩国"化学阉割"法案

韩国从2002年至2007年性暴力犯罪增加了32.3%，而针对儿童的性犯罪同期增加了 80.2%。对此,韩国议会和法务部采取了各种措施:2000 年,制定了韩国版的梅根法案《青少年性保护》的法律,其中规定了基本信息公开制度,公开性犯罪者的基本信息;2007 年,韩国议会和法务部又制定了《对特定性暴力犯罪者植入位置追击电子装置》的法律,通过在性犯罪分子体内植入追踪装置,随时追踪到性犯罪分子,以此来保护公民免受性犯罪者侵害,已达到防止性犯罪分子再次实施性犯罪的目的;2008 年 1 月,韩国修改了刑事诉讼法,在刑事程序中加强了对儿童的保护措施,针对未满 13 周岁的儿童实施性侵害的犯罪制定了有关《处罚性暴力犯罪与保护受害人》的法律,并且将刑期从有期徒刑 5 年提高到 7 年;同年 12 月份,又修改了《治疗监护法》,增加了相关条款:患有恋童癖、性虐待等性癖的性犯罪分子,实施性暴力犯罪,根据刑法应当判处有期徒刑以上刑罚的,应对其实施治疗监护。而且,在 2008 年 9 月提议的《有关预防和治疗针对儿童实施的性暴力犯》法案中规定了所谓的"化学阉割",该法案以 2007 年性犯罪分子强奸并杀害慧珍、艺瑟两名女童以及 2007 年至 2009 年韩国国内发生的几起严重的性暴力犯罪事件为制定背景,其中实施性暴力犯罪的金某某在案发现场深埋着头、漠然地说道:"我真该死。我身体里有个像怪物一样的欲望,所以才产生了那样邪恶的想法。"至此,韩国新世界党特别对策委员长金吴芯在 2010 年 6 月 14 日特别对策委员会会议中提出,将积极探索对性犯罪分子进行药物性治疗。之后,韩国国会修改了《预防和治疗针对儿童实施的性暴力犯》法案,并通过了《性暴力犯罪者性冲动药物治疗》的法律,于 2010 年 7 月 23 日公布,自 2011 年 7 月 24 日开始实施。这是亚洲国家针对性犯罪分子首次采取化学阉割药物治疗。2012 年 5 月 22 日韩国法务部表示,将对某性犯罪分子实施首例化学阉割,因该犯罪分子曾对一名女童多次实施强奸行为。

（三）生物性治疗在欧美国家的立法状况

韩国关于化学阉割的法案并不是独有,在 20 世纪 50 年代欧美国家就相继对化学阉割治疗措施进行立法。美国有对儿童进行特殊保护的传统,一般只要危害到儿童的健康成长,均可以判处重罪。除了刑罚,还会配备其他的措施对性犯罪分子进行监控。最熟知的就是 1996 年的《梅根法案》。"梅根法"对有性侵案底的人进行限制居住和活动范围,并有一个数据库,居住在美国的为人父母者,都可以通过该数据库查询到他们所居住的区域内有性侵案底的犯罪分子,包括他们的姓名、照片、住址和所犯罪行等详细资料。即便有如此严厉的措施,性犯罪分子的再犯率仍然很高,因此1997年加利福尼亚州颁布了首个性犯罪治疗法。到目前为止,美国已经有很多州颁布了类似的化学阉割法。同样,在1933年的纳粹德国时期,当时为了禁止同性恋之间的性行为而颁布了针对"性犯罪分子"的阉割法,但是由于该手术关系到纳粹主义,在1945年被废止。这部法律对21岁以上的性犯罪分子采取强制阉割。然而,德国现在实施的阉割法与1933年制定的不同。德国由于在1996年发生了数起严重的性侵儿童的案件,在强大的社会舆论压力下,其在1998年通过第六次刑法修正案以及对抗性犯罪的其他法律,其中就规定对性犯罪分子进行化学阉割药物治疗,以减轻当事人因不正常的性冲动而造成的严重疾病、情绪干扰或苦痛。

（四）我国司法过程中采取"化学阉割"治疗的展望

针对未成年儿童的性暴力犯罪呈上升趋势,学界和社会上也引发了在我国性犯罪中是否应采取生物性治疗的热议,如洪道德教授认为化学阉割的问题现在看来还不太现实,因为在他看来这相当于增加了一种刑罚的种类,难度较大;而且中国的国情和韩国不一样,韩国在这方面没有死刑,中国仍然设有死刑,对于危害特别大,影响特别恶劣的情况可以判处死刑和终身监禁。另外,洪教授担心化学阉割能否完全解除性犯罪者在这方面的心理欲望。笔者认为,在中国能否适用化学阉割,不仅仅应该从性犯罪者角度去考虑,更应该从受害者角度、社会角度去全面的权衡。

据调查分析显示,性犯罪人实施多次性犯罪后,其生理上的欲望就会变得愈发强烈,从而对性就愈发的渴望,如果得不到调整和治疗,就又会演变成犯罪。根据一项对"犯罪分子犯罪次数对重新犯罪的影响"的研究显示:性犯罪者的犯罪次数在两次以下有366人,7年的追踪调查显示有32人会选择再次犯性犯罪,再犯率为8.7%;犯罪次数在3次以上5次以下的性犯罪分子有45人,其中有12人会重新犯罪,犯罪率为25%;犯罪次数在6次以上的有9人,有4人在刑罚执行完毕后再犯,重新犯罪的比重达到44.4%。刑罚是犯罪人行使犯罪行为后最主要承担的法律后果,也是刑法特性的一种体现,是一国维护社会秩序和法秩序的必要手段。任何一个社会若没有刑罚,则其法秩序将行中止,个人的生命、身体、自由与财产将会轻易地遭受侵害。同时,刑罚是国家主权行使中最为严厉的手段,它最具有强制力量而富伸缩性的法律效果。因此,国家在行使刑罚权的时候,应慎之又慎、合理且合法地使用,这样才能对犯罪分子起到压制的效果。刑罚使用不当,不仅没有刑的效果,反而会促成更多的犯罪,有时甚至可能因之造成法律社会秩序的全面崩溃，直接影响到国家的存亡。所以，不论在哪个时代，对于刑事刑罚的意义与目的问题，都具有过甚为详细的讨论，以此来制定刑事立法与刑事司法的指导方针，以期刑事刑罚能够发挥其在刑事政策上应有的功能。从各国刑法的研究来看，无论在哪一个时代，刑罚的意义与目的的论题，无论是在刑法理论上，还是在刑法实务上均占有一个极其重要的地位，尤其是当一个国家对其现行刑法法典感到不能适应其社会的需要，为期刑法更能发挥其在抗制犯罪的功能，而进行刑罚改革时，首先讨论到的问题便是刑罚的目的。刑罚目的是指国家制定、适用、执行刑罚的目的，也即国家的刑事立法采用刑罚作为对付犯罪现象的强制措施及其具体适用和执行所预期实现的效果。

在现代刑法中，刑罚的目的主要包括报应刑论和预防论。报应刑论不考虑刑罚对社会所产生的有用意义，而是考虑让犯罪分子承担一定的痛苦，使犯罪行为人因自己的所作所为而获得的罪责，在实现个案公平正义的情形下得到报应、弥补和赎罪。报应作为刑罚目的，是刑罚正当性的要求。一般情况下，"报应"一词很容易与"报复"等量齐观，导致很多人将"报应"看作一个负面意义的词，事实上"报应"一词在词义的发展过程中趋向于中性化，而并不是传统意义上的"报复"。正如加罗法洛所说："如果刑罚惩罚的目的消失，只具有教育、改造或者是治疗的目的，那么人们不得不怀疑：如果罪犯不遭受身体上的痛苦、而受到免费教育是唯一后果时，刑罚是否还有存在性的必要？"预防论主张通过对犯罪分子的惩罚，以期达到减少甚至避免将来犯罪。预防论包括特殊预防和一般预防，特殊预防是通过刑罚的运用，预防犯罪分子自身将来再犯，一般预防是预防尚未犯罪的人走上犯罪道路。而支持预防论观点的学者一般也支持将刑罚的种类设置的更合乎人道、更合理和更多样。在现代社会，将"化学阉割"这种生物性治疗纳入刑罚，定能丰富刑罚的种类，这样不仅可以从源头上防止性犯罪的再次发生，而且可以通过对性犯罪分子适用必要的刑罚，用其证明刑法规范的正当性，从而安定一般大众的法律意识，增强一般大众的社会规范意识，从而进一步实现刑罚的一般预防目的。虽说刑法处罚的目的是防止犯罪分子再次犯罪，并且规劝告诫他人要引以为鉴，但刑法处罚并非是只要经过制定、适用和执行就能够理所当然地发挥其预防再犯的效果，中间还须注重发挥刑罚功能这一关键环节。刑罚功能是刑罚制定、适用和执行后直接产生的社会效果，包括剥夺或限制功能、改造功能、威慑功能、安抚补偿功能和教育感化功能。对性犯罪分子进行化学阉割药物治疗可以对包括犯罪分子本身在内的所有人都起到很好的威慑作用,而且,如前所述,对性犯罪分子进行药物治疗实际上是在帮助性犯罪分子,至少能帮助其调节性欲,以达到"性平静"的一种状态。因此,采取生物性治疗也体现了刑罚的改造功能。所以说,将"化学阉割"这种生物性治疗纳入刑罚体系,是刑罚功能和目的的体现。

同时,根据各国关于药物治疗的相关立法,可以看出接受药物治疗的大多是患有恋童癖、由于一些生理原因达不到"性平静"的惯犯和累犯。之所以对儿童多加保护,是因为一方面未成年人在身体上和心智上的发展都尚未成熟,处于社会的弱势地位,必须由周围的成年人或者社会机构为其提供必要的生活资源以及社会化经验,正因此,他们的权利更容易受到侵犯和剥夺,需要法律给予他们特别的关心和重视,以使之在一个良好的环境中成长。另一方面,未成年人在这个时期正处于成熟和发育的阶段,遭到性侵害往往需更长的时间来恢复,也许会产生一辈子的阴影。因此,需要特别重视对未成年人性权利的保护与尊重,对此西方国家在刑法典的修订与制定方面已经在很大程度上体现出了这样一种发展趋势和时代要求。例如,新西兰在讨论是否应采取化学阉割药物治疗时,其司法部长菲尔·戈夫说:"在目前这个阶段,有大量的研究工作需要我们去做。然而,我的立场是最高限度地保护社会最脆弱的成员——儿童的权利。"与此同时,我国在《未成年人保护法》第3条中也规定了国家根据未成年人身心发展特点给予特殊、优先保护,用以保障其合法权益不受侵犯。基于这样的理念,既然化学阉割药物治疗对性犯罪能够起到立竿见影的效果,而且目前我国性侵未成年人案件重复"上演",何不以最低限度的容忍和最高限度的保护来保护未成年人呢?将化学阉割生物性治疗纳入我国性犯罪刑罚的体系,不但可以对未成人的合法权益起到保障作用,而且有助于保障妇女的合法权益,体现了刑法的核心思想,即法益保护原则。

大多数学者对在我国性犯罪刑罚中是否实施化学阉割该种生物性治疗持赞同的态度,具体到该如何设置的问题,有以下几点措施。

1. 立法模式的选择——单行刑法

法典在一定时期内保持其稳定性是世界各国立法普遍追求的价值,刑法典保持其稳定性是公正价值理念的体现,也有利于树立刑法的权威。但是,正是由于刑法法典需要保持其稳定性的缘故,法典在制定之初并不可能囊括现实社会中出现的所有犯罪行为,导致其会逐渐落后于社会的发展。而单行刑法作为一种特别刑法,有其灵活性,可以根据社会生活的变化,适时地迅速地制定,如我国在1998年颁布的《关于惩治骗购外汇、逃汇和非法买卖外汇犯罪的决定》。从采取化学阉割药物治疗的那些国家的立法经验来看,大都采用特别立法的模式,如韩国国会制定通过的《有关性暴力犯罪者性冲动药物治疗的法律》。为使我国刑法保持其稳定性,笔者认为在制定属于我国的化学阉割药物治疗的法律时,也应该采取单行刑法的立法模式,对化学阉割药物治疗进行详细的规定,以从生理上和心理上帮助性犯罪分子,降低再犯率,保护公民的人身权利。另外,关于法律的名称,应以"性冲动药物治疗""生物性治疗"或者"性侵害防治"等字眼为宜。"化学阉割"这一词会让国民与古代的宫刑相联系,一方面会导致治疗的效果与想象造成误差,另一方面会引起社会大众包括接受治疗者在内的反感和误解。

2. 适用对象严格

中国古代存在"宫刑",宫刑作为刑罚的一种,当时的实施对象既包括男性也包括女性,"宫者,丈夫割其势,女子闭于宫",其在最开始时候惩罚的对象只限于有不正当性关系的男女,《伏生书》中记有"男女不以义交者,其刑宫",后来宫刑的施行范围被逐渐扩大,用于惩罚各种犯罪行为。而现代的"化学阉割"是一种可逆的药物治疗,其对象只能是严重的性犯罪分子,尤其是多次实施性犯罪的累犯和惯犯,而且要有年龄上的限制。例如,瑞典规定只允许对 23 岁以上的成年人进行药物治疗,在德国则是 25 岁的年龄要求,或者借鉴芬兰法律"明确禁止对任何 20 周岁以下或者是正在遭受精神疾病、有严重的精神衰退症或是非常严重的精神病的公民进行阉割"。这样,既可以维护刑罚体系的科学性,又能保证性冲动药物治疗不被滥用。

3. 实施程序正当

程序作为制度化的最重要的基石,开始于高度不确定的状态,但其结果使程序参加者难以抵制,形成一种高度确定化的效应。因此,要实现有节度的自由、有组织的民主、有保障的人权、有制约的权威、有进取的保守这样一种社会状态,就必须重视程序,程序的完备程度可以视为法制现代化的一个根本性的指标。正所谓"刑律不善不足以害良民,刑事诉讼律不备,即良民亦罹其害"。具体到对化学阉割药物治疗的过程中来,从判决到执行也应该遵守程序,实现程序正义。首先,对于化学阉割药物治疗的执行机关,由于这种药物治疗是个长期的过程,并且是个专业的过程,因此必须有专门机构对该过程进行执行和监督。其执行机关应该是包括司法局、监狱管理局在内的司法行政机关、公安机关和有资质的医疗单位共同组成,分工明确,责任到各个部门。司法行政机关负责罪犯入狱期间该药物治疗的执行和监管;公安机关负责罪犯出狱期间该药物治疗的执行和监管；医疗单位负责全程医疗技术的协助以及对罪犯身体状况的评估、对治疗结束时间有建议权。但并不是所有的医院都适宜参与该化学阉割药物治疗过程，而必须是获得相应资质的医院和医师，如瑞典规定只能是有执照的医师才能执行，捷克规定该执行过程需要由一名律师、两名擅长绝育手术的医生以及两名不参与该执行过程的医生组成的专家委员会的同意。其次，从保护罪犯人权的角度考虑，该过程的实施须以性犯罪分子的知情和自愿同意为前提。知情是要求执行机关告知接受治疗者该治疗的全称过程以及可能会产生的副作用。如果性犯罪分子自愿接受该项药物治疗，法院在量刑时可以从轻或减轻刑罚，对于确有悔改表现且人身危险性较小的犯罪分子也可以判处缓刑。当然，对不愿意接受该治疗的性犯罪分子，法院在判决时仍需要依据相应的法律条文，在法定刑幅度内对其判处刑罚。

（五）相关制度的配套——行为、心理等辅助治疗

自首部关于化学阉割的药物治疗法颁布以来，不少学者就认为性惯犯的犯罪成因复杂，至少应包括生理上和心理上等因素，而化学阉割药物治疗只能从生理因素的角度来控制性犯罪分子再犯，他们认为如果单纯依靠所谓的化学阉割药物治疗根本无法实现刑罚的最终目的。而在押服刑人员心理状况的好与差直接影响着其刑满释放后重新犯罪几率的大小。Fazel 和 Danesh 曾对 12 个国家的 22790 名罪犯进行研究，结果显示 65% 的罪犯心理存在不正常现象。而如果在服刑期间，这种心理问题没有得到很好的治疗，释放后再犯的可能性将大大提高，不利于社会的稳定。因此，需要在对性犯罪分子进行生物性治疗的同时，注重心理上的辅助治疗，从心理上对他们的行为进行疏导，与他们及时沟通，以达到治疗的目的，让性犯罪分子能真正回归社会，这也是人本思想的要求。另外，在配套制度中应该注重对性犯罪分子的社区矫正。社区矫正这种行刑方式是相对于监禁矫正而言的，学术界对其存在不同的看法，其中"行刑说"认为社区矫正是一种非监禁刑罚执行活动，目的主要是在宣告规定的时间内，通过相关国家机关和社会团体、社会组织及志愿者的帮助，纠正其犯罪心理和不良行为习惯，使犯罪分子能够顺利融入社会；"处遇说"认为社区矫正是通过将犯罪人置于监狱之外的社区内，通过社会力量对其进行矫正、感化、监督和帮助其改造的一种制度；"教育说"认为社区矫正是所有在社区环境中管理教育方式的总称，是一种通过使犯罪分子与社会融合并利用社区资源对罪犯进行矫治的方式。无论是社区矫正的何种学说，我们都可以认为社区矫正是帮助罪犯改造的一种方式，并不是单纯

的惩罚,而是通过整合、导向、康复、预防等对其教育和改造,使犯罪人重新融入社会。"目前的社区矫正适用范围主要包括被判处管制、被宣告缓刑、被暂予监外执行、被裁定假释,以及被剥夺政治权利并在社会上服刑的五种犯罪。"如果能考虑将涉及与性冲动药物治疗相关的缓刑、假释纳入社区矫正的适用对象的话,一定可以将社会力量最大化地发挥,帮助性犯罪分子克服致使其犯罪的社会因素,从而帮助他们顺利回归社会。

五、司法社工的介入

在当前加快建设社会主义法治国家,加强和创新社会治理,鼓励社会力量参与社会建设的现实背景下,探索如何发挥司法社会工作在性侵犯被害人保护方面的作用,就显得尤为必要。

国外一些发达国家和地区已经发展出针对性侵犯被害人的服务体系,基本形成了司法、医学、社会工作与心理学为一体的正式社会系统,司法社会工作涉入性侵害事件发生与处理的各个环节之中,并在早期危机干预、倡导性医疗及司法陪伴和性侵犯犯罪的公众教育等方面担当重要角色。

性侵犯被害人社工服务的诞生与发展著名社会工作理论家佩恩(M.Payner)认为有三股力量建构着社会工作,它们分别是"创造和控制社会工作者专业的力量;主动寻求帮助或被动地转介至社工处的人们,被称为案主的力量;改变开展社会工作所处的社会环境的力量"。作为司法社会工作中的核心领域之一,针对性侵犯被害人的社工服务的诞生与发展同样源于这三股力量的建构。

在国外,司法社工是最早接触被害人的专业人员之一,被称为扮演支持性和关键性角色的"一线服务提供者"。他们秉持专业的价值观,拥有系统的专业知识和审视实际环境的独特视角,掌握基本的沟通技巧以及实施干预和驾驭转变的专业方法,为性侵犯被害人提供全方位的专业服务。与其他领域的社会工作服务相比,针对性侵犯被害人的专业服务主要包括危机干预、倡导性医院和司法系统陪伴服务和公众教育服务等。

(一)危机干预服务

作为一种突发的应激性事件,性侵犯会对被害人身体、心理和社会关系等方面造成不同程度的创伤,为减少加害事件对她们的不良影响,将短期及长期伤害降到最低限度,提供有针对性的危机干预被证明是有效的应对方法。危机干预常在性侵犯事件发生后的第一时间,尤其是案发后24小时内开始,以密集式服务提供支持性协助,以使服务对象恢复以往的平衡状态,并在处理日常问题的能力上得到长期性的改变。以美国为例,拨打性侵犯热线电话、向911报案和亲自前往庇护所是性侵犯受害者使用较多的求助方法。当被害人自愿拨打性侵害热线或向警察电话求助时,电话会被转接到距离被害人最近的危机干预中心,专业工作者通过热线电话向被害人提供危机干预服务,服务包括立即向被害人提供情绪支持,教授被害人问题解决策略,告知被害人保护自己人身安全的方法,帮助被害人决定是否向警察报案,推荐能够进行性侵害医疗照顾和司法鉴定的医疗机构,向被害人推荐可以帮助她们处理各种问题和康复的资源,将被害人转介到长期照顾项目,提供被害人所在区域的司法机关信息,转介服务到能够提供经济支持的机构等。除了热线电话,遍布全美各地的性侵犯危机中心和庇护所等社会组织为性侵害被害人提供快速响应的危机干预服务,使被害人免受犯罪人的再次侵害,并尽快展开恢复和重建生活的历程,其中主要包括安排倡导社工陪伴被害人就医和进行司法调查;参与被害人生理—心理—社会全方位的评估;协助聘请临时保姆,照顾被害人的孩子,处理被害人家属的情绪和生理困扰;后续持续提供被害人及其家属的咨询服务;协助被害人完成被害补偿裁定的申请;协助被害人更换遗失的证件(如出生证明、结婚证书、遗嘱等);转介被害人至可起诉性侵犯事件的对口单位及社区精神健康中心和社会服务机构,以便实施后续的咨询及短期心理治疗;紧急修复门锁;紧急财政援助和当地超市免费食物兑换券发放;提供往返法院交通服务等。庇护所主要向被害人提供住房申请帮助服务、就业帮助服务、传授各种生活技能、提供法律服务、转介经济资源和儿童照顾服务等。不论是在热线电话服务中,还是在性侵犯危机中心提供服务的过程中,针对性侵害被害人的咨询是危机干预服务的核心之一。在咨询过程中,咨询师首先通过聆听、同理、支持等技巧稳定被害人的情绪并与之建立相互信任的合作关系;其次,在舒缓被害人情绪的同时,对她们的认知、情绪与情感、社会支持、应对策略等进行评估;最后,协助服务对象渡过危机事件所引发的失衡状态,恢复平衡。在整个服务过程中,鼓励被害人进行情绪表达非常重要,这可以帮助她们舒缓症状并厘清情况,具有治疗功能;动员和运用实际存在和精神上的社会资源对化解危机有关键性作用;工作者在介入过程中要不断地为被害人注入希望,提高被害人的自信心和效能感。

（二）倡导性医院和司法系统陪伴服务

"倡导"是"社会工作的核心"，能够帮助人们"觉知到自己的权利，实施这些权利，并在未来的生活中卷入和影响决策的制定"。对于性侵犯被害人来说，她们因为遭受犯罪侵害被贴上标签，不但要忍受身心痛苦，还要遭到来自社会的歧视、排斥及其他不公正的对待。为使被害人的权益得到重视及保障，以平等、正义和社会融合为基础理念的倡导便成为被害人社会工作服务的重要方法，根据性侵犯被害人的需求入手进行分析，倡导服务主要包括医院陪伴服务和司法系统陪伴服务。

1. 医院陪伴服务

针对性侵犯被害人的医疗服务是许多发达国家公民的法定权利。在医院中，性侵犯被害人通常会接受司法面谈、司法调查取证、医疗检查、创伤处理和为防止性传播疾病或怀孕而进行的治疗。性侵犯被害人在医院里所做的各项检查、治疗及司法工作由医院急诊室中的性侵犯响应团队（Sexual Assault Response Teams, SART）来完成，这个专业团队主要由医生、心理治疗师、性侵犯检查护士（Sexual Assault Nurse Examiner）、性侵犯倡导员（Sexual Assault Advocate）和警察等组成，具有司法社会工作教育背景的性侵犯倡导员在其中发挥着不可或缺的作用。一旦性侵犯被害人与性侵害干预中心取得联系，干预中心会以最快速度派出性侵犯倡导员与被害人见面，对其安全性和身心状况等方面做出评估，并带领被害人到医院急诊室接受治疗和司法检查。如果被害人被警察转介或自行到医院接受治疗，医院与危机干预中心取得联系，倡导员会迅速赶往医院为被害人提供服务。无论被害人是否选择起诉犯罪人，医学检查和治疗都是必要服务，因此医院也成为性侵犯被害人能够接触的正式支持系统的第一个环节。被害人所受伤害的紧急性和严重性决定了诊断与治疗需要不同学科的临床专家的介入，而倡导性社会工作者因为是能够有机会在第一时间接触并一直陪伴被害人的专业人员，对于被害人情况非常了解，并且与被害人建立了信任性的专业关系，能够在跨学科团队工作时联结家庭、专业机构、医院和司法系统，成为协调团队工作的"粘合剂"。性侵犯倡导员是性侵犯被害人的重要支持者。医学检查可以达到取证的目的，但同时可能给被害人造成二次被害。所以，被害人在医院接受检查、举证和治疗的过程中，倡导社工一直陪伴在她的身边，不仅要担当取证专家的角色，还要时刻关注被害人的精神状态。在取证过程中，司法社工可以缓解被害人面对取证所带来的心理压力，减少与司法人员互动中反复回忆被害过程所造成的精神创伤。性侵犯倡导员还为被害人提供关于医疗流程及内容的信息并持续提供情绪支持,协助被害人回答关于法律和医疗过程中的问题,帮助被害人为未来做计划,并帮助被害人接受跟进服务、提供咨询并帮助她联结其他有价值的资源。性侵犯倡导员的另一职责是评估。由于倡导社工对被害人存在问题的相关领域知识及介入方法进行了深入了解和考察,全程陪同在被害人身边又使得其对案主的情况最为了解,因此性侵犯倡导员可以对被害人实施专业的生理—心理—社会评估,除了对当事人和重要他人的基本信息、家庭概况进行评估,还要对遭受虐待的起始时间、频率、侵害方式、当时的反应、事件发生后的改变等遭受创伤侵害的经验进行评估,为医疗服务和未来的司法程序提供证据。

2. 司法系统陪伴服务

性侵犯被害人常常不愿意向司法机关报案及参与调查和起诉等司法活动,据美国犯罪及被害调查显示,在 2005 年至 2010 年间,只有 36% 的遭强奸或性侵犯的被害人向警察局报案。即使是那些进入到司法程序的被害人也会面临各种不利处境,因为司法专业人员的角色、社区安全目标与被害人的利益之间存在着天然的冲突,司法系统陪伴服务通过提供支持性和信息性服务,使被害人的困扰体验降低,并使被害人尽可能顺利地通过司法程序,获得应得的赔偿及相应的各种服务。司法系统陪伴服务主要包括审前调解 / 对话服务、诉讼庭审陪伴服务、举证服务及跟进服务等。审前调解指庭审前,被害人、犯罪人及相关人员在一种安全和有控制的环境中,在调解员的帮助、引导和支持下,被害人通过讲述犯罪行为对自己造成的身体、情绪和经济后果,直接参与制定犯罪人向其偿还经济债务的赔偿计划,这是一种有效解决争端的司法实践方式,不但为被害人提供了心理康复的过程,也有助于赔偿协议的达成;在这一服务中,性侵犯倡导员一直陪伴在被害人身旁,支持和安慰被害人,为被害人提供相应的信息并以她适合与接受的方式传递给她;运用生理—心理—社会框架评估被害人的社会功能状态,为被害人是否适合参与调解中做专业判断;与此同时,倡导员依托专业的法律知识,协助被害人制订最有利的赔偿计划,并使被害人在调解过程中得到心理上的康复及经济上的有效赔偿。

虽然,自改革开放以来,社会工作本科及研究生教育都取得了极大发展,但从我国司法社会工作专业人才培养状况来看,情况依然不容乐观。目前,开设社会工作专业的高校多为综合类院校,其社会工作教育的目标是让学生掌握全面的专业知识,即使是已经开设了司法社会工作专业的华东政法大学、首都师范大学、中央司法警官学院等高校,其培养方向大都受"问题为导向生成的社会工作实务"策略所引导,更倾向于为政府规定的禁毒、社区矫正和社区青少年服务提供配套教育。目前,严峻的性侵犯犯罪、特别是针对未成年人的性侵犯犯罪,急需具备心理学、医学和法学等学科的专业背景,善于与公安、医疗、法院等系统协同合作的专业工作者为性侵犯被害人提供适切服务。要为性侵害被害人服务输送称职的专业工作者,高校社会工作专业应该在课程设置中加入一些与性侵犯犯罪及被害人服务等相关的课程,如危机干预、社会工作倡导、被害人学、刑事诉讼法等课程。这些课程可以在学生完成专业基础课学习后,在大三、大四集中开设。在专业实践方面,应该加强学科专业与实务领域之间的合作,通过专业实习,使社工学生获得直接服务的操作经验,掌握为性侵犯被害人提供服务所需的知识、理念与技巧。在社会工作硕士(MSW)教育越来越成为高级社工人才培养重要阵地的今天,更应该思考如何在夯实本科教育基础的前提下,着重学生批判性思维(critical thinking)和具有本土特点的性侵犯被害人服务能力的提升。除了强化高校社会工作教育质量,还应该重视在职社会工作者的继续教育。国外针对性侵犯被害人的培训项目非常多,不但各地的司法部门、社会组织,甚至大学社工学院都在提供针对从业人员的专门培训,并编制了操作性极强的指导手册。而我国目前从事性侵犯预防与性侵犯被害人服务的工作者多为热心的志愿者或缺乏相关专业背景的工作人员,因此对在岗人员进行培训是提高专业服务水平的必要手段。

第九章　完善我国未成年人性侵害的应对机制

面对大量性侵害事件的曝光,民众议论纷纷,家长整日担忧,各界学者积极商讨相关政策,政府也在重大压力之下紧锣密鼓地筹备相关的治理措施。而如何制定一个相对完善的应对机制,成为我们现在面临的首要任务。

第一节　司法系统应对措施

一、完善相关法律规定

我国针对未成年人的特殊情况,在检察院设置了未成年人刑事检察处,主要负责审查批准逮捕或不批准逮捕、起诉或不起诉未成年人案件(包括成年人与未成年人共同犯罪案件)犯罪嫌疑人;履行公诉职责,出席支持公诉第一审刑事案件;对公安机关应当立案而不立案的未成年人案件进行立案监督;对侦查机关、审判机关在办理未成年人案件时的侦查、审判活动是否合法进行监督;审查未成年人案件的刑事判决、裁定,对确有错误的刑事判决、裁定,依法提出抗诉或者提请上一级人民检察院提出抗诉;办理下一级人民检察院提出抗诉的未成年人刑事案件,审查是否支持抗诉或者撤回抗诉;办理下一级人民检察院提请本院或者省院按照审判监督程序提出抗诉的未成年人刑事案件,审查是否提出抗诉或者提请省院提出抗诉;办理市中级人民法院通知本院派员出庭的未成年被告人上诉等刑事案件;出席未成年人刑事案件第二审、再审法庭;办理下一级人民检察院请示的未成年人刑事案件;办理下一级人民检察院报送的不起诉备案审查案件;结合未成年人刑事案件特点开展教育、矫治、预防工作,保护未成年人合法权益,参与预防未成年人犯罪社会综合治理等工作。在我国法院系统,各中级法院均建立少年法庭,专门负责未成年人案件的审判工作。我国人民法院坚持贯彻针对未成年人的"特殊、优先"

司法保护理念,以保护未成年人的司法权益。

但是我国刑法规定对未成年人性权利的保护特别是对未成年男孩性权利的保护仍不够充分,因此有必要对我国刑法的规定予以完善,以确保在相关犯罪行为发生之后,相关部门能够做到有法可依、依法行事。在对强奸罪的规定上,首先应扩大刑法的保护范围,将男性也作为强奸罪的保护对象,并对未成年男孩尤其是14岁以下的男孩予以特别保护。虽然我国《刑法修正案(九)》将猥亵、侮辱的对象扩大至男性,但笔者认为对男童性权利的保护仍然存在不足。对男童"鸡奸"等性侵害完全归为猥亵、侮辱行为,不利于男女的平等保护。联合国《儿童权利公约》第19条中关于儿童性权利的保护并没有进行性别上的区分,英国等国家刑罚为男女平等保护设置"奸淫儿童罪"。中小学男女生性权利的平等保护应成为未来刑事立法的方向。

其次,应加大对以15～18岁未成年女孩为对象的强奸行为的惩罚力度,体现对强奸未成年人犯罪严厉打击的刑事政策。在对猥亵儿童、强制猥亵妇女罪的规定上,应将未成年人纳入保护的对象。

一些学者建议应单独对未成年人性侵害类犯罪行为进行刑事立法,使其达到有效惩处、约束此类犯罪的目的,笔者认为此举并无不妥,在针对学校教师性侵害未成年人这类案件上,各省市应先制定地方性法规,重点对中小学师源性侵害予以规制,在逐渐成熟的基础上,再完善刑事立法。德国刑法第174条规定,负有特殊责任人员对受其保护的未成年人实施性侵害,即使其行为没有违背被害未成年人的意志,也应当受到刑法的惩处,该条法律规范在强奸罪、猥亵儿童罪之外单列,在构成要件上与普通强奸罪、猥亵儿童罪有所区别。此举值得借鉴。负有特殊职责的人员对受其保护的未成年人实施性侵害单独规定为一项罪名,在具体的构成要件上与普通强奸罪、猥亵儿童罪有所区别,即使其行为没有违背被害未成年人的意志,也应当予以刑罚处罚。同时,刑法应对"负有特殊职责人员"的概念范围予以界定,具体可参照《关于依法惩治性侵害未成年人犯罪的意见》的有关规定。

在完善现有法律的基础上,还应当制定全国性的预防和惩治未成年人性侵案件的专门法律。因为《未成年人保护法》仅能将对未成年人性权利的保护作为未成年人保护的一部分,在保护措施的规定上难免有缺陷或是遗漏。我国刑法虽对未成年人性侵案件有一定威慑作用,但其仅惩罚构成犯罪的未成年人性侵害行为,而对于其他尚未构成犯罪但仍具危害性的性侵害行为无法给予相应的惩罚。在美国和日本均有预防未成年人性侵案件的专门法律,我国台湾地区也有《性侵害防治法》《儿童及少年性教育防治条例》《校园性侵害性骚扰或性霸凌防治准则》《性骚扰防治法》等与未成年人性侵案件预防和惩治有关的专门法律。因此，有必要制定防治未成年人性侵害的专门法律，明确包括司法机关、教育行政管理部门、医疗部门、学校、家庭、基础群众自治组织、社会组织等各方在防治未成年人性侵案件中的职责，对于尚未构成犯罪的未成年人性侵害行为也应规定相应的惩罚。《广州市未成年人性侵害防治条例》（社会组织建议稿）可以作为制定全国性未成年人性侵案件防治专门法律的参考，并要求各省、自治区根据本地未成年人性侵案件的特点制定具体的实施办法和细则。

将遭受性侵犯罪的未成年人纳入精神损害赔偿范围。刑法第36条规定，因犯罪行为而使被害人遭受经济损失的，应根据情况判处赔偿经济损失，但赔偿范围仅限于物质损失，并不包含精神损害赔偿。刑诉法司法解释第138条规定"被害人因人身权利受到犯罪侵犯或者财物被犯罪分子毁坏而遭受物质损失的，有权在刑事诉讼过程中提起附带民事诉讼。因受到犯罪侵犯，提起附带民事诉讼或者单独提起民事诉讼要求赔偿精神损失的，人民法院不予受理"。从司法解释也可看出，我国刑事法律明确排斥被害人的精神损害赔偿请求权。但在性侵犯罪中，未成年被害人几乎没有物质损失，而没有物质损失就不能获得赔偿。被害人遭受了巨大精神损害却不能通过公力救济途径获得赔偿，这违背了我国法律的正义原则。为更好地维护未成年被害人的权利，我国法律可以在立法上赋予未成年被害人精神损害赔偿和补偿权，以列举的方式确定哪些类型的案件可以请求精神损害赔偿权，这样能够做到对精神损害赔偿案件的范围合理控制，防止精神损害赔偿范围扩大化。精神损害的赔偿数额在综合考虑三个方面，即受害人所受精神损害的程度、犯罪手段、受诉法院所在地的社会经济发展水平的基础上，由法官根据法律规定结合当地具体情况自由裁量。

建立国家强制赔偿制度。现实社会中，性侵害未成年人犯罪人本身经济条件不宽裕，被害人只能获得很少一部分精神损害赔偿，对很多未成年人及其家人来说杯水车薪，困境依然未摆脱。为更好地保护未成年被害人的权利，可以借鉴美国法典服务对第2248条的设计，规定强制赔偿制度。建立国家强制赔偿制度能够赋予遭受性犯罪的未成年被害人从国家获得赔偿的权利，从而能够在一定程度上改善被害人的困境。例如，《我国关于依法惩治性侵害未成年人犯罪的意见》（简称《意见》）第31条做出规定可以主张身损害相关的合理费用，但缺少美国法律上的强制性，我国法院不会主动判决赔偿，除非被害人主动提起赔偿请求。依据强制性赔偿制度,不论被害人是否提起诉讼请求,法院都必须判处被告赔偿的命令。法院具有判决强制赔偿令的义务,在司法上能够更好地保障未成年被害人的合法权益。财政拨款是被害人赔偿金的主要来源,除此之外,罚金、没收的财产、犯罪所得、保证金、监狱劳动所得等也可以成为除财政拨款外的其他来源。当然,社会捐助也可成为赔偿金的来源渠道。

二、加强对性犯罪人的处遇和管理

我国刑法对性犯罪人的惩罚与对其他类型犯罪人的惩罚在刑种的规定上并无差异,具体的刑种包括死刑、无期徒刑、有期徒刑、拘役、罚金、没收财产。这些刑种的设置和执行对性犯罪的人管理、报复性惩罚的实现、一般预防和特殊预防的实现均有一定的作用。但毫无差别的刑种和执行方式并未考虑到性犯罪的特殊性,未能根据导致性犯罪的生理、心理原因施以针对性的惩罚和处遇,故在特殊预防的效果上存在疑问。一旦性犯罪人服刑完毕脱离监管重新回到社会,则无法继续对其进行管理。

在当前性犯罪存在大量犯罪黑数的情形下,性犯罪人一旦再犯,其再次受到追诉的确定性难以保证,这将给社会造成巨大的潜在危险。因此,需要在现有刑罚规定的基础上,完善对性犯罪人的处遇和管理,不仅包括对其在服刑期间的处遇,在犯罪人服刑时对其进行性教育,帮助其树立正确的性道德,还包括对其在回归社会后的管理,对于因精神病理原因而实施性犯罪的犯罪人如恋童癖者,可以对其采取具有针对性的治疗措施。对此,可以在借鉴美国经验的基础上建立我国的性犯罪登记制度,内容有:明确登记机关和要求登记的信息内容,根据性犯罪的严重程度和犯罪人的危险性对犯罪人划分等级,对不同等级的犯罪人规定不同的登记要求等。鉴于登记的对象是已被定罪判刑的性犯罪人,且登记信息除与性犯罪有关的信息外,还包括姓名、年龄、籍贯等公民个人基本信息,故由公安机关作为性犯罪的登记机关较为合理,也便于更新和管理登记的信息。对性犯罪人实行登记制度,很大程度上是为了加强对其的管理和监督,一旦发现其再次实施或试图实施性犯罪行为,可以及时制止并对其给予相应惩罚。因此,在登记的信息上,还应包括犯罪人近期照片、网络ID、血液样本、DNA样本等,登记其家庭成员的基本信息也是必要的。同时,对性犯罪人信息的登记应是有期限限制的,具体的时间长短根据性犯罪人的危险等级及其在登记期间的表现而所有不同。

美国在实施性犯罪登记制度的同时,还建立了对登记信息的社区公告制度。然而,在我国,社区公告制度尚不具备民意基础,也不符合当前的刑事政策目的。但这并不意味着对于不予公告的普通性犯罪人的登记信息,社区居民、用人单位等无法获得。公民个人和单位可以按照一定程序向登记机关提出申请,对特定对象的信息进行查询。登记机关应注意对性犯罪人隐私的保护,对未成年人性犯罪人或已过登记期限的性犯罪人的登记信息及时封存,即使有查询申请也不可公开。同时,应当将初次犯罪者(初犯)和多次犯罪者(连续犯、再犯、累犯、惯犯)区别对待。对于初次犯罪刑满释放者,应当有足够的宽容,给予其重新融入社会的机会。对他们以前的犯罪情况,当地公安机关和社区管理机构需要登记在案,但不要公开传播,更不要动辄旧事重提;而对于多次实施性犯罪的刑满释放者,虽然应当给予适当的宽容,但有关机关有必要把他们以前犯罪的情况通过适当的方式在一定的范围内告知周围居民;对于其中的特别恶劣者,可以在官方网站公布其犯罪记录。

在基层群众自治组织教育中,应特别留心对孤寡老人、留守儿童的性教育。对于农村留守儿童易遭受性侵害,特别是多遭受老年男性犯罪人性侵害的现状,由村民委员会有效实施的性教育和性侵害防范教育,增强老年人的生活多样性,提高老年人精神需求,可以在一定程度上预防此类案件的发生。

第二节　加强对被害人的救助

由于被害未成年人在犯罪行为中既受到身体的伤害又受到身体的伤害,因此我们的救助行为也应有针对性地分为身体和心理的两方面。

从心理方面来看,应帮助未成年人建立正确的价值观。儿童不应受到性侵犯,而当性侵犯事件发生时,受害者并无任何过错。但是也有部分人认为是因为受害者自身行为和穿着不检点的原因导致性侵犯事件的发生。这种认识观念上的误区常常会给受害者带来更多的伤害,周围的人应该摒弃这种认识误区,受害者及家人持续经受守旧的贞操观念的歧视,那种把一个受害女子的贞操看得比她的德行还重要的观念是极其不公平的。而如果受害者也因此自我贬低,那就会酿成悲剧的发生。受害者应该降低对自身的自责,应该认识到侵犯事件的发生并不是自己的过错,自己是受害者,完全有理由也应该站出来维护自己的正当利益。

要加强对未成年被害人的心理辅导。我国对未成年人性侵案件被害人治疗目前以对其身体伤害的治疗为主,但性侵害对被害人心理上的伤害可能远大于身体上的伤害,对被害人心理伤害进行治疗就显得格外重要。我国一些地方的法院、检察院已经开始尝试联合有关部门和组织,在案件办理过程中对遭受性侵害的未成年被害人提供心理辅导。但法院、检察院作为司法机关并不具有对被害人进行心理辅导的职责和资质,这种辅导由于受到诉讼持续时间的限制而不具有延续性,且尚未进入司法程序的性侵案件的被害人也无法获得此种心理辅导。因此,由司法机关主导对未成年人性侵案件的被害人开展心理辅导和治疗并非是最佳选择。应当由政府医疗卫生管理部门为主导,对现有的开展心理辅导和治疗的机构及其人员进行整合,为被害未成年人提供充足的心理治疗服务平台,保障每个被害人都能获得专业的、有针对性的、长期的心理治疗。心理辅导机构和人员应当加强对性侵害未成年人心理辅导方式、方法的探索和研究。在对遭受性侵害的未成年人开展专业心理辅导和治疗的同时,应该对与其共同生活的监护人开展必要的心理辅导。未成年子女遭受性侵害,也给父母造成了心理上的打击和伤害,包括因未能保护好自己的子女而产生的内疚和悔恨心理。父母作为与未成年子女共同生活的人,其精神状况、心理状态对被害未成年人心理伤害的恢复具有重要影响。如果父母在接受一段时间的心理辅导后,能够从子女遭受性侵害的心理阴影中走出,则能更好地用积极向上的态度协助被害人的心理治疗。除了给未成年人性侵案件的被害人提供针对其身体、心理伤害的必要治疗外,还应当根据具体被害人的实际需要为其提供其他配套的帮助措施。特别是在犯罪人为未成年人身边熟人的情况下,应采取必要措施防止被害人与犯罪人的再次接触。若犯罪人是被害人的监护人,应将被害人交由其他监护人或未成年人救助保护机构临时监护,在有权申请人或单位的申请下,可由法院判决撤销监护人的监护资格,并为被害未成年人依法指定监护人。最高人民法院、最高人民检察院、公安部、民政部于 2014 年12 月最新出台的《关于依法处理监护人侵害未成年人权益行为若干问题的意见》对此有较为详细的规定。该意见第 1 条明确将"父母或者其他监护人性侵害"纳入监护侵害行为的范围,第 35 条将"性侵害"作为人民法院可以判决撤销监护人资格的情形之一,并且第 40 条规定"性侵害"为人民法院一般不得判决恢复监护人资格的情形之一。

在加强针对未成年被害人心理辅导方面,还应将学校心理咨询工作与未成年被告人的心理恢复相结合,现在全国各大中小学都设置了心理咨询中心,当遇到这样的突发事件的时候,学校方面也应该积极参与其中,通过设置更多的互动活动,减小此类事件对于该被害人及其他未成年人的不良影响,让未成年被害人更快地适应环境,增进其同学友谊而不是在校期间被其他同学嘲笑。

要完善司法程序中对被害人的保护行为。除了刑法对性侵害未成年人犯罪行为的规定外,还应完善与未成年人性侵案件预防与惩治有关的其他法律规定,如《未成年人保护法》《预防未成年人犯罪法》《刑事诉讼法》等。在未成年人性侵案件被害人的保护方面,须特别加强我国《刑事诉讼法》对被害人诉讼权利的保护,防止诉讼程序给被害人造成二次伤害。具体来说,应包括办案人员到被害人及其监护人、证人所在的学校、单位调查时应不开警车、穿便服,以此保护被害人的隐私;在对被害人询问和取证时,应以"一次询问"和"一次取证"为原则并征得被害人或其监护人的同意,在问及性侵害的具体细节时,应注意用语和方式、方法,充分尊重和考虑未成年被害人的感受,全过程应有其监护人陪同;将未成年人性侵案件的被害人纳入法律援助的范围,在被害人及其监护人无力聘请律师时,应免费为其提供法律援助帮助其维护自身权益;允许未成年人性侵案件的被害人及其监护人提起刑事附带民事诉讼,并在造成精神损害的情况下支持其精神损害赔偿请求等。

此外,应加强中小学生的自我保护。中小学生应该培养自保护意识,学习自我保护的方法,敢于拒绝不合理的要求,遭受不合理待遇时懂得求助。中小学生要学会明辨是非,对老师接触隐私部位、恐吓和威胁的行为要及时告知家长、亲人,对以自己身体作为筹码进行小恩小惠的交易要严词拒绝。中小学生还应明白尊师重道不等于唯命是从。

第三节　家庭对性侵害的应对

父母作为未成年人的启蒙老师,在性教育和性侵害防范教育上具有天然的优势。父母的言传身教对未成年人具有重要影响。

家庭[①]是孩子成长过程中的第一个具有安全感的生活港湾,父母是孩子的第一任老师。因此,家庭性安全教育对于增强孩子自我保护意识、减少性侵害的发生具有举足轻重的作用。

首先,家长要切实转变以往封闭落后的性观念,改变家庭生活闭口不谈性、谈性色变的氛围。人类学家凯查杜里安指出,只要提供正确的信息,筛选出正确的态度,性教育可以帮助人们预防性病,避免不情愿的性行为,纠正错误的性态度,使人们过上更加成功的性生活。因此,家庭必须

---

① 王春艳.我国性侵幼女犯罪研究[D].长沙:湖南大学硕士学位论文,2014.

改变闭口不谈性的观念,要正式和孩子谈性,告诉他们一些有关性的基本常识,这种做法不仅不会把孩子带坏,反而会增强他们的自我保护意识。家庭作为孩子的第一个生活环境,必须正视这一问题,转变观念,切实将孩子的性安全教育置于家庭生活当中,为保护孩子免遭侵害提供第一份储备力量。

其次,家庭要进行健康适度的性教育。由于父母孩子这种亲子关系天生的亲密性,父母要利用这种亲密性对孩子进行适度健康的性教育,在面对孩子关于性问题的疑惑时,要直面回答,不再逃避。具体来说,家长应根据儿童成长的不同阶段,依其不同年龄阶段、心理素质、情绪状态,因时制宜地开展有效的性教育,建议有:3 岁以前,因其年龄幼小和智力发育缘故,对知识掌握有限,应由家长全面地对孩子实施保护。3 岁以后,则可以使用一些既简单易行又不会吓着孩子的方法来保护他 / 她们。例如,家长可以向孩子解释无论成年人还是比他 / 她们大的孩子都没有权利让他 / 她们保守秘密,如果有人这么要求,必须立刻告诉家长。家长可以利用与孩子亲密接触的机会(如家长想抱孩子却被孩子拒绝,因为他 / 她们在忙着玩耍)告诉孩子:但凡你不希望别人碰你、抱你或亲你,任何人都不能这么做,包括自己的亲人,因为父母如果总是告诉孩子,别人做出这种亲昵的行为是因为喜欢他 / 她,那就有可能在不知不觉中让孩子丧失自我保护意识。当孩子对男女生理上的不同表现出现好奇心时,家长应用确定的语言告诉孩子并且用合适、科学的语言向孩子解释,并且告诉孩子,这些都是身体的秘密,别人不应该触摸或看他 / 她的隐私部位。5 岁以后,针对孩子的隐私家长可以直接进行适宜的交谈、对话,告诉孩子有些人可能会试图触摸他 / 她身体的某些隐私部位(家长最好不要使用"性侵犯""性骚扰"这种词,可将其解释为欺侮),如果有人试图欺侮你,一定都得告诉我们。这种谈话一次不够,要贯穿于儿童的日常生活之中。当儿童进入中小学之后,家长应将具体什么是性侵害、如何预防性侵害准确、确定地告诉孩子,并且告诉孩子在日常生活学习中应如何避免。例如,外出应了解环境,尽量在安全路线上行走,避开荒僻和陌生的地方;女孩外出要注意周围的动静,不和陌生人搭腔,如有人盯梢或纠缠,尽快向人多处靠近,必要时呼救;晚上外出时应结伴而行,尤其是年幼女孩外出,家长一定要接送;女孩外出随时与家长联系,未得到家长许可,不可在别人家随意留宿;应避免单独和男子在家里或宁静、封闭环境中会面,尤其是到男子家中,即使这个人是老师或亲友;不随便接受陌生人给的饮料和食品;独自在家注意关门,拒绝陌生人进屋,发现有陌生人进屋应果断开门求救。

最后,家庭性教育应注意的问题。家庭作为性安全教育实施的主体,在传授基本的性知识以及教孩子如何预防性侵害过程中,应注意以下问题。第一,家庭性教育最好是通过与孩子拉家常等孩子易于接受的方式展开,不宜采取正襟危坐、拿教科书等方式,并且应合理利用日常生活中的"机会教育",向孩子传授相关知识。第二,家庭性教育的开展不可只由母亲一人担任,应由父母一起努力为孩子营造温馨开放的家庭氛围。第三,家长要随时关注幼女的日常行为、言谈举止。例如,有放学未按时回家,有噩梦、厌食、情绪异常等行为,家长一定要和缓地询问原因,不可妄加指责;在孩子遭遇侵害之后,家长一定要保持平静,千万不可指责训斥孩子,减少孩子的内疚和罪恶感。当然,进行健康适度的家庭性教育所不可避免的一个问题是家长文化水平的限制。因此,为提高农村地区家庭性教育的开展,笔者认为应积极发挥村民委员会、基层政府部门的作用,定期对农村地区家长进行教育培训和普法知识教育宣传;学校也可利用家长会的形式对广大家长进行科学的、系统的性知识讲解与教育培训,先给家长上好预防第一课,为有效开展家庭性教育做好铺垫。

第四节　校园性侵害防范

近几年来自校园的性侵害案件,严重损害着未成年学生的身心健康,给受害者带来终身挥之不去的心理阴影,也败坏了教师的良好形象,社会影响恶劣,应当引起有关部门及学校的高度重视。学校应当本着对学生的安全、对教育事业高度负责的精神,建立防范校园性侵害案件的安全管理制度,对学生开展预防性侵害教育,严把教师的入口关,加强对教师的教育和管理入手,保护学生免受校园性侵害。

一、普及性教育和性侵害防范教育

在当前未成年人性教育缺失的情形下,未成年人对性的了解更多是通过书籍、电影、网络等媒介,而在有关性知识的传播方面,大众传媒发挥了重要作用。大众传媒的商业性与公益性兼有的特性使得部分媒体在获取自己利益的时候会不择手段。因此,媒体上会出现一些对未成年人的健康成长产生不良影响的信息,尤其以黄色信息、图片、影片等极端表现形式的媒介内容对未成年人的危害最大。对于未成年人性犯罪,包括对未成年人性侵案件的预防,正面的、积极的家庭和学校性教育是必不可少的,而大众传媒也应自觉净化其传播的内容,在传播与"性"有关的信息、图片、影片时考虑到受众的类型和年龄,共同抵制对未成年人传播有关鼓吹、夸大、强调"性"的内容。

我国传统对儿童的教育中,缺乏性教育内容,不仅普通家庭中缺乏,连高级知识分子家庭中也缺乏,性知识被认为是"只可意会不可言传"的东西。传统的教育中更不可能告诉孩子,学校的异性老师有可能成为性侵者,认为那简直是对教师职业的亵渎;也不会告诉孩子,邻居的大叔也是须提防的重点对象。

而在国外,性教育是重要的儿童教育内容。

在日本,幼儿园即教授孩子们保持性器官的清洁;小学1、2年级要让孩子们了解身体的形成和主要部分的作用,知道经常保持生殖器官和排泄器官的清洁的重要性和具体方法,知道性别的差异和个别差异以及防止被诱拐和性骚扰的必要知识;3年级会让学生了解性器官与生命诞生的关系,教授第二性特征,了解婴儿诞生过程。5、6年级会教授月经、遗精等生理现象,还会讲授性侵害等产生的原因。初中会教授缓解性不安和烦恼的青春期问题。高中主要是心理辅导,如分娩的正确知识,消除女性的不安以及避孕的知识等。

在美国,有的学校早在4年级时就开始向学生介绍性器官和性生活与家庭概念;一般从7年级到12年级时就开始以各种形式推出性教育课程,其中有怎样避孕,怎样防御性病以及艾滋病的传染。

在英国,一个名为"英国儿童十大宣言"的网帖非常流行,其内容非常具体,具有很强的可操作性。接着第一条"平安成长比成功更重要"之后的第二条,即是"背心、裤衩覆盖的地方不许别人摸",教育儿童知道身体属于自己,身体的某些部分应被衣服所覆盖,不许别人看,不许触摸,儿童有拒绝亲吻、触摸的权利。

在我国,家庭性教育和学校性教育的双重缺失,使得性因禁止本身所具有的冲击力而被涂抹上一层既神秘又具诱惑力的色彩。由未成年犯罪人实施的性侵害,很大程度上与对其对性的无知和探索有关。因此,加强性教育和性侵害防范教育是应对未成年人性侵案件必不可少的方法。

学校教育是对未成年人开展性教育和性侵害防范教育的重要方式。针对未成年人的性教育和性侵害防范的教育,应将性教育与性防范教育纳入九年强制义务教育并保证一定的课时。开展两性性器官构造与功能课程,将性安全行为与自我保护性知识纳入必修课,帮助未成年人建立正确性心理、提高他们对性自由的尊重、性侵害犯罪的认识、性侵害的危机处理、性侵害防范的技巧等能力。定期组织授课老师参加培训,提高授课水平,做到全方位、立体化地保护未成年人性权利。

　　学校在对学生进行性教育的过程中,首先要着力让未成年学生了解隐私权、身体自主权、性侵害的含义,让学生明白身体是自己的,任何人不得随意触碰;自己的身体可以分为"可触碰区域"和"不可触碰区域",对于"不可触碰区域",特别是隐私处,除父母为自己洗澡或医生检查身体等少数情形外,应当拒绝任何触摸;对于让自己感到不舒服、不自在的身体接触,无论对方是谁,都可以拒绝让其触碰或靠近;如果别人摸了自己并授意甚至恐吓自己要"保守秘密",那么千万别害怕,一定要告诉父母、自己信赖的老师或其他成年人,否则事情只会变得更糟。其次,学校要让未成年学生明白,对未成年人实施性侵害不仅严重损害了他们的身心健康,而且严重触犯了法律,应当受到法律的严惩。再次,学校应当向未成年学生传授防范性侵害、实施自我保护的知识和技能,如教育学生,陌生人或熟人都有可能是性侵害的加害人;外出、上学或回家的路上要结伴而行,不要在无人的地方停留;和异性独处时不能关上房门,不要独自去异性的宿舍;不要轻易接受陌生人或他人的饮料和食品;在他人欲对自己实施性侵害时要大声呼叫,在保证自身安全的情况下可以采取如下方式自卫:用手指戳刺对方眼睛,用膝盖顶撞对方裆部(前两者可同时进行),用肘部猛击对方胸部,伺机快速逃跑;一旦不幸遭受性侵害,要及时告诉家长或老师,同时不要急于清洗身体,要注意保留相关证据,并按照有关部门的安排及时到医院检查、治疗等。

　　学校对于性教育的开展可以采取上课和讲座方式进行,根据不同年龄、不同阶段特点分别开展符合他们身心特点的性教育,讲授形式可以采取女性集中教育方式,对于青春期女性,讲授内容则应包括女性生理发育和卫生保健知识;女性性心理基本知识;女性性防范措施等。

　　对于学校性教育的开展,拥有专业的性教育老师是其能否成功开展、取得良好成效的关键。而目前,我国可进行性安全教育的专业老师凤毛麟角,中小学的有关性知识的生理课基本上均由其他任课老师兼任,这从客观上无疑限制了性教育的有效开展。因此,学校及教育主管部门应加大教育投入,逐步建立一支专业的性知识教师队伍,将其分别配置到各中小学校,进行专业的性知识教育。

　　现在中小学都要求配备心理学教师,因而遇到性侵害事件的发生,针对受到侵害的未成年人,学校应当及时提供心理辅导,通过贯注、倾听、宣泄、探讨、质问、行为操作、自我披露等方式缓解被害未成年人的心理压力。例如,对未成年被害人各种情绪与行为障碍,如焦虑、抑郁、恐怖、紧张情绪的分析、诊断及防治;对性侵害发生后各种不可控制的强迫思维、意向和强迫行为、动作的诊断及治疗；对某些性心理、生理障碍，如性变态、阳痿、早泄、性欲异常等问题的诊治；对康复期精神病人的心理指导，促进更好地适应社会与生活，预防复发。总之，要从各个方面进行帮扶，从而帮助被害未成年人走出阴霾。

学校和教育行政管理部门还应定期组织对包含学校老师在内的教职员工的培训，特别是对初任教师、性教育课程授课教师的培训。提升教师在未成年人性教育和防范、应对未成年人性侵害上的水平和技能，一旦有迹象表明可能发生了未成年人性侵案件，能及时向未成年人的父母、公安机关和有关部门反映情况，并采取正确地保护被害人的相应措施。由学校实施的性教育和性侵害防范教育，除了能使未成年人获得性知识、防范可能遭受的性侵害外，还能帮助未成年人在成长过程中树立正确的性观念，学会控制自己的生理冲动，从而有效预防未成年人性犯罪的发生。

二、严把教师的入口关

对学生而言，来自教师的侵害行为往往让其防不胜防。当教师将犯罪的双手伸向自己的学生之时，其后果将是灾难性的。鉴于教师职业的特殊性，教育行政部门和学校应当建立严格的教师行业准入制度。富有爱心，遵纪守法，具有良好的品德和健康的心理是从教者的必备条件，不具备者不得从事教师职业。对于因故意犯罪而受到刑事处罚的人，或者品行不良者，教育行政部分不得授予其教师资格，已经获得教师资格的应当依法撤销其教师资格。学校在招聘教师时，应当严把品德关、心理关，仔细审查应聘者的档案，不得录用因故意犯罪而受过刑事处罚的人、有精神病史的人或者品行不良者担任教职工。必要时，学校应当委托专业机构对应聘者进行心理测试，对心理异常者要慎重录用。对于因故意犯罪而受到刑事处罚或患有精神疾病的教职工，以及品行不良、侮辱学生、影响恶劣的教师，学校应依法予以解聘。

三、加强对教师的法制教育、师德教育

除了新任教师上岗前必须接受法制教育之外，学校还应当邀请法律专家定期对教师开展法制讲座，引导教师学习《教师法》《未成年人保护法》《预防未成年人犯罪法》《中小学幼儿园安全管理办法》《学生伤害事故处理办法》《刑法》《民法通则》《侵权责任法》等与教师的职业、生活密切相关的法律、法规、规章。通过法制教育，重点让教师了解普通公民的权利和义务，了解未成年人所享有的合法权益及所受到的专门保护，

了解教师所享有的权利、所应承担的义务和责任,从而增强教师的法制观念和模范守法的意识,提高其保护学生的自觉性和主动性。在预防教师性犯罪问题上,要让教师熟悉与性侵害相关的法律条款,了解相关罪名及违法者将要承担的法律后果,让教师认识到保护学生免受性侵害的重要性。

法律是道德的底线,违法犯罪是思想腐化、道德败坏的产物。教师是一个神圣的职业,从教者应当有崇高的理想和追求。现实中,一小部分教师经受不住一些负面东西的诱惑,放松了对自己的要求,做出了违背师德的行为,甚至滑向犯罪的深渊。鉴于此,学校应当以《中小学教师职业道德规范》为参照标准,强化师德建设,经常性地对教师开展师德教育,并建立相应的考评机制,确保教师的职业道德水准。

四、完善学校的管理制度,加强对教师在校行为的管理和监督

现实中,发生未成年学生遭受性侵害案件的学校,往往也是管理松散、相关制度不健全的学校。与企业员工在上班期间的行为受到所在单位较多的管束不同,教师在平时的上班时间内,除了上课必须严格遵守学校的课时规定之外,其他时间多由教师个体自主安排工作事项,个别责任心不强的教师在上班时间干着与教育教学活动无关的私活也并不罕见。从聘用关系上看,上班期间应当是受聘者向用人单位提供劳动服务的时间,受聘者在这一期间不得从事与本职工作无关的事项,否则即构成了对聘用关系的违背。为保证上班时间的劳动效率,用人单位有权对受聘者的劳动过程进行管理和监督,受聘者不得对此予以拒绝和排斥。对于学校而言,为了保证教育教学活动的效率,学校有权也应当对教师在上班期间的行为进行必要的管理和约束,以防止个别教师失职甚至"出轨"。

在预防校园性侵害事件的问题上,学校应当根据本校的实际情况,制定教师履行职务行为的守则,对教职员工在履职期间的言行进行必要的规范。比如规定,教师应尽力避免与学生发生身体接触(体育课上教师进行个别辅导和保护除外),尤其是对异性学生更是如此;上课期间不得随意让学生离开课堂;对学生进行个别谈话或辅导,只能在教室、会议室、办公室等公共场所进行,且不得关闭房门;在没有第三者在场的情况下,教师不得在教室、办公室或其他相对封闭的地点单独留下异性学生进行谈话或辅导;放学后留学生应当事先征得学生的家长的同意,并通知班主任或其他主管教师等。学校通过对教师的言行进行规范和管理,减少、消灭发生意外事件的时空条件,最大限度地保护学生的安全。此外,学校

可以通过定期向学生、学生的家长乃至社区开展问卷调查的方式,对教师的教育教学及师德情况进行评价,从各个方面强化对教师的监督和管理。

五、正确处理校园性侵害案件

如果不幸发生了未成年学生在校遭受性侵害的案件,学校应当予以高度重视,并本着对学生、对社会高度责任的态度,及时采取恰当的应对策略。

（一）保护现场,立即向上级教育行政部门和公安机关报告案情

以往,个别学校发生了教师性侵害学生事件之后,出于各种考虑(如怕影响学校名誉、影响学校参评先进等),学校领导往往不情愿、不积极立即上报案情,而是极力瞒报、缓报,或者消极等待、听之任之,认为是否报案应由受害学生的家长自行决定,与学校无关。个别学校领导甚至越俎代庖,力促受害学生的家长与施暴教师进行"私了",意图将案件"内部消化"。这样的做法是非常错误的,须知,对未成年学生进行性侵犯已构成违法犯罪,应当由司法机关进行追诉,追究违法犯罪者的法律责任。学校的瞒报、缓报之举,是对施暴者的袒护和纵容,更是对受害者的冷漠和伤害,是严重不负责任的违法行为。不仅如此,这样的做法还有可能让施暴者在违法犯罪的泥塘中越陷越深,从而让受害学生遭到更大的伤害或导致其他学生受到新的伤害。在对待、处理校园性侵害案件问题上,学校应当抛弃一切私心杂念,把法律的尊严、学生的安全放在首要位置。鉴于此,《教育部、公安部、司法部关于辽宁等地相继发生教师强奸、猥亵学生事件情况通报》中明确指出,学校发生危害学生的性犯罪案件时,要立即向上级和公安部门报告,积极协助公安、司法部门尽快侦破案件,惩办罪犯;对推卸责任、延缓上报的要追究学校领导的行政责任,对包庇罪犯、隐瞒不报的要坚决依法追究有关领导及相关责任人的法律责任。

（二）保护和帮助受害学生

在上报案件的同时,学校还应当做好对受害学生的保护工作。鉴于性侵害案件的敏感性,学校知情人员应当特别注意保护受害学生的隐私,不得向无关人员泄露受害者的姓名及相关案情信息,防止其受到多重伤害。此外,由于性侵害案件对受害学生的影响不可能在短期内消除,学校还应当通过适当的方式,在维护孩子的隐私与尊严、顾及孩子感受的基础上,在心理上、学业上给予其更多的关怀和支持,鼓励、帮助其尽快走出阴

影,恢复正常生活。

第五节 建设良好社区氛围

2013年,广西玉林市①兴业县大平山镇南村一个宁静的村庄,一名留守女童在长达两年的时间里遭到村里多名中老年人性侵。愤怒的父亲发现真相并报警后,司法介入,最终10人被判刑。更让人意想不到的是,村民们并没有因罪恶被制止、坏人遭惩治而欣慰警醒,反而是女童及其家人遭到了村民的"敌视","都是她,把那些老人送到了牢里。"法律最终为这位留守女童讨回了公道。这些"爷爷辈"的性侵者无一不因法院的判决付出了应有的代价,兴业县人民法院分三批审判:2013年10月14日判1人猥亵罪,刑期2年6个月;4天后,3人因强奸罪获刑9年、7年、7年;11月27日,另6人一同以强奸罪获刑。然而,这些"迟到"的判决显然来得太晚,法律是维护了公平和正义,法律的惩戒却带有滞后性,对于女童的身心伤害实已无法弥补,对于女童亲属的伤害同样永远无法弥补。

女童被性侵长达两年,这里不仅有为恶者丧心病狂的因素,还有他们集体性道德沦陷的结果。一些老年性侵者被抓捕判刑后,竟然得到不少村民的同情,被害人和家属反而受到村民敌视,这是一种怎样的道德和民情土壤?在个别村民甚至部分村民眼中,"一次"是被"强奸",两次就成"自愿",三次或者更多次被发生性关系竟然就变成了"卖"。如果不是对于一名未成年女性权利的极度漠视,那些令人痛心、引人揪心的"伤人言语"或许不会出现。

因此,极度呼吁加强社区建设。引导民众正确的价值观,让群众正确看待此类事件,而不是一味地偏袒"老年人、长辈"等犯罪分子;建立积极向上的社区氛围,引导群众减少不必要的舆论讨论,减少对于被害者的背后议论,平等对待被害者,以此减少对被害者的二次甚至更多次的伤害,同时是对其家庭的尊重,减少被害者父母的心理压力。

---

① 2013年1月8日东北新闻网。

第六节　社会加强法制观念

　　在 2014 年有关《中华人民共和国未成年人保护法》实施情况的报告中指出："未成年人保护法颁布实施多年来,社会知晓率不高",甚至部分从事教学工作的教师、从事治安工作的民警不知道有《未成年人保护法》。对中小学生的保护,不仅要健全完善法律法规,还要做好普法宣传工作,正所谓"民不知法不足畏",可见法律法规宣传的重要性。做好普法宣传工作,除国家机关对法律进行公布,还应建立"谁执法、谁宣传",其他机构予以配合的机制。对未成年人的法律保护宣传,应以《未成年人保护法》为主要内容,以《关于做好预防少年儿童遭受性侵工作的意见》《关于依法惩治性侵未成年人的意见》等规定为补充,在校园范围内加大宣传力度。

　　政府应在全社会范围内积极开展性教育和性侵害防范教育,大众媒体也要自觉净化其传播内容,在传播与"性"有关的信息、图片时考虑到未成年人的年龄,相关职能部门加强监管,制定相关的规章制度,构筑预防性侵的安全防护体系,家庭、学校、政府三者联动,为未成年人构建良好的生活、学习与成长环境。要改进农村地区社会治安管理工作。家长、村委会或居委会要加强对未成年人的看管、监护,维护良好的社会治安。实施天网工程,加强对村子及其周边的监管,可以大大降低流窜犯的肆意滋扰,鼓励农民工返乡创业,鼓励人民增加法制意识和法制观念。要不断提高性安全知识与性防范意识,降低性侵害的可能性。

　　构建积极健康的性伦理道德,能够减少性侵害犯罪。政府应通过传统平面媒体、广播电视、网络等多种方式,宣传良好的性伦理道德,使公民能形成良好的性观念,自觉规范自己的性行为,从根本上降低性侵害未成年人犯罪发生率。同时,政府应加强精神文明建设,丰富人们的精神文化世界,自觉抵制庸俗、媚俗等不良文化的影响,批判封建残余思想,摒弃女性"贞操"的陈腐观念,取缔诱发犯罪的淫秽、色情文化和场所,坚持普法教育,以案说法,促使全社会形成重视和保护未成年人合法权益的良好氛围;推进依法治国,完善中国特色社会主义法律体系,加强法制教育和法律宣传,增强全民的法律意识和法制观念。培育有理想、有道德、有文化、有纪律的社会主义公民,这将是逐渐消除包括性侵害犯罪在内的各种消极现象最根本、最重要的途径。

多机构合作保护。妇联、共青团作为我国保护妇女儿童的重要组织之一,要充分发挥保障中小学生健康成长的作用。妇联与共青团应多开展保护中小学生的相关活动,宣传有关维护青少年合法权益的法律、法规知识,优化中小学生健康成长环境。妇联共青团还应联合其他机构对中小学生的保护进行合作。例如,2013年,江苏省新沂市团委、妇联与检察院合作,发起"向阳花"援助女童工程,该工程使近20名女童恢复正常学习和生活。

在民族地区,积极适用民族习惯法。民族习惯法核心价值体现为民族文化凝聚力,往往超出单纯法的概念,成为文化属性与民族属性的代表与表现:一方面民族习惯法是少数民族文化的重要组成部分,认可与尊重民族文化就必然体现为对民族习惯法的恪守与承认;另一方面,也是最重要的一点,民族习惯法是少数民族民族性的体现与象征,是至今仍在社会生活中存在并发挥功效的民族文化符号,是促进族群内部认同达成民族社会共识的基础。因此,在民族地区,可以通过释放、焕发民族习惯法的活力与影响力,将纯朴的自然道德伦理观、简单甚至是较为粗糙的价值判断标准,融入现代文明社会的基本规范与准则中,从原始而质朴的乡规民约升华为民族地区的共同社会行为规范准则,发挥民族习惯法在非正式社会控制中的影响力,通过社会舆论监督、社会负面评价,甚至包括族群社会内部强制性惩罚性手段,达到对性侵未成年人犯罪预防与制约的作用。

司法适用参酌、借鉴少数民族习惯法。司法人员在处理案件纠纷时,应结合法律基本精神与一般原则具体问题具体分析,灵活有效适用,以求能够有效消解矛盾。民族习惯法至今在民族地区社会生活中仍发挥作用,是法的渊源因素并具有法的形式。这也是民族习惯法能够予以司法适用的理论与制度基础,可以弥补国家制定法在覆盖面与适应度方面的不足,建议在民族地区司法适用中,针对性侵未成年人案件具体情况借鉴与融合吸收部分民族习惯法,如加大法官自由裁量权,发挥民间刑事和解作用,以及扩大指导性案例的影响作用等,实现民族习惯法对司法适用积极影响,以更好地预防犯罪。

弘扬少数民族伦理道德文化对未成年人的关爱与保护。作为具备普遍性价值与意义的文化表现,民族伦理道德是族群文化意识与道德指向的代表与体现。由于伦理道德文化根植于族群社会成员的思想与心理意识中,对社会成员认知方式、道德理念与情感心理具有深层次影响,因此以民族传统习俗文化为基础与载体的民族伦理道德,必然具备制约、规范社会成员行为的作用,成为指导社会成员的行为规范。例如,作为运用法律权威来规范社会成员道德行为规范的典型代表,侗族款规、款约规定不许"撩妻弄妇""拐卖妇女",这是对维护婚姻家庭和保护妇女的道德规定。又如,尊老爱幼是苗族伦理道德重要内容,有谚语为例:"孝敬老,九十九代好;不孝老,雷公找。逢老要尊老,逢小要爱小,老爱小,小爱老,敬老得寿,爱小得福……"。在民族地区社会生活中,族群成员从内在观念意识到外在行为方式都受伦理道德文化的影响,通过挖掘与弘扬优秀民族伦理道德文化,形成关爱、保护未成年人的社会整体意识,必将能约束与制约潜在性侵害人,减少侵害机会与可能性,防范与降低性侵未成年人犯罪的发生。

第七节　预防儿童性侵害的对策和建议

一、进一步加大对儿童性教育知识的普及程度

家庭进一步加强对孩子的性知识教育,提高孩子的分辨能力,培养孩子自觉抵制不良的行为,同时家长应以身作则,以良好的品行给孩子做一个好榜样。学校应增设专门的性教育课程或进一步加强对学生们的性知识教育,如开展性教育讲座、播放性教育宣传片以及开设生理卫生课程、普法课程等,大力开展法制教育,切实提高中小学生的性意识、权利意识、法律意识,提高自我保护的能力。

二、从制度上预防对儿童的性侵害

幼儿园和小学,必须要求老师亲自给孩子讲性侵害的具体表现,讲老师对异性学生应有的行为规范,如不得在教师宿舍关门接触异性学生,特殊情况留下异性学生,应当通知家长等,应作为硬性要求,这可以从制度上遏制一些变态的老师对儿童产生非分之想。社会上其他人接触儿童,也应建立类似的规则,如医生给儿童检查身体必须家长或老师在场;邻居同异性孩子接触不许关门等。

三、加强法治文化教育

加强法律宣传,提高人们的文化水平和道德修养,让人们意识到这类

案件是极其严重的犯罪行为,并带有严重的后果,从法律的角度提高广大群众的意识和监督意识,使犯罪分子望而却步,进而放弃作案念想和意图。

四、对于留守儿童,需建立组织保障建设

一是要对留守儿童进行登记并定期走访,第一时间掌握留守儿童的身心健康状况;二是要增加对农村基础教育的投入力度,对留守儿童尽可能采取学校寄宿的形式学习,让儿童在学校的保护下健康成长。

五、加强现有教师,尤其是农村中小学教师的管理制度和进一步加强新进教师的准入管理制度

教师的素质对孩子的成长有着重要的作用。教师的道德品质对孩子的成长有十分重要的影响。对于责任心强、道德品质好、素质高的人优先选入教师队伍,只有这样的教师才能引导少年儿童健康成长。

六、提高幼女安全防范的能力,增强自我防范意识

研究表明,家庭和学校对幼女的自我安全防范意识教育非常重要,学校和家庭的教育对提高幼女的辨别能力和防范性侵害的意识有重要意义。让孩子在与人交往过程中保持必要的安全距离是防止被侵犯的第一步,一旦受到侵犯要及时报告老师、家长,这有利于案件的侦破,有利于打击犯罪,有利于预防此类案件的发生。

七、改善社会大环境,从源头上根治侵犯儿童性权利的案件发生

一方面,司法机关要始终保持对侵犯儿童性权利犯罪严厉的打击态势;另一方面,家庭、学校、社会要注重孩子的精神需求和健全人格的培养,加大打击传播黄色、淫秽音像制品、书刊等违法活动的力度,给未成年人的心灵留下一片净土,防止此类违法活动对未成年人造成影响。

预防儿童免遭性侵犯是一个大家都很关注的大问题,预防此类案件的发生需要社会、学校、家庭的共同努力,我们要把预防此类案件的发生放到重要的位置,而不是等案件发生后积极堵漏。

第十章　如何教孩子防范性侵害

近期校园内发生的儿童的性侵犯问题引发社会各界,尤其是父母们对儿童的保护的关注。在中国,由于社会、家庭、学校对于儿童性教育的普及不到位,让儿童在懵懂时期,未能对自己行为有所认知,而屡遭创伤。更为让人寒心的是,将魔爪伸向这些孩子的绝大多数是孩子身边的熟人。在这种情况下,如何为孩子们营造安全的环境,让其无忧无虑快乐成长成为头等大事。此外,对于监护人而言,如何从孩子举动中发现蛛丝马迹,帮助遭受侵害的孩子远离伤害同样重要。

我们身边的很多父母根本没有这方面的意识,按照我们的传统思维,对孩子谈论性的话题本身就是个禁忌,我们小时候也是懵懵懂懂的。有的家长认为性侵害更是一个遥远的、不可能出现的问题,他们不相信这种遭遇与自己的孩子会有什么关系。其实,性侵犯再不是一个陌生的词,性侵儿童事件是没有地域、人群划分的,在任何国家、任何地域、任何社会阶层中几乎都存在着儿童遭受性侵犯的事件。也许在更遥远、更愚昧的地方,还有儿童遭受性侵害的事件并没有被我们所知晓。目前,发达国家也越来越重视儿童性侵犯的预防教育工作,而我们国家在这方面几乎没有任何成体系的、科学的预防措施,也没有相关的心理书籍有针对性地提供与性相关的引导和教育小朋友的知识内容。我们都知道,不同年龄的儿童心理发展特点极为不同,并且相关的性教育并不是简单的生理上的教导和告知,性本身涉及一个人深层次的亲密人际关系体现。因此,性是一个关系到人的基本生活幸福感的心理话题,它对一个人的一生的幸福都至关重要。

第一节　教会孩子学会预防性侵害

一、身体的隐私部位不能被他人触摸

让孩子知道，我们每个人的身体都有一些隐私部位，这些部位包括腹部、臀部、大腿内侧、女性的胸部和阴部，以及男性的阴茎等。保护我们的隐私部位不被他人随便看和触摸是我们每一个人的权利（除了在我们年龄小的时候洗澡时父母帮助我们清洗，或当我们身体不适时父母照顾我们或是为了健康的原因，医生检查身体）。当然，我们也不应该随便向别人暴露自己的身体。如果有人违背我们的意愿，不合理地要看或触摸我们的隐私部位，或要求我们看或触摸对方的隐私部位，他们的行为就构成性侵犯。父母应该与孩子一起做相关练习。例如，可利用女孩的形体轮廓示意图或男孩的形体轮廓示意图，与孩子一起讨论哪些部位是人的隐私部位，不可以被他人触摸；还可以让孩子在不能被触摸的部位画上圆圈，然后用水彩笔涂上颜色。

二、使用电话求救

让孩子知道，通过电话可以与家人或其他人讲话。当他需要帮助的时候，知道可向谁打电话求助。与孩子一起填写爸爸妈妈工作单位的电话或其他可以打电话寻求帮助的人及他们的电话，并且告诉他们什么情况下可以打电话求助。例如，爸爸或妈妈生病了，你不知道该怎么办，你可以拨打急救电话999或120。遇到危险情况，如有坏人要闯入家里，可以拨打匪警110电话。要记住向接线员说出你的名字，住在什么地方，这会帮助他们快速找到你所在的地方。不要把电话挂断，一直等到接线员说可以挂断了，再放下电话。可以模拟一个情景，孩子与家长用玩具电话进行练习。

三、独自在家的时候有人敲门怎么办

当父母不在家的时候，让孩子知道如何保证安全。下面是一个我们生活中可能常见的情景。家长与孩子一起讨论，找出对策。一天晚上，父母有事情外出，留下我一个人在家。这时，家里的门铃响了。我从门上

的窥视镜向外望去,是爸爸的好朋友 A 叔叔。我该怎么办？ 家长可以与孩子一起讨论,想出尽可能多的解决问题的办法,如不开门,也不出声响,让他以为家里没有人；不开门,回答他,妈妈已经休息了,让他改日再来。…… 然后与孩子一起比较每种解决问题方法的优点和缺点,从中找出一种最好的方法。生活中还有一些可导致性侵犯发生的情景,父母可根据情况提醒孩子,与孩子一起讨论,让孩子知道该如何防范。教育孩子遇事要临危不惧,运用自己的智慧,根据情况巧妙应对。

四、制定安全行为规则

性侵犯对儿童青少年可造成极大的伤害,尤其是心理上的伤害,这将严重地影响孩子在未来的人际关系和生活质量。创造一个有利于健康的生活环境,保障孩子的安全,教给孩子预防性侵犯的知识,是我们每一个家长应尽的责任。告诉孩子,性侵犯者并不只限于陌生人,有些可能是我们非常熟悉的人。然而,无论侵犯者是谁,无论是以什么理由进行的,都是错误的、不合理的行为。因为我们的身体属于我们自己,没有人有权伤害我们的身体。与孩子一起讨论平时应该遵守的预防性侵犯安全行为规则。这些行为规则可帮助孩子远离可导致性侵犯的环境或条件。

以下行为规则可供家长参考。家长可与孩子一起讨论,根据具体情况(如孩子的年龄、认知程度、周围的环境等)制订出具体的、操作性较强的《预防性侵犯安全行为规则》,或在下面行为规则的基础上,做适当的补充和修改。

（1）不单独去你得不到帮助的地方。

（2）不要独自待在僻静的地方。

（3）外出活动要征得父母的同意。并告诉父母去什么地方、行走路线和活动时间。可能的话,留有联系电话。

（4）尽可能避免黑夜单独外出。如果有事需要外出,要由父母陪同。

（5）不要轻易相信陌生人,不要接受不十分了解的人的钱或礼物。不要吃不认识的人递过来的食物和饮料。

（6）不要跟不认识的人外出。

（7）不要搭便车,特别是不认识的人。

（8）一个人在家时要把门窗关好。在开门前应问清来人是谁,不要轻易让外人进屋。即使是你比较熟悉的人。

（9）不随便出入于录像厅、歌舞厅、宾馆等地方。更不要看充满色情气味的电影、录像及书刊。

（10）遇到性侵犯的威胁时,要迅速离开,跑向人多的地方。

第二节　父母如何对孩子进行性教育

一、要给孩子全面的性教育

从告诉孩子什么是性开始,家长就可以逐步帮助孩子学习明确自己的身体界限,告诉孩子性器官和隐私部位只有自己和亲密的人才能接触,只有爸爸妈妈帮你洗澡或者医生检查身体的时候会碰触(为了确保安全,医生检查的时候家长要在场)。如果自己不同意,其他人接触都是侵犯(就算是亲爱的小伙伴碰触,如果自己不愿意,也是不行的)。

在荷兰,性教育课程中,老师会让低年级小学生在小男孩小女孩的图上,用不同颜色的笔标出哪些身体部位大家都可以接触,哪些朋友和家人可以接触,哪些自己可以接触。这种练习虽然在中国小学中很少见,但在爸爸妈妈的指导下进行,也是完全没有问题的。

识别性侵害,知道身体哪些部位需要保护,是十分重要的。但孩子懂得了这些还远远不够,家长们要帮助孩子进行技能的训练,换言之就是实战演练。可以和孩子模拟相应的场景,如爸爸妈妈扮演坏人,为孩子模拟危险的情景,让孩子在情境中去训练应对方式,是非常有效的。

关于对孩子的性教育,还需要着重指出的一点就是:性教育不可以是恐吓式教育。许多时候,家长都会用"不要!""不可以!""不准!"这样的话语去和孩子谈性。孩子对自己身体的探索,也可能遭到家长的责骂。这种态度会让孩子在潜移默化的过程中觉得性是一件不光彩的事情,这会对孩子的发育、发展,甚至长大后的亲密关系的建立以及婚姻造成不良影响。

在防范恋童癖和性侵犯这点上,家长需要告诉孩子性潜在的危险,性可能会带来伤害。但是必须和孩子明确的前提是,性是一件美好的事,它是和爱联系在一起的。就像爸爸妈妈一样,因为有爱才会结合。

防范性侵的教育,是不应该让孩子对性、对亲密关系产生恐惧的。家长需要传达给孩子的,主要应该是性美好的一面。

还需要注意的是,遭受性侵害的并不是只有女孩子。媒体就曾多次报道过男童受到侵害的案例,如之前梵蒂冈教廷神职人员性侵案,以及中国歌手红豆的性侵案件。男孩子并不会因为性别而在性侵案件中幸免。相反,中国的男童保护弱于女童保护,也没有相关的"强奸幼男罪"立法,许多家长甚至可能想当然地以为男孩子不会受到性侵。这些忽视和想当然,更容易让男孩子暴露于危险和伤害之中。

由于社会性别认同、对同性恋的歧视以及中国文化传统的关系,男孩子在防范性侵犯方面也会遇到女孩子不会碰到的问题。例如,我们的社会普遍会要求男孩更加坚强隐忍,他们可能会羞于展示自己脆弱的一面,或者可能因为担心告诉爸爸妈妈自己不够勇敢而遭到责怪,或者是对同性性行为有罪恶感,导致他们在面对侵害的时候,更难向家长或其他可以信任的人诉说自己的遭遇。而一些成年人会开一些关于男孩子生殖器的玩笑,祖辈甚至会有触摸、把玩男孩子小鸡鸡的行为,这也会让男孩子对自己的身体界限产生困惑,以至于真的遇到恋童癖时,无法及时抵抗。

二、防范针对孩子的性侵害,还有一个不可或缺的因素就是家长要有防范和隐私意识

在很多情况下,恋童癖都不是那种面目猥琐的陌生人,而是言行举止正常的身边人。你无法从一个人的言行穿着来判断他是不是恋童癖。另外,有调查显示,恋童癖通常熟知孩童心理,他们中有很大一部分从事与儿童紧密相关的职业,如教育、保健、医疗、体育等。他们甚至可能是孩子很亲近的人,因为熟人会让孩子放松警惕。家长可能觉得难以想象,但是针对孩子的性侵害,90%都是在非受迫情况下发生的。

家长隐私意识的缺乏也会让孩子暴露在危险中。举一个简单的例子,在朋友圈分享孩子的照片估计是很多家长都会做的事情,可是多少年轻的爸爸妈妈会意识到晒孩子的安全隐患呢?把自己光屁屁的宝宝发到朋友圈,也许许多人会觉得很萌很可爱,可是这也增加了照片被人滥用的可能性,因为社交媒体上的图片,任何人都可能进行保存。对孩子照片的滥用,可能包括将图片作为性幻想对象,也可能是用图片和视频工具,将照片和视频做成儿童色情作品。

相比中国,欧洲家长在这方面的警惕性就要高很多。一位旅居荷兰的中国妈妈就在一篇育儿文章中写道:"西欧的小学、幼儿园,甚至托儿所对恋童癖的警惕性都很高。托儿所阿姨即使酷暑也不让婴幼儿在操场上脱去上衣,穿小裤衩或光屁股更是严禁,谨防恋童癖潜伏在民居的窗口观望。"

我们家在这方面同样对孩子的教育严谨:不能在公共场合着装不整,不能穿着内衣站在窗前,不能在小朋友面前比较自己的身体……然而童心无忌,孩子四五岁时曾洗完澡后光着屁股跑到客厅里来,自以为很好玩,却被丈夫狠狠地训话,因为晚上窗帘没拉时房间内的"风景"对外面

一览无遗。从此,孩子知道了裸露是相当敏感的话题,以至于他到中国时被小区里穿开裆裤的娃娃们吓了一跳,一遍遍地问那些宝宝为什么能露出他们的小鸡鸡?

三、结合已有案件让孩子明白什么是性侵

父母可以和孩子一起观看幼童遭受性侵害的新闻,告诉孩子以下行为就属于性侵害:把孩子带到一个隐秘的地方,叫孩子脱下衣服或裤子,摸孩子的隐私部位;让孩子摸或者看他身体的隐私部位;带孩子看有裸体镜头的电影或者视频……

四、告诉孩子如果遭遇性侵害,要想办法机智地离开

父母应该告诉孩子,在与他人的接触中,如果判断出了是不好的接触,要尽快冷静下来,然后想办法逃走;不要激怒侵犯者,这样会给自己带来生命危险;如果被性伤害,应立即告诉父母,随后报警;如果自己的力量无法与侵害者抗衡,也没有机会逃离,在万般无奈的情况下可以先顺从罪犯,不要以跳楼等伤害自己生命的方式来抗争,要保护好自己的生命。

第三节　美国怎样防范孩子遭性侵

在美国,成人社会如何教育孩子避免强暴和性骚扰的发生?

在美国,孩子被强暴和性骚扰是刑事重罪,要受到严厉的惩处。为了避免孩子遭遇强暴和性骚扰,从孩子幼年时,就要对他们进行这方面的教育。幼年教育有两个阶段,学校教育有四个阶段。也就是说,从出生到18岁,孩子在六个阶段要接受防止强暴和性骚扰的教育。教育内容如下所述。

一、针对幼儿

(1)每个孩子的身体是属于自己的;

(2)某些成人接触孩子的身体是正常的,如父母给孩子洗澡,医生或护士给孩子检查身体;

（3）如果某人接触你（指孩子）的身体，使你感到害怕、滑稽或惊讶，你一定要告诉家长。

二、针对学前儿童

（1）当孩子不想被其他人接触身体时，可以明确告诉他人；

（2）孩子在盥洗室里，成人可以帮助他（她）清洁阴茎或阴户；

（3）一个大人在没有正当理由时，去观察和触摸某个孩子的阴茎、阴户或会阴部，这是错误的；

（4）如果某人触摸你（指孩子）后要你保守秘密，你一定要告诉家长；

（5）如果某人触摸你（指孩子）让你迷惑不解，你也一定要告诉家长；

（6）如果一个成年人用不正常的方式触摸或观察孩子，孩子本身是没有错误的；

（7）多数成年人从未虐待过孩子；

（8）无论是男孩还是女孩，都有可能遭遇性虐待。

美国学校性教育"性侵害、性攻击、性暴力和性骚扰"课程讲授大纲教育内容如下所述。

第一级，针对 5～8 岁（小学低年级阶段）：

（1）人的身体是属于自己的；

（2）身体的每个部分是个人的隐私，应受到尊重。包括：嘴唇、乳头、乳房、胸部、阴茎、阴囊、阴道、阴户和臀部；

（3）没有人可以随意触摸儿童身体的隐私部分，除非是健康原因或清洁身体；

（4）儿童也不能触摸其他人身体的隐私部分；

（5）儿童性侵害是指某人触摸了某个儿童身体的隐私部分，而并非健康或卫生原因；

（6）性侵害也指某人要求儿童触摸他/她的身体的隐私部分；

（7）"男孩/男人"或"女孩/女人"之间也可以出现性侵害；

（8）每个人，包括儿童，都应告诉他人，当一个人不想被触摸时，不要去触摸其身体；

（9）如果一个儿童遭遇了不适当的或不舒适的触摸，他/她应告诉一个可信赖的成人。成年人应为他/她保守秘密；

（10）儿童可能受到一个陌生人或熟人的性侵害；

（11）如果某人甚至某个家庭成员对男孩/女孩进行了错误的或不适当的触摸，孩子是没有过错的；

（12）如果一个陌生人企图接近一个男孩／女孩，儿童应赶快跑开，并告诉父母、老师、邻居或其他成年人；

（13）多数人从不虐待儿童。

第二级，针对 9 ～ 12 岁（小学高年级阶段）：

（1）性侵害是很普遍的，即使许多人不想谈论它；

（2）性侵害通常是由孩子认识的人来施行的；

（3）性侵害的施行可以是一个成人、一个青少年或者一个儿童，可以是男性也可以是女性；

（4）大多数的性侵害包含了隐私、贿赂、欺骗、恐吓或暴力；

（5）如果一个儿童遭遇了不恰当和不舒适的触摸，他／她可以告诉一个所信赖的成年人。如果这个成年人不可信赖或不能帮助他／她，儿童可以告诉另一个成年人，直到能得到有效的帮助；

（6）性侵害可以包括也可以不包括触摸；

（7）当人们在进行性侵害时，他们可以出现许多矛盾的情感，包括情绪困惑、愤怒、恐惧、犯罪感、惭愧、孤独、无价值、沮丧和无助感，或者情绪特殊、想往、爱恋、需求和照顾。许多人都在帮助有性虐待的年轻人，他们是学校咨询师、老师、医生和警察；

（8）尽管在网络上聊天和视频可以娱乐，但应小心谨慎。因为这也可能是不安全的；

（9）某些人利用互联网欺骗年轻人进入性侵害的情境；

（10）性骚扰是一种有害的和强迫的性关注，如戏弄、触摸或辱骂；

（11）性骚扰是违法的；

（12）要了解你们学校关于性骚扰的法规。

第三级，针对 12 ～ 15 岁（初中阶段）：

（1）性侵害的性接触，包括了接吻、侵害者触摸隐私部位、触摸侵害者的隐私部位、被侵害者强求触摸自己的隐私部位，或者是阴道性交、口交或肛交；

（2）性侵害不包括展示色情电影、杂志、网站或其他媒体，不包括拍照、摄像或录音，也不包括观看性的表演；

（3）性威逼是指一个人使用威胁或武力，以便与他人发生性行为；

（4）没有人可以强迫另外的人进行任何形式的性行为；

（5）性攻击是指一个人强迫和他人有任何一种亲密的性接触；

（6）性攻击可能发生于身体暴力或心理威胁；

（7）性攻击时，无论是阴道还是肛门被插入，都称为强奸；

（8）男孩／男人和女孩／女人都可能被性攻击，尽管更经常的报道是针对女孩/女人的；

（9）实施性攻击的人往往不易看出是坏人；

（10）由一个熟人、朋友或在约会时的性攻击,通常称为熟人强奸或约会强奸；

（11）一个人没有任何理由强迫他人从事任何类型的性活动；

（12）性攻击是一种犯罪；

（13）一个受到性攻击的人应马上报告警察,并且警察应马上开始调查；

（14）在潜在的性攻击境遇中,能进行自我保护的措施包括学习自卫技术、评估处境是否危险、避免饮酒和服用其他药物、开发自信的技能；

（15）不是所有的性侵害、性攻击、性暴力和性骚扰都能被阻止；

（16）家庭暴力时指在情人约会、共同生活或婚姻状态中,对有亲密关系的人进行的心理和/或生理的性侵害；

（17）在情人约会期间实施的心理和/或生理的性侵害,也称为约会暴力；

（18）有性侵害、性攻击、或家庭暴力经历的许多人,往往在他们的生活中的一些有某种意义的时候实施性虐待；

（19）许多社区资源能帮助已遭遇性骚扰、性攻击、或其他暴力形式的个人,包括咨询顾问、教师、医生、强奸危机中心、家庭暴力组织、和警察；

（20）性骚扰可能发生在多种场所,包括学校、工作场所和课外活动场所；

（21）在某个社区,你可以打电话获得性侵害、性攻击、家庭暴力或性骚扰的信息。

第四级,针对 15～18 岁(高中阶段)：

（1）遭遇性侵害或性攻击的人可以从社会支持机构、咨询机构和保健机构获得资助；

（2）是否报告性侵害、性攻击、性暴力、或性骚扰,是个人的决定。但受害者做出这个决定有时是困难的；

（3）从性侵害、性攻击、性暴力或性骚扰的报告中调查或判定其结果,分析受害者的遭遇是困难的。

第四节　日本德国等国家怎样防范孩子遭性侵

一、法国

儿童专员明察暗访

据法国《费加罗报》2013年统计,法国针对未成年人的性侵案数量平均每年增加20%。法国国家犯罪及刑事观察站主任苏雷说,由于很多未成年受害者受到犯罪分子的威胁,不敢报案,导致性侵报案率仅为10%。为此,法国专设了儿童权利保护专员,随时为孩子们伸张正义。

据悉,法国政府早在20世纪90年代,就以各省为单位,设立儿童权利保护专员的职位,负责保障孩子们的安全。每个中小学还专设社会事务助理,与专员一起保护孩子安全。这两个职位都是属于司法系统的公务员,他们的主要工作是到自己辖区内的孩子家中定期拜访,与孩子们交流最近的学习、生活中是否出现了不愉快的人或事。若他们感觉某个孩子行为出现异常,会私下里找他谈话,鼓励孩子说出真相。同时,社会事务助理还会与警察局合作,定期在中小学开展防侵害的讲座,提醒孩子们学会保护自己。

到2014年,法国政府还要求儿童权利保护专员负责接听免费求助电话,以帮助那些遭到性侵又不敢声张的孩子。各级政府还在中小学张贴海报,公布本地区求助电话号码,鼓励受到侵害的孩子勇敢举报。接到电话后,儿童权利保护专员还会联系儿童心理问题专家,对这些不幸的孩子进行心理疏导。

法国《世界报》今年的一份报告指出,从2014年起,法国未成年人遭遇性侵的案件已呈现下降趋势。

二、日本

用小纸条提醒学生防范

日本警察厅2015年发布的数据显示,日本13岁以下儿童受到性侵的数量比上一年增加了19%,并有持续上升趋势。警方发现,每天14～19时是未成年人性侵案高发时段,也就是说,未成年人放学前后至晚饭前这段时间,最易被坏人盯上。为此,日本中小学老师每天放学前,都会给他们发纸条,提醒他们注意安全。

据悉,每天中小学放学前,班主任会向孩子们道别,并把一张"提醒纸条"塞到他们手里。这些纸条外观上与小卡片类似,内容大多是提醒他们,回家路上不要走人烟稀少的小道,也不要去荒凉僻静的地方玩耍;一旦察觉被人跟踪或偷拍,要快速跑到最近的派出所,或到人多的地方大声呼救等。

此外,日本的中小学还会在学生每天放学经过的地方贴警示标语,内容与提醒纸条类似,各地方政府也会在学校附近安装好监控摄像头。在学校附近的商店、超市、公园、电线杆、电车站、地下通道、十字路口等地,地方政府还会张贴海报,告诉中小学生遇到坏人如何求救和逃生。同时,街头巡警和火车站、公交站、地铁站等的工作人员也会非常警惕,他们一旦发现落单的学生,就上前主动询问住处,催促他们尽快回家。

三、德国

鼓励孩子保护自己

德国联邦刑事警察局的数据显示,德国 2015 年针对儿童的性暴力案件为 1.4 万起。德国政府除了加强法律,严惩性侵未成年人的罪犯,还从源头上下功夫,德国的孩子一般从 3 岁就会接受"防止性侵犯"教育。

幼儿园老师维罗娜对《生命时报》记者表示,幼儿园主要通过讲故事、做游戏等方式,告诉孩子们各个身体部位的名称,如脖子、胳膊、臀部、大腿等的正确说法。老师还会反复提醒孩子们,若有人碰自己短袖衬衫和短裤遮盖住的地方,就要坚定地说"不";若有人继续抚摸这些部位,一定要大声对对方说:"我不愿意!"

为了教会孩子们保护自己,幼儿园老师还会请来儿科医生,告诉他们体检时的注意事项。比如,要求孩子脱掉上衣、裤子等检查,儿科医生会告诉大家:"记住,这种检查只能是医生做,而且必须当着妈妈的面才能做。"老师也会适时提醒,若有人突然要求孩子脱掉衣服"检查身体",一定要大声拒绝,吸引他人注意。

德国书店里有许多给儿童使用的性教育画册,让不识字的孩子知道别人接触自己身体哪些部位是必须拒绝的。画册里还有练习题,设置了不同场景,要求家长带着孩子一起阅读,一起讨论遇到类似问题该怎么办。柏林一位 4 岁男孩的家长奥利弗对记者说,幼儿园的性教育课程在很大程度上让孩子树立了自我保护意识。

四、英国

多部门共享罪犯信息

据不完全统计,2006 年以前,英国每年有 4000～5000 名 18 岁以下的儿童遭到性侵,其中很多罪犯都是惯犯。为了让更多的孩子免遭毒手,也为了更加严格地管束这些人的行为,英国警察可以将有前科的人的信息与各级地方政府、地方保护儿童委员会、教育部门等共享。

据悉,早在 2003 年,英国就已经出台了《性犯罪法令》,凡是与 13 岁以下儿童发生关系的人,都将会以强奸罪论处;和 16 岁以下儿童进行身体接触、语言猥亵、给其观看不雅图片等,也会以强奸罪逮捕。此外,性侵未成年人的刑满释放人员,每年必须向当地警察报告,无论其生活状况是否改变;若其 3 年内更换姓名或者地址,必须提前 14 天向警察报告;外出 7 天以上,必须主动到警察局汇报行踪,否则将面临最高 5 年的有期徒刑。

到 2007 年 6 月,为了更加严格地管理这些有前科的人,英国政府出台了"儿童性犯罪者披露计划",允许警察局、各级地方政府、儿童保护组织、教育机构等共享罪犯的个人信息、职业、家庭住址等,防患于未然。

五、韩国

电子脚环监控惯犯

韩国每年针对 18 岁以下人群的性侵案超过 4000 件,而且很多罪犯都是惯犯。据统计,2011 年 5.9% 的性侵未成年人的罪犯会再次犯案,到 2015 年,这个数字上升到 10.2%。

2010 年 7 月,韩国政府引入电子脚环制度,只要是性侵过未成年人或有多次性侵犯罪史的人,无论其在假释期间,还是已经刑满释放,都要时刻佩戴电子脚环,随时接受警察局的监控。韩国法务部在首尔市和大田市设立了管制中心,24 小时监视这些人员的行踪。全国 56 个保护观察所的工作人员也会对每个戴电子脚环的人进行监督。当被监视人进入幼儿园等敏感区域,电子脚环就会产生震动,并发射信号,工作人员就会立即给被监视人打电话,要求其远离敏感区域。若被监视人对电子脚环进行破坏、出门不携带专用手机或不接电话,电子脚环也会发出警报,屡次违规者将被处以 7 年有期徒刑或 2000 万韩元(约合人民币 12 万元)罚款。

除了电子脚环,韩国还对性侵未成年人的惯犯实施"化学阉割"(即给男性罪犯体内注射雌性激素药物,使其失去性欲)。2012年5月,一名朴姓强奸惯犯成为首例化学阉割对象。据悉,朴某性侵过4名未成年少女。

参考文献

一、著作类：

[1] 程滔．刑事被害人的权利及其救济 [M]．北京：中国法制出版社，2011.

[2] 储槐植．刑事一体化 [M]．北京：法律出版社，2004.

[3] 高铭暄．刑法学 [M]．北京：北京大学出版社；高等教育出版社，2000.

[4] 兰跃军．刑事被害人人权保障机制研究 [M]．北京：法律出版社，2013.

[5] 李双元．儿童权利的国际法律保护 [M]．北京：人民法院出版社，2004.

[6] 龙迪．性之耻，还是伤之痛 [M]．桂林：广西师范大学出版社，2001.

[7] 佟丽华．儿童法学 [M]．北京：中国民主法制出版社，2001.

[8] 佟丽华．未成年人法学 [M]．北京：中国民主法制出版社，2001.

[9] 王大伟．中小学生被害人研究 [M]．北京：中国人民公安大学出版社，2003.

[10] 翁跃强，雷小政．未成年人刑事司法程序研究 [M]．北京：中国检察出版社，2010.

[11] 吴鹏飞．儿童权利一般理论研究 [M]．中国政法大学出版社，2013.

[12] 张明楷，黎宏，周光权．刑法新问题探究 [M]．北京：清华大学出版社，2003.

[13] 张明楷．外国刑法纲要 [M]．北京：清华大学出版社，1999.

[14] 赵国玲．未成年人司法制度改革研究 [M]．北京：北京大学出版社，2011.

二、论文类：

[1]Bolen. Child sexual abuse: Its scope and our failure[J]. *Journal of the American Medical Association*, 2001, 290（6）: 541‑550.

[2]Carnes C N, Nelsongardell D, Wilson C, et al. Extended forensic evaluation when sexual abuse is suspected: a multisite field study[J]. *Child Maltreatment*, 2001, 6（3）: 230‑242.

[3]David Finkelhor, 石泽锋, 陈晶琦. 美国儿童性虐待的减少: 我们可以从中学到什么？[J]. 中国性科学, 2008, 17（7）: 42‑45.

[4]Finkelhor D, Browne A. The traumatic impact of child sexual abuse: a conceptualization[J]. *American Journal of Orthopsychiatry*, 2010, 55（4）: 530‑541.

[5]Hayes B K, Delamothe K. Cognitive interviewing procedures and suggestibility in children's recall[J]. *Journal of Applied Psychology*, 1997, 82（4）: 562.

[6]Ron A. Craig, Rick Scheibe, David C. Raskin, et al. Interviewer Questions and Content Analysis of Children's Statements of Sexual Abuse[J]. *Applied Developmental Science*, 1999, 3（2）: 77‑85.

[7]陈晶琦, 韩萍, Michael, 等. 892 名卫校女生儿童期性虐待经历及其对心理健康的影响[J]. 中华儿科杂志, 2004, 42（1）: 39‑43.

[8]陈楠. 儿童期性虐待经历、社会支持与大学生心理健康的关系研究[D]. 长春: 东北师范大学硕士学位论文, 2006.

[9]陈楠. 性侵害未成年人犯罪的立法比较[D]. 上海: 华东政法大学硕士学位论文, 2015.

[10]单常艳, 张秀秋, 郭瞻予. 应对方式研究述评[J]. 辽宁行政学院学报, 2005, 7（6）: 127.

[11]狄晓先. 幼儿家长预防儿童性侵犯教育的调查研究[D]. 石家庄: 河北师范大学硕士学位论文, 2014.

[12]杜维超, 蔡志良. 美国对高校师生不正当关系的规制及其启示[J]. 比较教育研究, 2015, 37（7）: 44‑50.

[13]黄妙红. 儿童期性侵犯受害者不同创伤反应的应对策略[D]. 北京: 中国青年政治学院硕士学位论文, 2011.

[14]江必新. 性之耻还是伤之痛[J]. 时代法学, 2012,（5）: 6.

[15]金泽刚. 由男性遭受性侵害案看性犯罪的法律变革[J]. 法治研

究,2015,(5):22.

[16] 康均心,刘猛.我国中小学校园性侵犯罪的防制 [J]. 青少年犯罪问题,2014,(8):56.

[17] 李成齐.儿童性侵害案件中司法访谈的现状及发展趋势 [J]. 中国特殊教育,2008,(1):78-83.

[18] 李成齐.性侵害受害儿童的心理病理学研究 [J]. 中国特殊教育,2007,(2):61.

[19] 李丹,王宏,胡舒雯.性侵未成年人犯罪案件疑难问题研讨会综述 [J]. 青少年犯罪问题,2014,(6):109.

[20] 李丽,谢光荣.儿童性虐待认定及其存在的问题 [J]. 中国特殊教育,2012,(5):20.

[21] 林海.美国:给性侵者打上终身烙印 [J]. 检察风云,2014,(13):60.

[22] 刘慧.我国性侵害未成年人犯罪实证研究 [D]. 长春:吉林大学硕士学位论文,2016.

[23] 陆士桢.儿童性侵犯及其影响 [J]. 中国青年政治学院学报,2010,(5).

[24] 罗艳.在中国,他们如何面对——12 位儿童性侵犯遭遇者应对经历研究 [D]. 北京:中国青年政治学院硕士学位论文,2010.

[25] 马开军,董利民,杨文龙,等.上海地区 354 例女性被杀案例的法医学分析 [J]. 中国法医学杂志,2014,29(2):156-158.

[26] 买买提依明·阿巴依甫,库尔班·乌布力.系统视域下儿童保护初步研究 [J]. 中国民族医药杂志,2012,(2):15.

[27] 孙秀艳.美国联邦反儿童性侵害犯罪立法沿革及评介 [J]. 青少年犯罪问题,2009,(3).

[28] 涂欣筠.我国未成年人性侵案件现状及其对策 [J]. 江苏警官学院学报,2015,30(1):54-62.

[29] 王春艳.我国性侵幼女犯罪研究 [D]. 长沙:湖南大学硕士学位论文,2014.

[30] 王剑.治理儿童性侵犯的治安防控研究 [J]. 吉林公安高等专科学校学报,2012,(5).

[31] 王民.比利时少女案和全球的儿童性虐待现象 [J]. 国际展望,1996,(17):26.

[32] 王小红,杨倬东.国外儿童性虐待解决之道——基于预防、教育、治疗三维系统视角 [J]. 重庆文理学院学报,2015,(1):114-119.

[33] 韦有华,汤盛钦.几种主要的应激理论模型及其评价[J].心理科学,1998,(5):441-444.

[34] 魏红.从民族习惯法视角论性侵未成年人犯罪预防[J].贵州民族研究,2016,(9):39-43.

[35] 吴巧新,王英.性侵未成年人案件办理之心理学方法引入[J].青少年犯罪问题,2015,(1):17-24.

[36] 徐汉明,刘安求.儿童期性虐待对受害者心理的远期影响[J].国际精神病学杂志,2002,(1):37-41.

[37] 徐汉明,刘安求.儿童期性虐待对受害者心理的远期影响[J].国外医学,2002,(6):38.

[38] 叶一舵,申艳娥.应对及应对方式研究综述[J].心理科学,2002,25(6):755-756.

[39] 张雪梅.对儿童性侵犯的有关探讨[J].妇女研究论丛,2005,(1):75.

[40] 张雪梅.关注校园性侵害[J].中国教师,2003,(6):51.

[41] 张雪梅.女童保护的立法与实践[J].预防青少年犯罪研究,2014,(6):106.

[42] 朱沉沉.性侵害男性未成年人的法律思考[J].青年探索,2014,(3):17.

[43] 庄忠进.儿童性侵案件侦审问题与对策[J].上海公安高等专科学校学报,2013,(4):53.

三、网络报道类:

[1]《2014年儿童防性侵教育及性侵儿童案件统计报告》,2015.3.2

[2]《20个信号暗示,孩子已遭受性侵犯!》,网易新闻,2017.11.24

[3]《严刑重典遏制对未成年人犯罪》,《环球法治》,2010.5.18

[4]《被遗忘的村庄里 礼与法的双重失范》,《西安晚报》,2014.01.09

四、法律法规类:

[1]《刑法修改正案(八)》

[2] 四川省《〈关于常见犯罪的量刑指导意见〉实施细则》,2017年7月20日

[3]《惩治性侵害未成年人犯罪典型案例》

[4]《关于进一步建立和完善办理未成年人刑事案件配套工作体系的若干意见》

[5]《联合国少年司法最低限度标准规则》

[6]《人民检察院刑事诉讼规则》